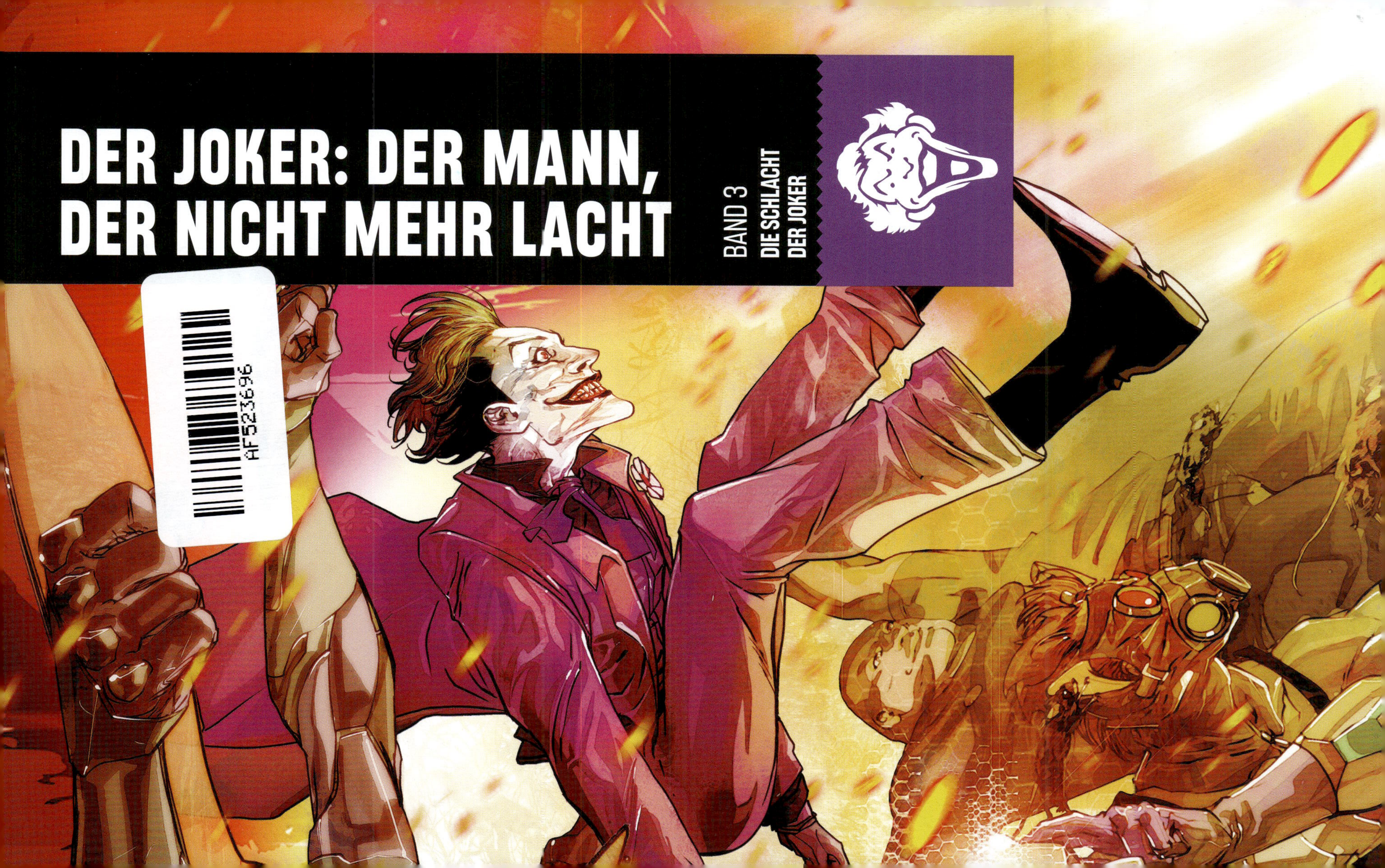

DER JOKER: DER MANN, DER NICHT MEHR LACHT
BAND 3
DIE SCHLACHT
DER JOKER
AF523696

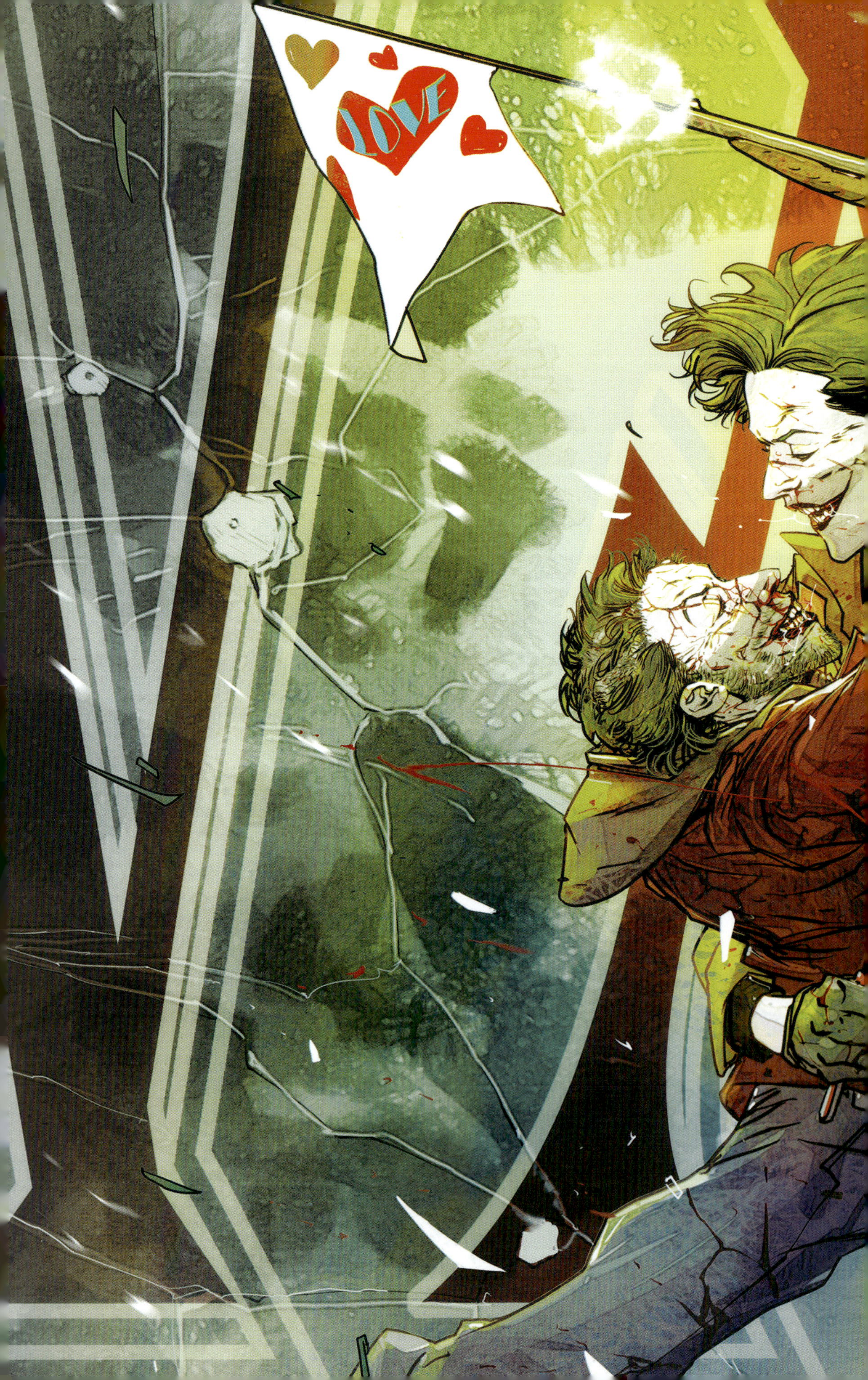
LOVE

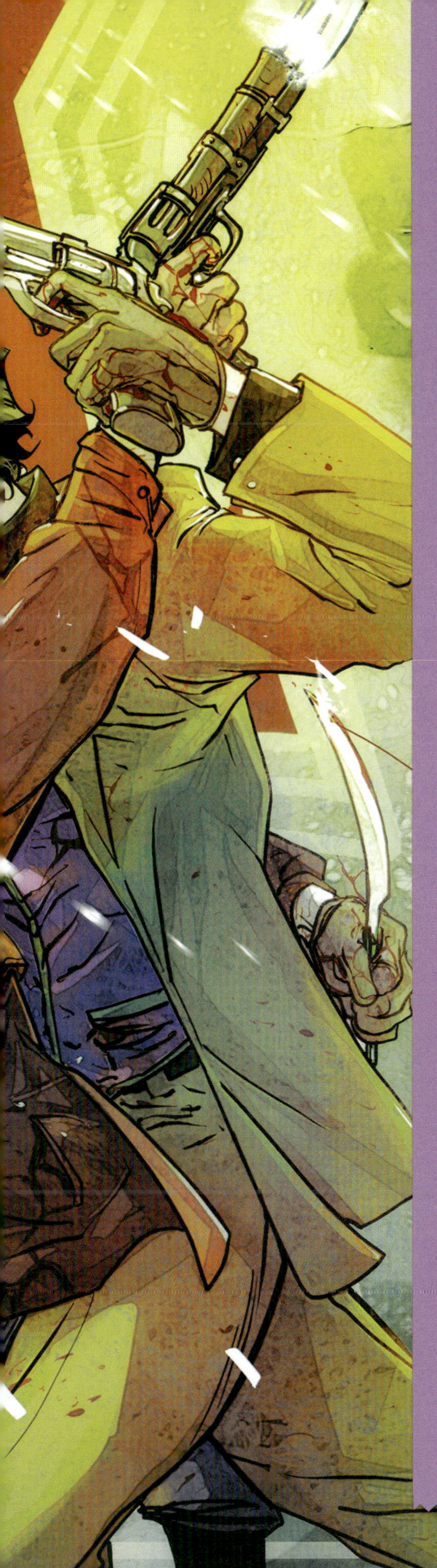

BLUT UND CHAOS AUF DEN STRASSEN!

Als der **Joker** nach längerer Abwesenheit wieder in **Gotham City** auftaucht, will er sich in den Reihen der Konkurrenz Respekt verschaffen. Und schon sitzen vier Mafiosi mit Säcken über den Köpfen in einer Fabrikhalle und der Joker richtet sie hin. BANG, BANG, BANG …

Vor dem vierten Schuss tauchen andere Superschurken der Stadt auf und legen dem **Clownprinzen des Verbrechens** nahe, Gotham zügig wieder zu verlassen, denn die Zeiten hätten sich geändert. Schwer beeindruckt gibt der Joker nach, jagt dem vierten Gangster jedoch noch schnell – BANG – eine Kugel in den verhüllten Kopf und verzieht sich nach Los Angeles, um dort ein neues Terrorregime zu errichten.

Doch der vierte Mafioso ist nicht tot. Er schleppt sich in die Nacht hinaus, reißt sich den Sack vom Kopf, sieht im Spiegel die üble Schusswunde – und das Gesicht des Jokers!

Ein Joker ist ja schon schwer genug zu ertragen, aber zwei … oder sind es noch mehr? Und wer ist eigentlich der echte?

Schnell wird dem Joker langweilig in Los Angeles … der Stadt der Engel, wo sein Wahnsinn nicht so recht ankommt. Denn es laufen genug Irre herum, die vom schnellen Ruhm träumen oder irgendwie daran mitverdienen möchten. L.A. braucht keinen Joker! Frustriert und wütend macht er sich mit seinen Schergen auf den Weg zurück nach Gotham City, wo der andere Joker trotz seiner schweren Verletzung eine bizarre Odyssee erlebt – und nun eigene Schergen um sich schart. Unaufhaltsam rasen die Joker auf eine gewaltige Konfrontation zu, denn am Ende kann es nur einen geben. Mit hineingerissen in die Schlacht werden **Red Hood**, **Manhunter** und **Ravager** … Können sie verhindern, dass die Stadt komplett in Blut und Chaos versinkt?

Bernd Kronsbein

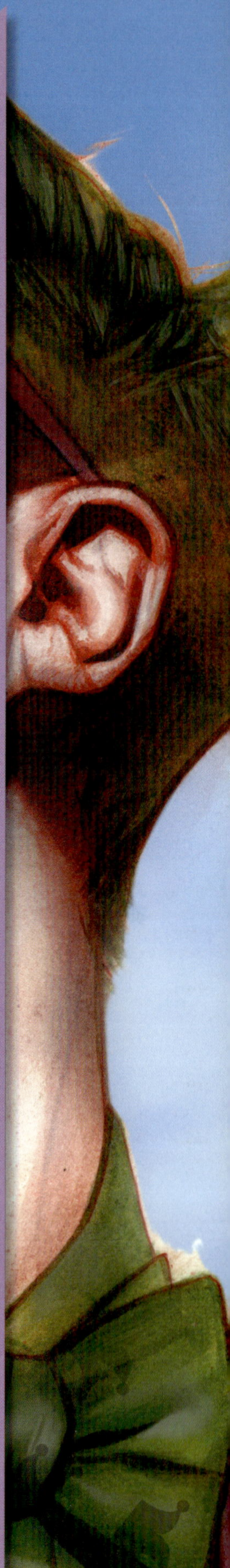

DIE SCHLACHT DER JOKER
Kapitel 1
Stop Me if You've Heard This One Before
The Joker: The Man Who Stopped Laughing 10 (I)
November 2023

DIE SCHLACHT DER JOKER
Kapitel 2
Stop Me if You've Heard This One Before
The Joker: The Man Who Stopped Laughing 11
Dezember 2023

DIE SCHLACHT DER JOKER
Kapitel 3
Untitled
The Joker: The Man Who Stopped Laughing 12
Januar 2024

STERBEN IST EASY, COMEDY IST HART!
Dying Is Easy, Comedy Is Hard!
The Joker: The Man Who Stopped Laughing 10 (II)
November 2023

MATTHEW ROSENBERG
Story

CARMINE DI GIANDOMENICO
FRANCESCO FRANCAVILLA
Zeichnungen & Tusche

ROMULO FAJARDO JR.
FRANCESCO FRANCAVILLA
Farben

BERND KRONSBEIN
Übersetzung

WALPROJECT
Lettering

CARMINE DI GIANDOMENICO
Original-Cover

DER JOKER: DER MANN, DER NICHT MEHR LACHT erscheint bei **PANINI COMICS**, Schloßstraße 76, D-70176 Stuttgart. Druck: Chinchio Industria Grafica S.r.l. Pressevertrieb: Stella Distribution GmbH, D-22297 Hamburg. Direkt-Abos auf **www.paninicomics.de**. Geschäftsführer **Hermann Paul**, Publishing Director Europe **Marco M. Lupoi**, Finanzen/Logistik **Felix Bauer**, Marketing Director **Holger Wiest**, Marketing **Thorsten Kleinheinz**, Vertrieb **Alexander Bubenheimer**, PR/Presse **Steffen Volkmer**, Publishing Manager **Lisa Pancaldi**, Redaktion **Tommaso Caretti**, **Carlo Del Grande**, **Christian Grass**, **Bernd Kronsbein**, **Aline Reinelt**, **Monika Trost**, **Daniela Uhlmann**, **Mathias Ulinski**, Übersetzung **Bernd Kronsbein**, Proofreading **Marion Bergmann**, Lettering **Walproject**, grafische Gestaltung **Rudy Remitti**, **Nicola Spano**, Art Director **Alessandro Gucciardo**, Redaktion Panini Comics **Annalisa Califano**, **Beatrice Doti**, Prepress **Francesca Aiello**, **Andrea Bisi**, Repro/Packager **Alessandro Nalli** (coordinator), **Anna Boselli**, **Mario Da Rin Zanco**, **Valentina Esposito**, **Luca Ficarelli**, **Linda Leporati**. Cover von **Marco Mastrazzo**, *The Joker: The Man Who Stopped Laughing* 11 Variant. Variant-Cover von **Carmine Di Giandomenico**, *The Joker: The Man Who Stopped Laughing* 10.

Digitale Ausgaben:
ISBN 978-3-7569-1241-4 (.pdf) / ISBN 978-3-7569-1242-1 (.epub) / ISBN 978-3-7569-1243-8 (.mobi)

Bibliografische Information der Deutschen Nationalbibliothek
Die Deutsche Nationalbibliothek verzeichnet diese Publikation in der Deutschen Nationalbibliografie; detaillierte bibliografische Daten sind im Internet über dnb.d-nb.de abrufbar.

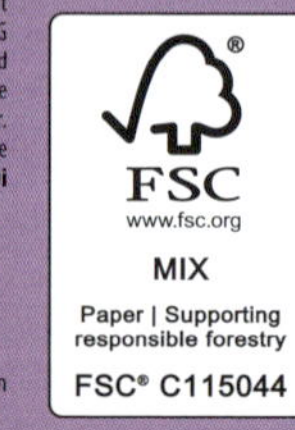

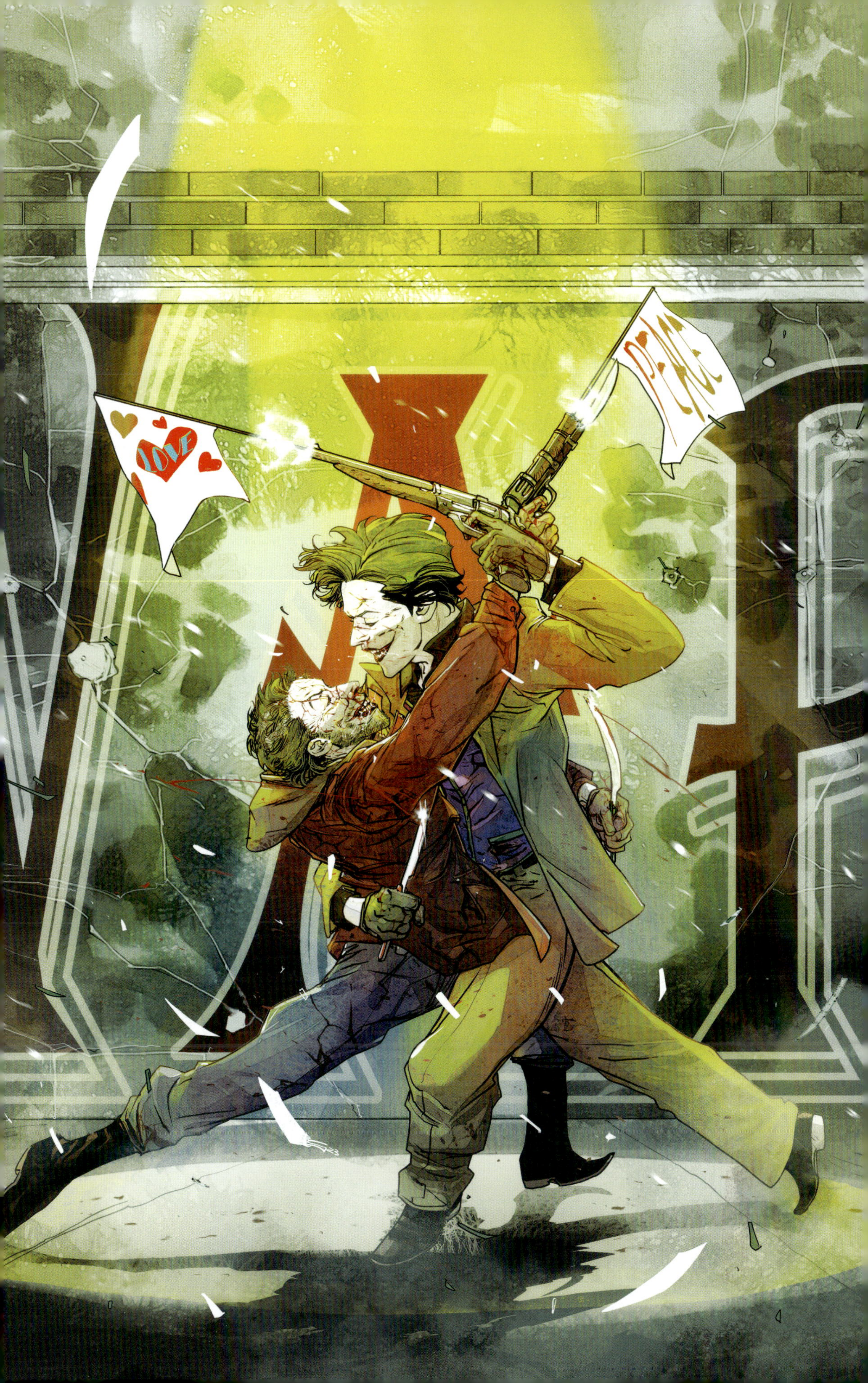
LOVE
PEACE

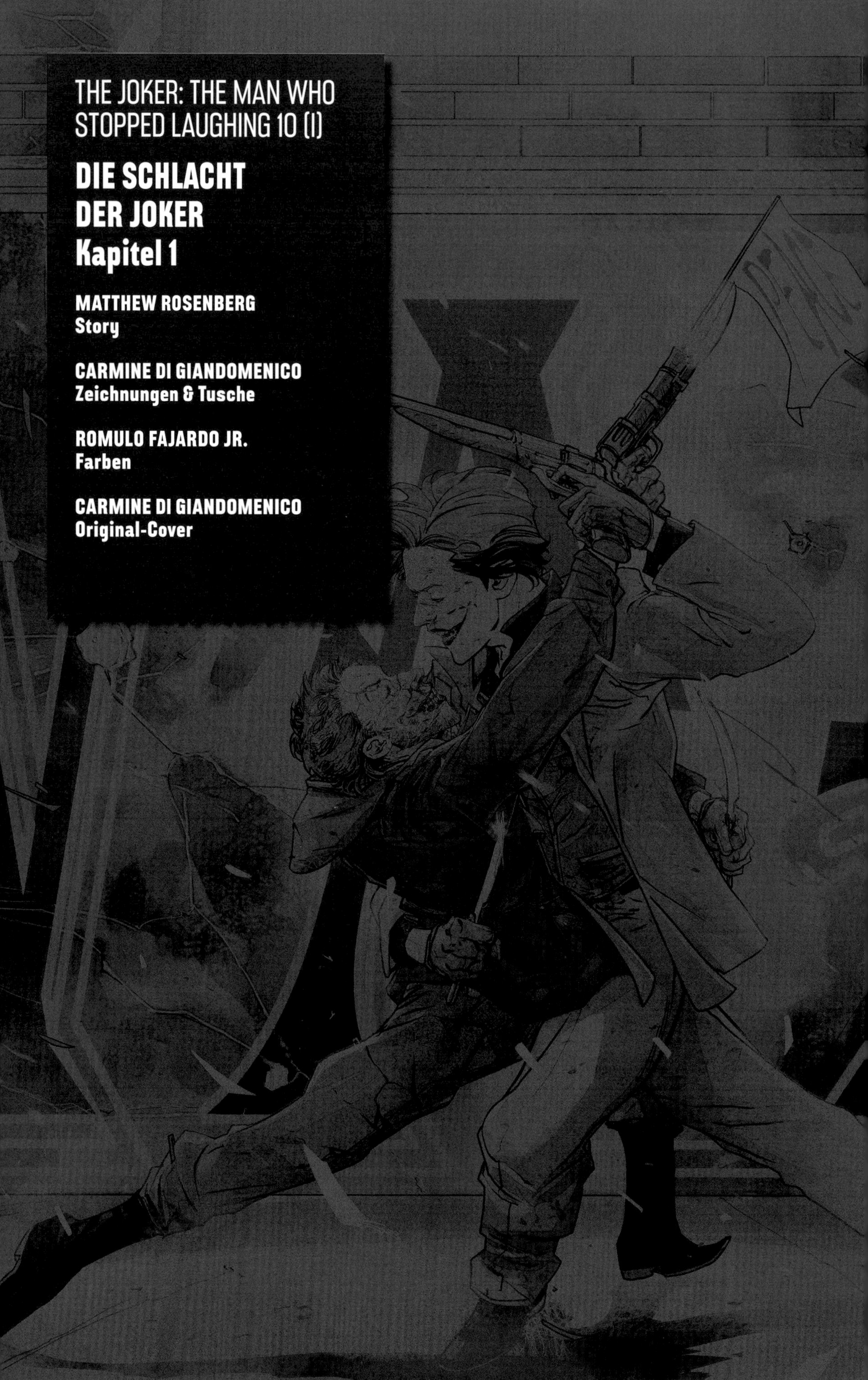

THE JOKER: THE MAN WHO STOPPED LAUGHING 10 (I)

DIE SCHLACHT DER JOKER
Kapitel 1

MATTHEW ROSENBERG
Story

CARMINE DI GIANDOMENICO
Zeichnungen & Tusche

ROMULO FAJARDO JR.
Farben

CARMINE DI GIANDOMENICO
Original-Cover

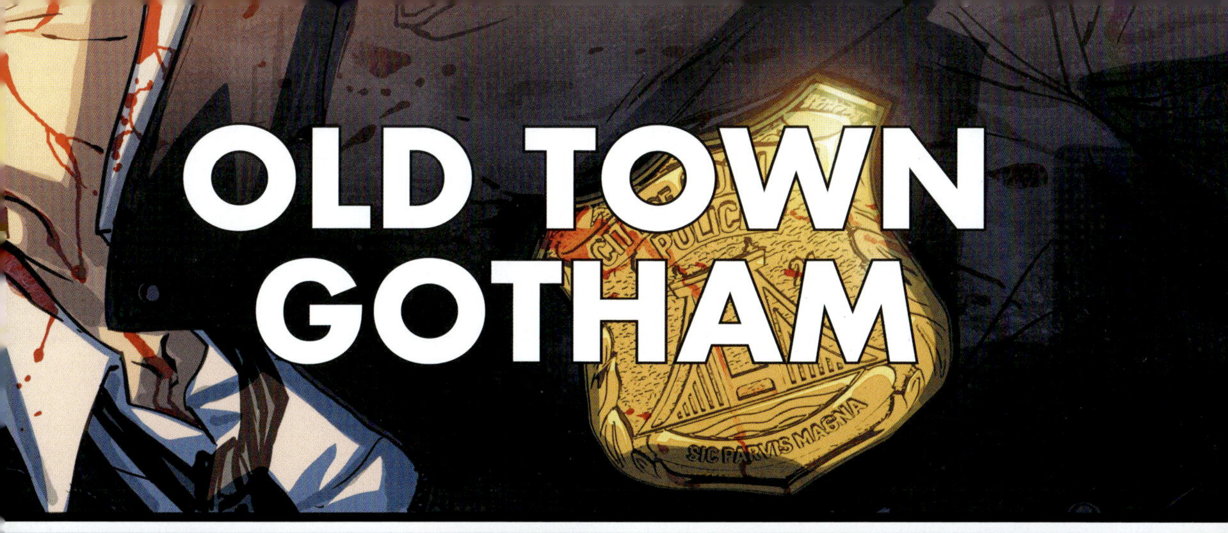
OLD TOWN
GOTHAM
SIC PARVIS MAGNA

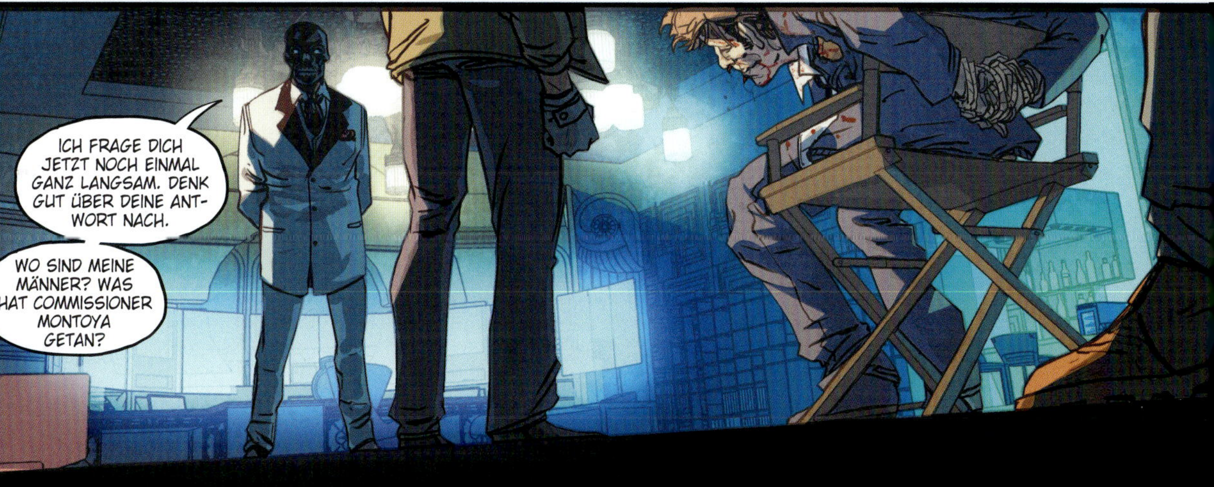
ICH FRAGE DICH JETZT NOCH EINMAL GANZ LANGSAM. DENK GUT ÜBER DEINE ANTWORT NACH.
WO SIND MEINE MÄNNER? WAS HAT COMMISSIONER MONTOYA GETAN?

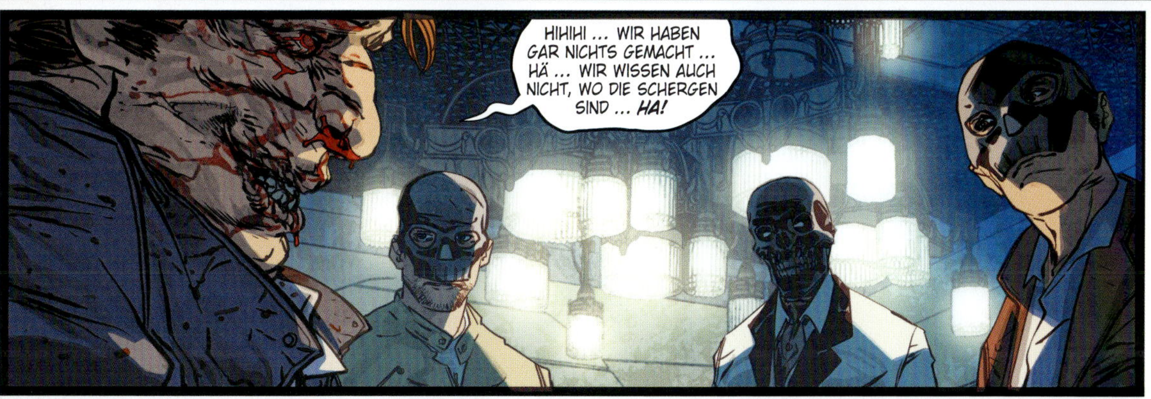
HIHIHI ... WIR HABEN GAR NICHTS GEMACHT ... HÄ ... WIR WISSEN AUCH NICHT, WO DIE SCHERGEN SIND ... HA!

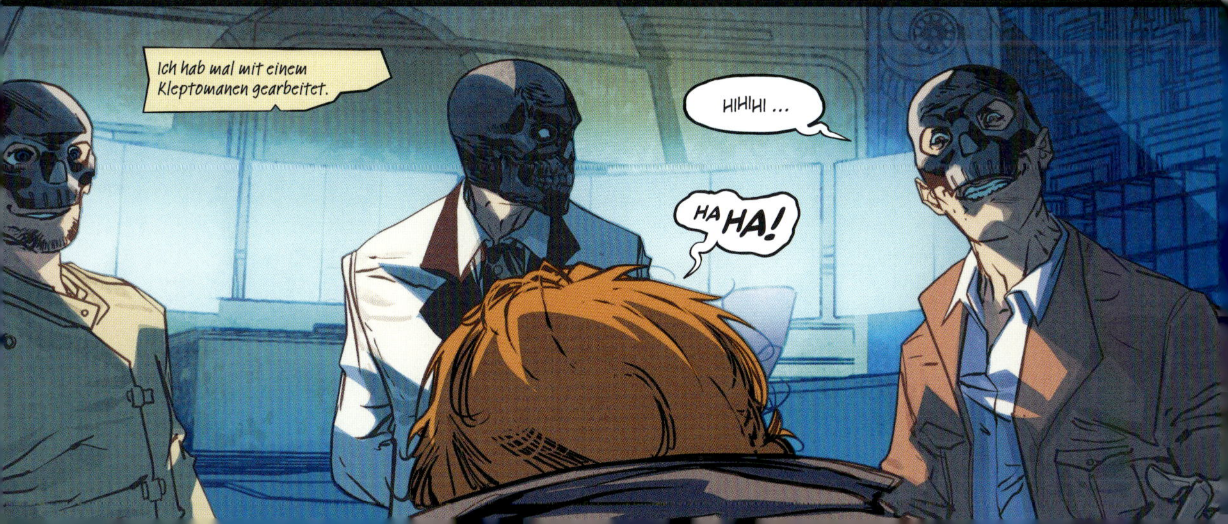
Ich hab mal mit einem Kleptomanen gearbeitet.
HIHIHI ...
HA HA!

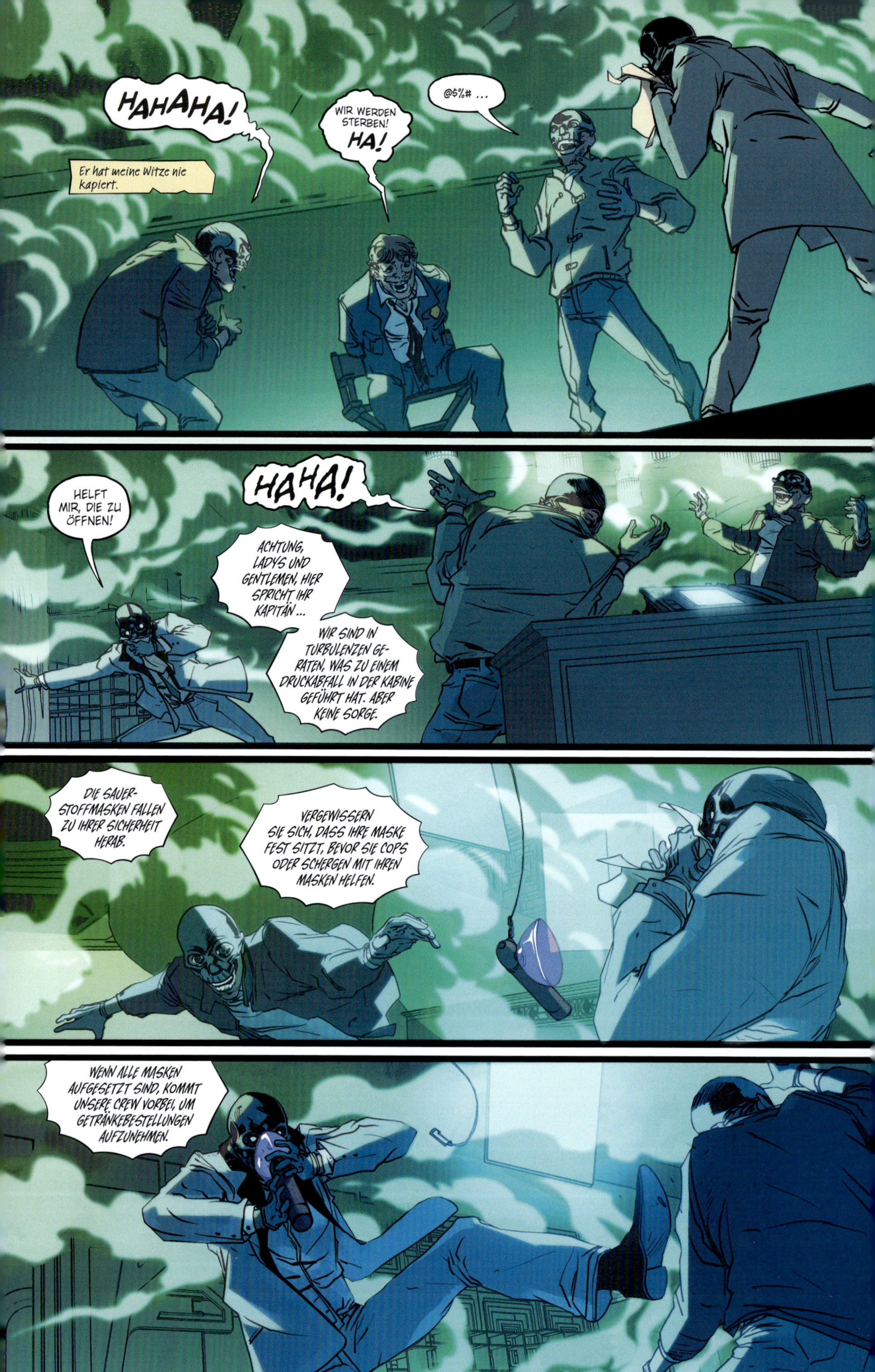
HAHAHA!
Er hat meine Witze nie kapiert.
WIR WERDEN STERBEN! HA!
@$%# ...
HELFT MIR, DIE ZU ÖFFNEN!
HAHA!
ACHTUNG, LADYS UND GENTLEMEN, HIER SPRICHT IHR KAPITÄN ...
WIR SIND IN TURBULENZEN GERATEN, WAS ZU EINEM DRUCKABFALL IN DER KABINE GEFÜHRT HAT. ABER KEINE SORGE.
DIE SAUERSTOFFMASKEN FALLEN ZU IHRER SICHERHEIT HERAB.
VERGEWISSERN SIE SICH, DASS IHRE MASKE FEST SITZT, BEVOR SIE COPS ODER SCHERGEN MIT IHREN MASKEN HELFEN.
WENN ALLE MASKEN AUFGESETZT SIND, KOMMT UNSERE CREW VORBEI, UM GETRÄNKEBESTELLUNGEN AUFZUNEHMEN.

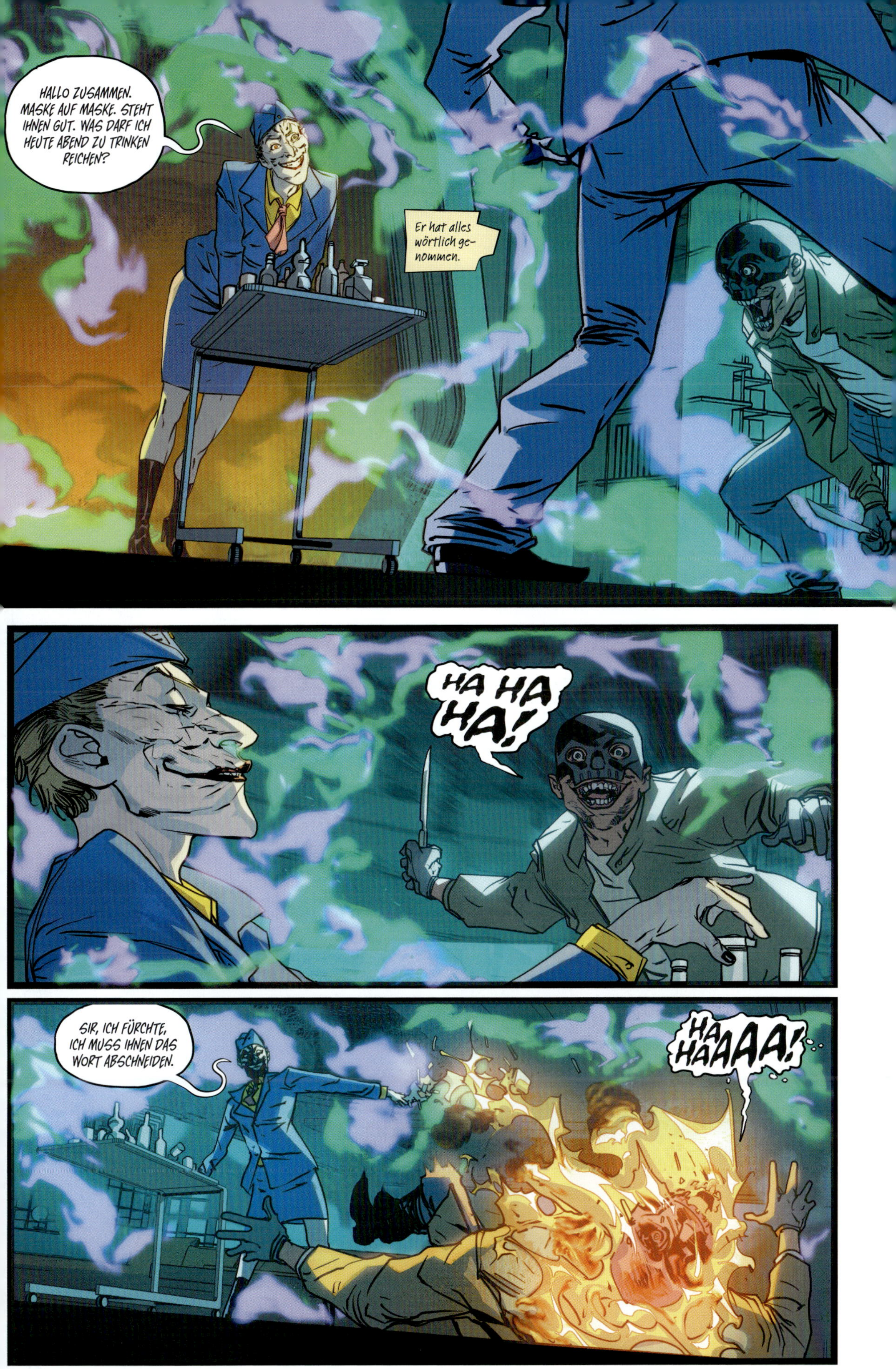

HALLO ZUSAMMEN. MASKE AUF MASKE. STEHT IHNEN GUT. WAS DARF ICH HEUTE ABEND ZU TRINKEN REICHEN?

Er hat alles wörtlich genommen.

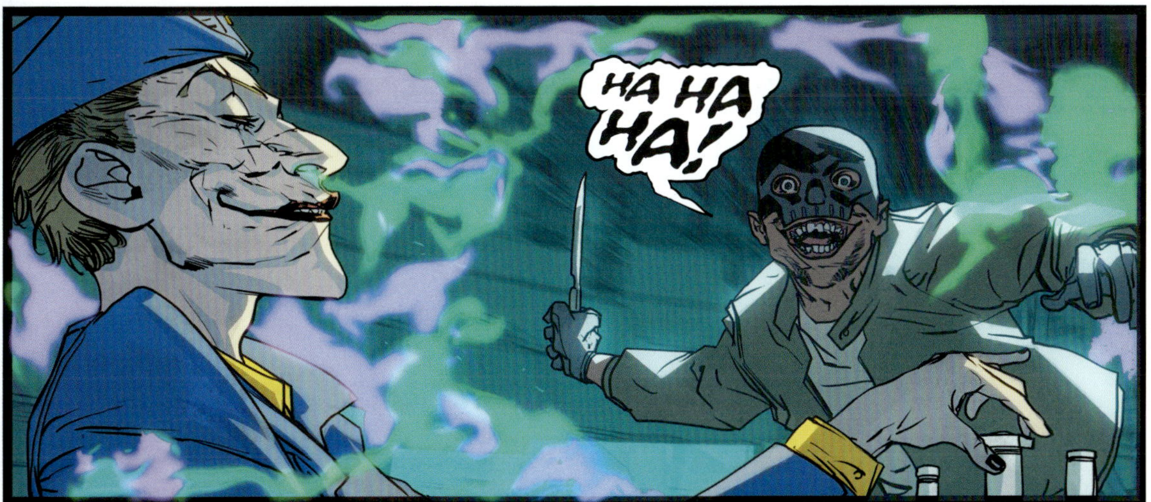

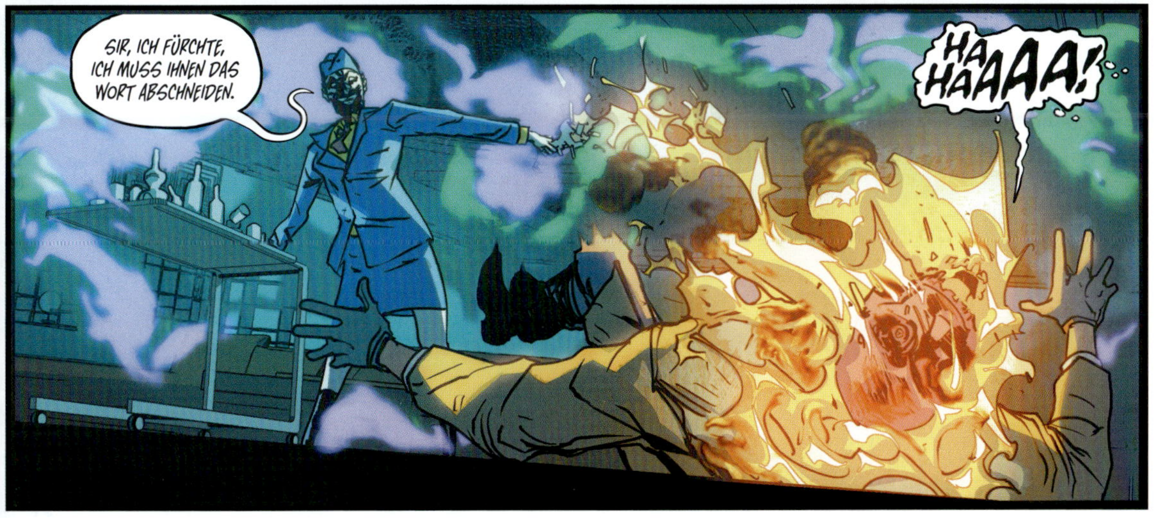

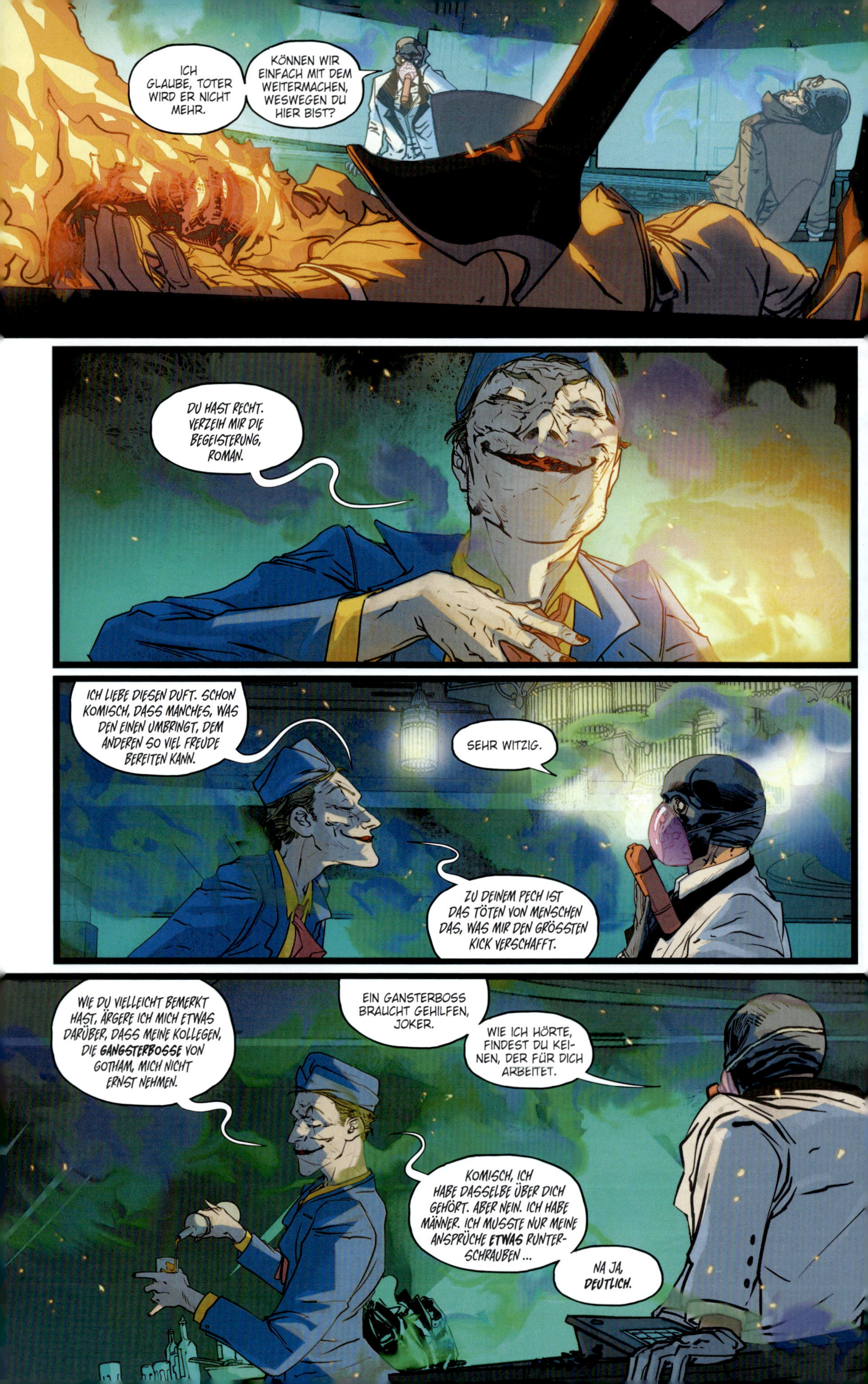

ICH GLAUBE, TOTER WIRD ER NICHT MEHR.
KÖNNEN WIR EINFACH MIT DEM WEITERMACHEN, WESWEGEN DU HIER BIST?

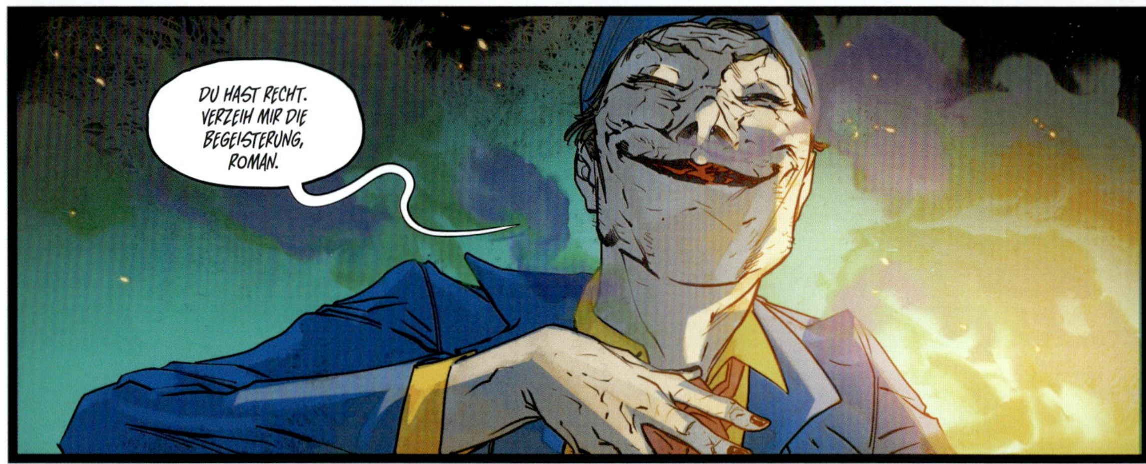

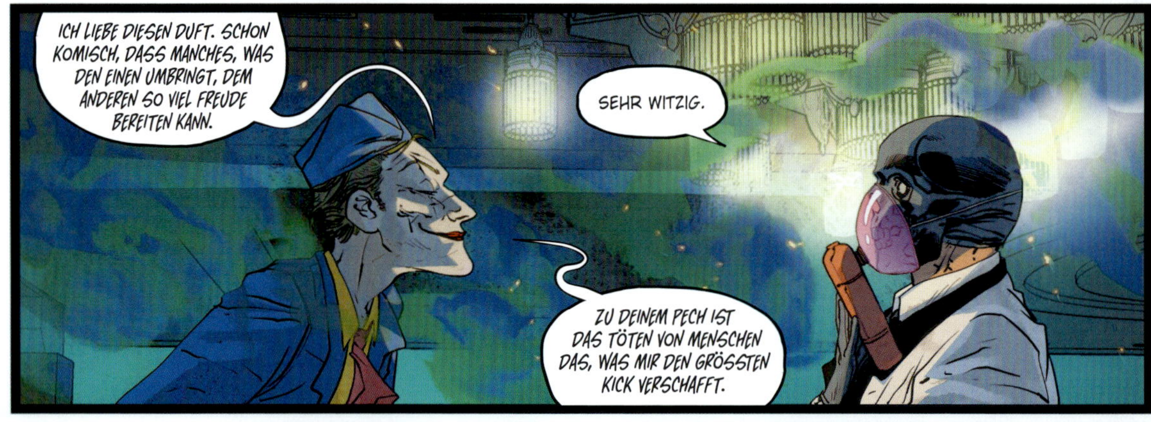

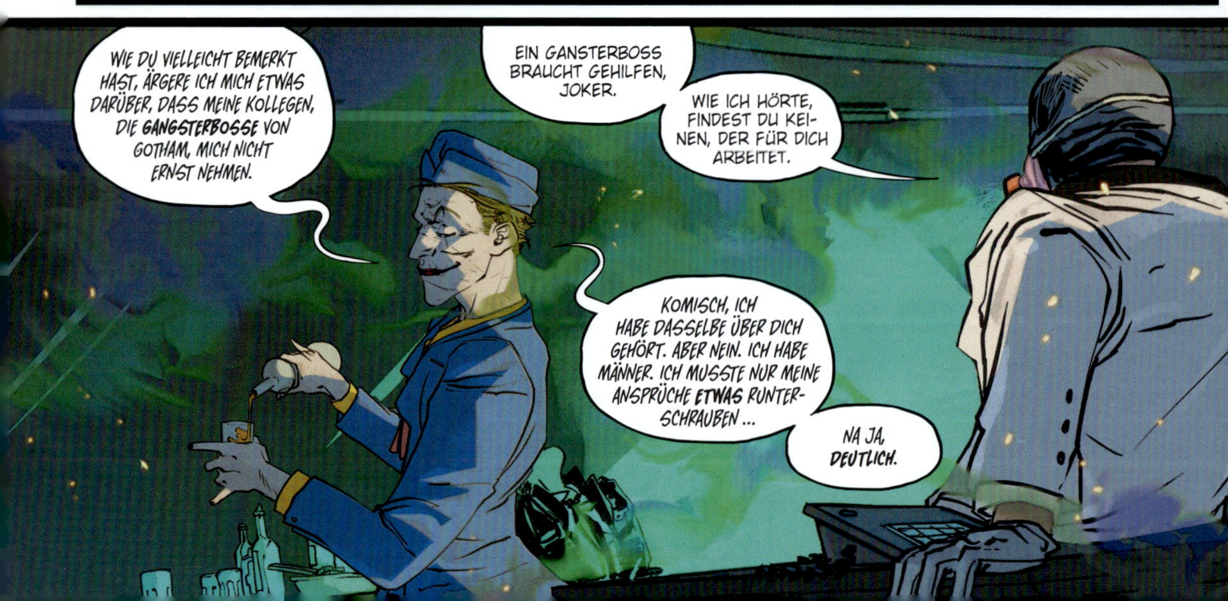

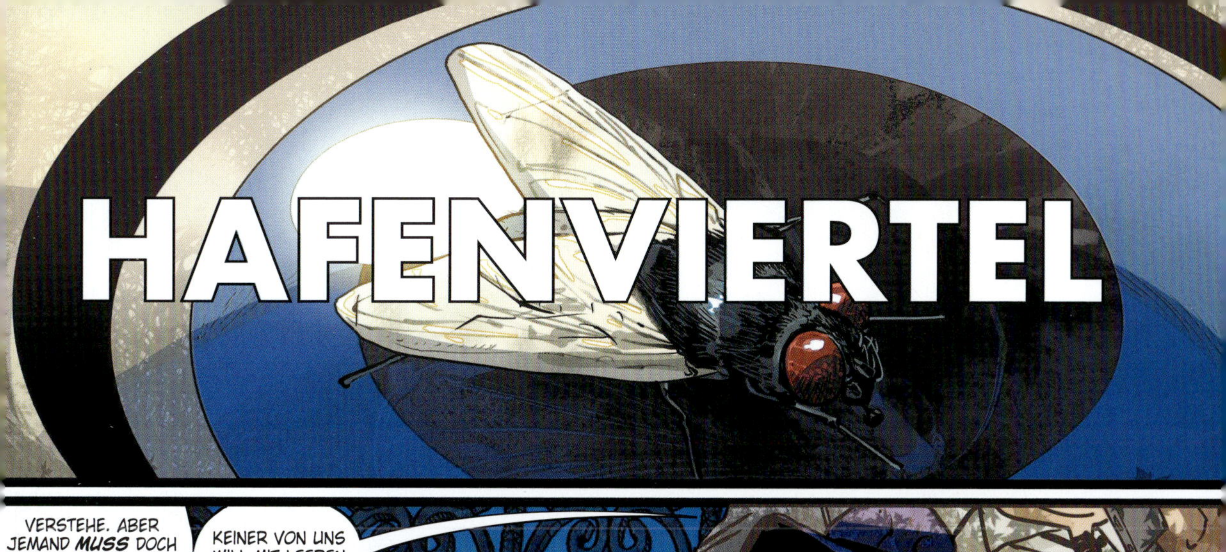
HAFENVIERTEL

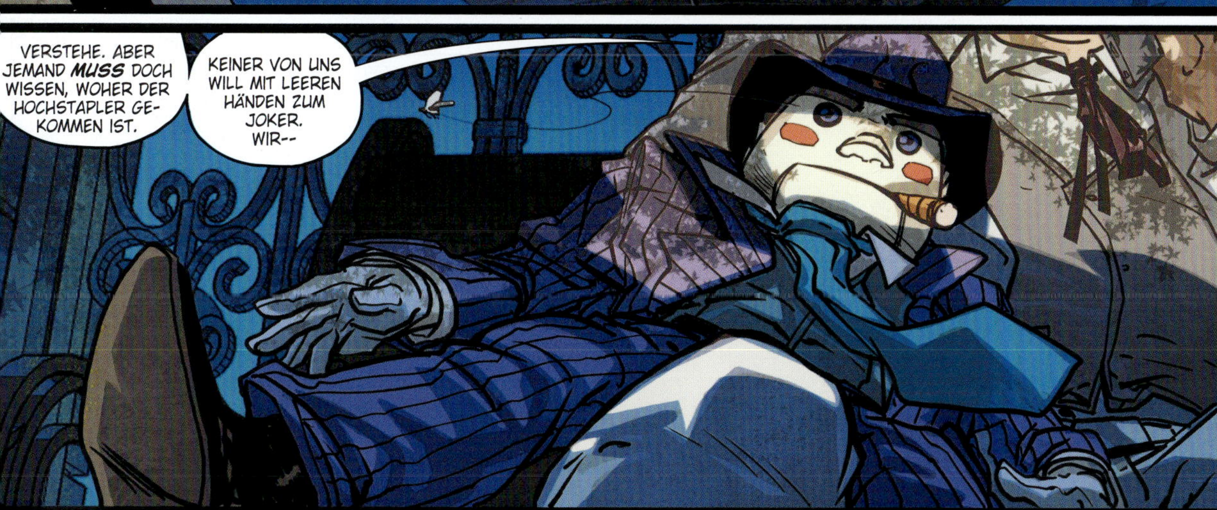
VERSTEHE. ABER JEMAND MUSS DOCH WISSEN, WOHER DER HOCHSTAPLER GEKOMMEN IST.
KEINER VON UNS WILL MIT LEEREN HÄNDEN ZUM JOKER. WIR--

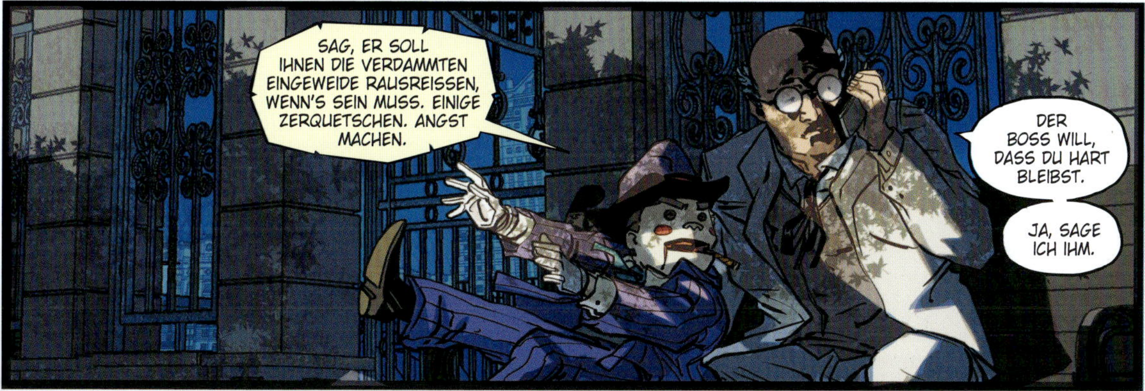
SAG, ER SOLL IHNEN DIE VERDAMMTEN EINGEWEIDE RAUSREISSEN, WENN'S SEIN MUSS. EINIGE ZERQUETSCHEN. ANGST MACHEN.
DER BOSS WILL, DASS DU HART BLEIBST.
JA, SAGE ICH IHM.

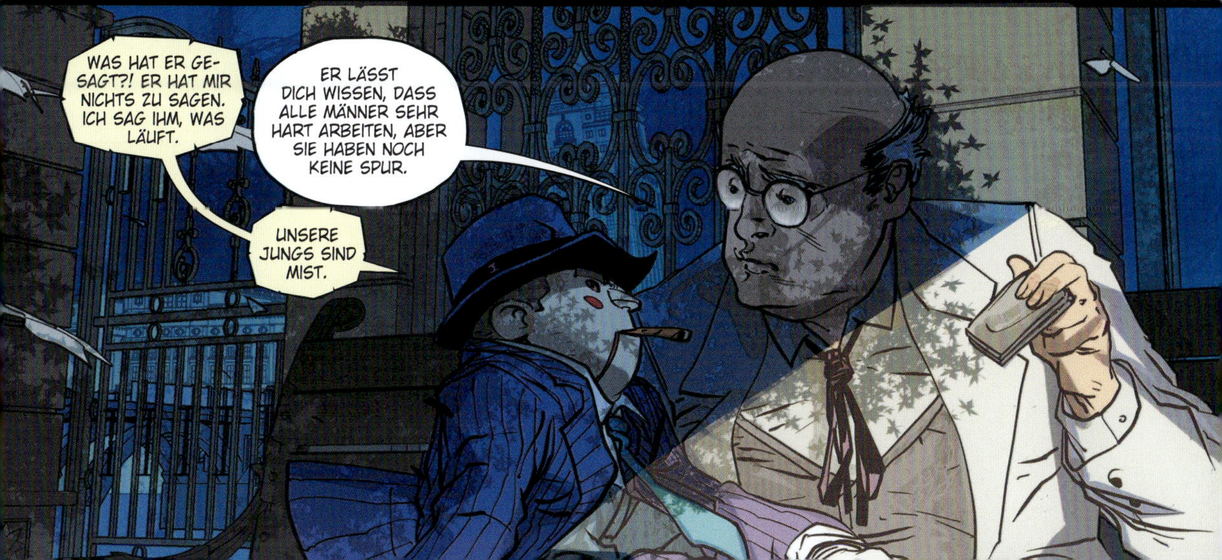
WAS HAT ER GESAGT?! ER HAT MIR NICHTS ZU SAGEN. ICH SAG IHM, WAS LÄUFT.
ER LÄSST DICH WISSEN, DASS ALLE MÄNNER SEHR HART ARBEITEN, ABER SIE HABEN NOCH KEINE SPUR.
UNSERE JUNGS SIND MIST.

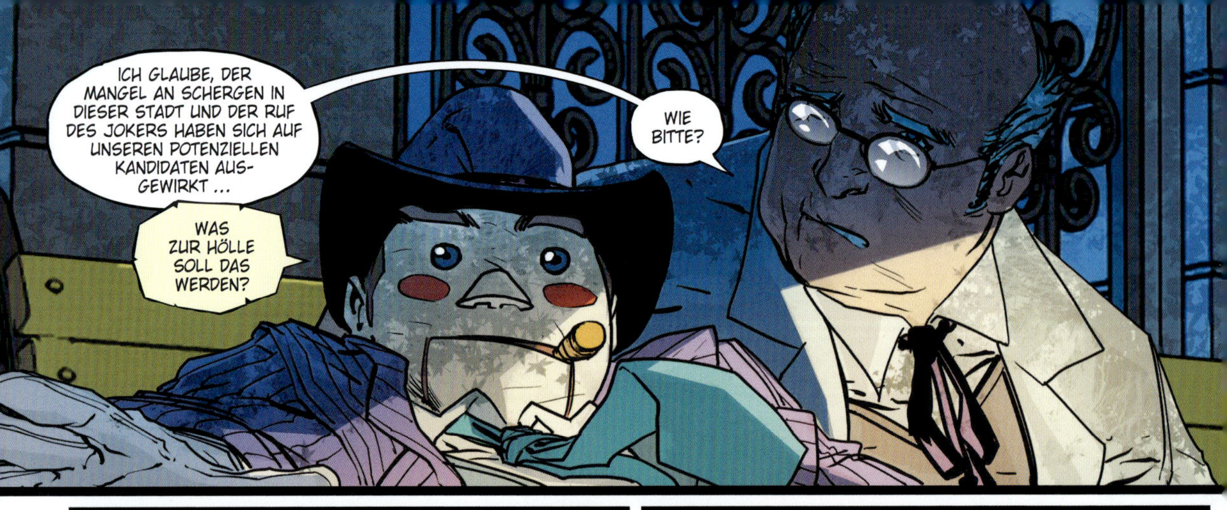
ICH GLAUBE, DER MANGEL AN SCHERGEN IN DIESER STADT UND DER RUF DES JOKERS HABEN SICH AUF UNSEREN POTENZIELLEN KANDIDATEN AUS-GEWIRKT ...
WIE BITTE?
WAS ZUR HÖLLE SOLL DAS WERDEN?

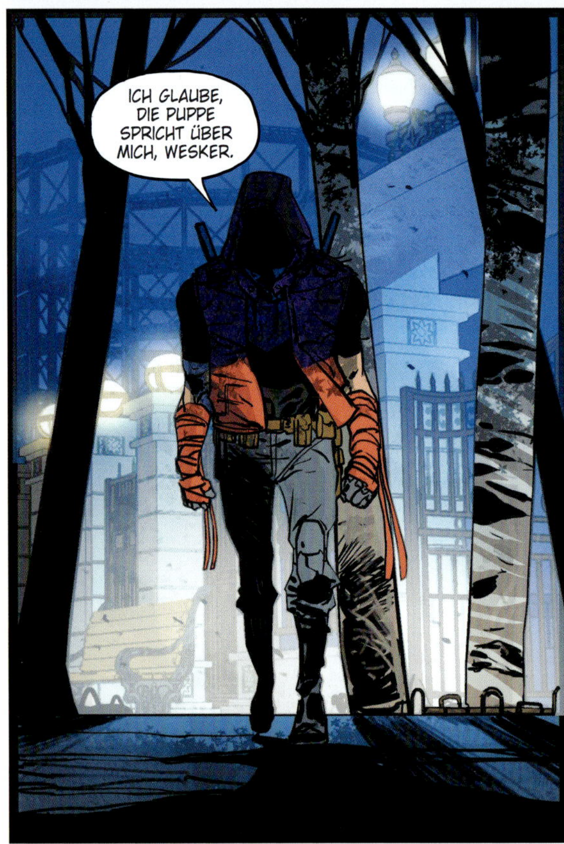
ICH GLAUBE, DIE PUPPE SPRICHT ÜBER MICH, WESKER.

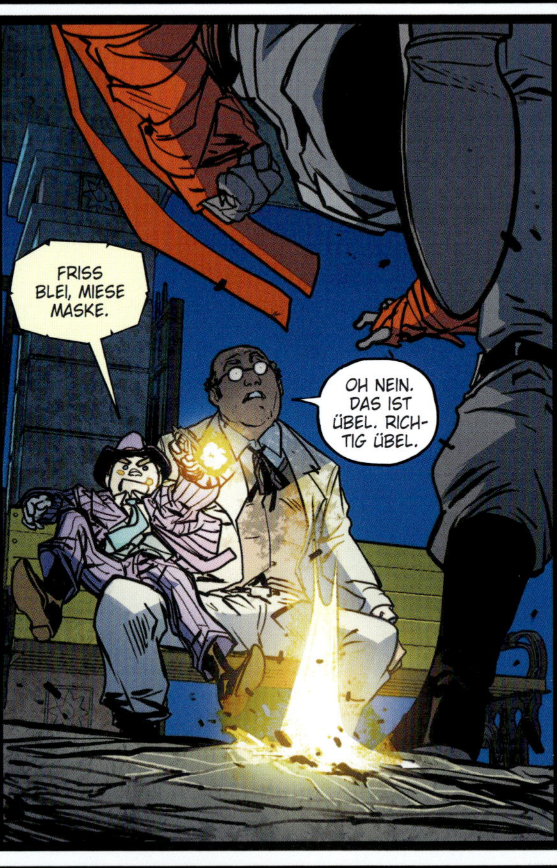
FRISS BLEI, MIESE MASKE.
OH NEIN. DAS IST ÜBEL. RICH-TIG ÜBEL.

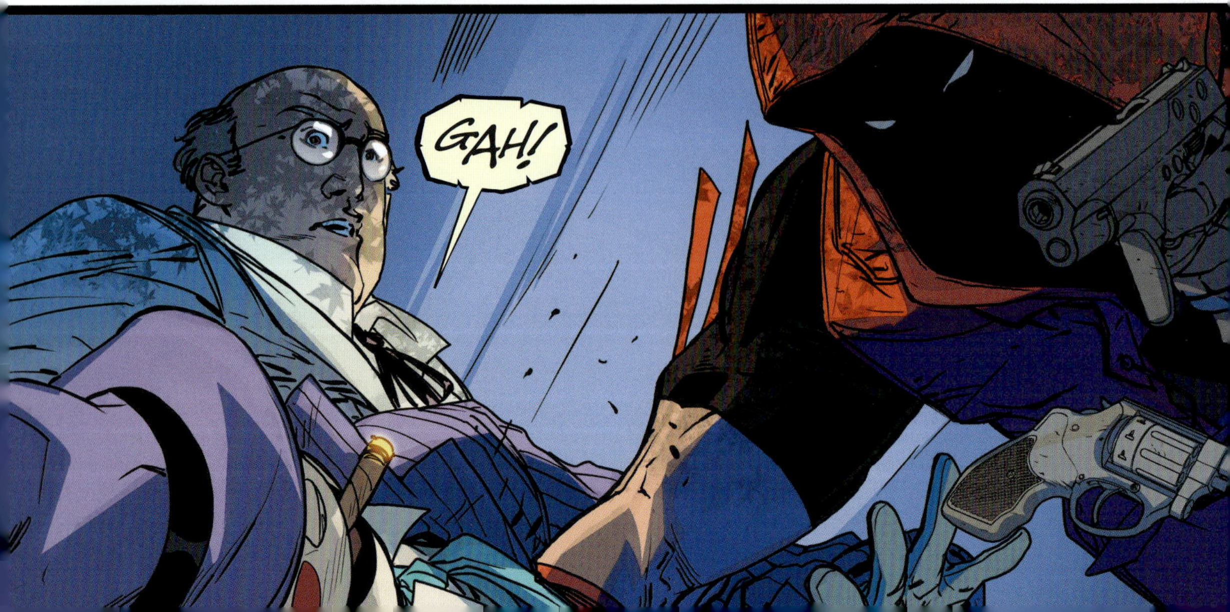
GAH!

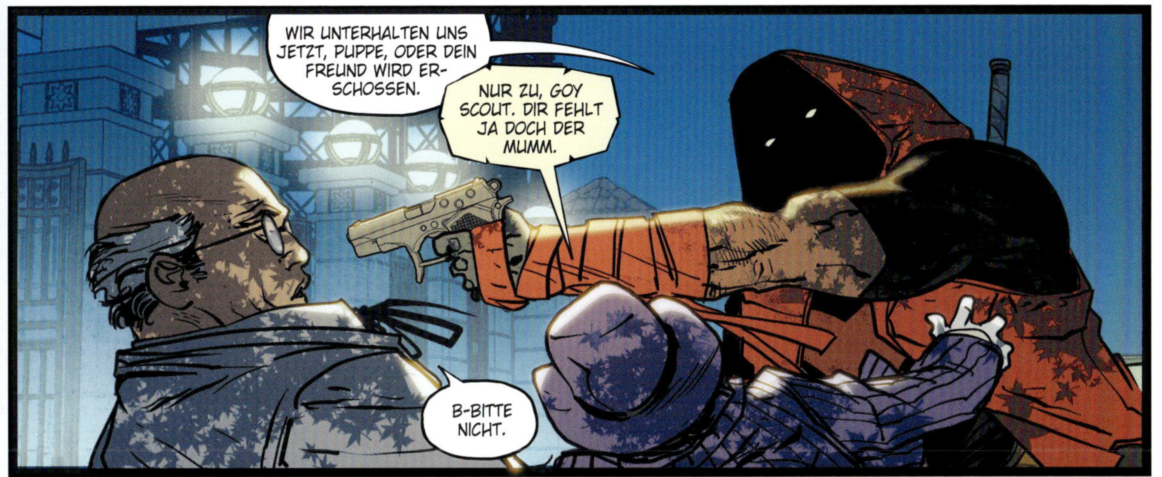
WIR UNTERHALTEN UNS JETZT, PUPPE, ODER DEIN FREUND WIRD ER-SCHOSSEN.
NUR ZU, GOY SCOUT. DIR FEHLT JA DOCH DER MUMM.
B-BITTE NICHT.

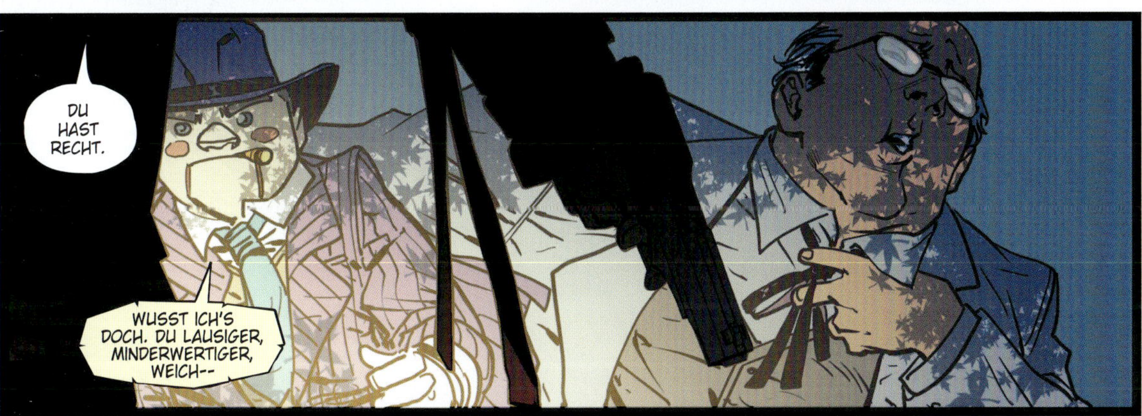
DU HAST RECHT.
WUSST ICH'S DOCH. DU LAUSIGER, MINDERWERTIGER, WEICH--

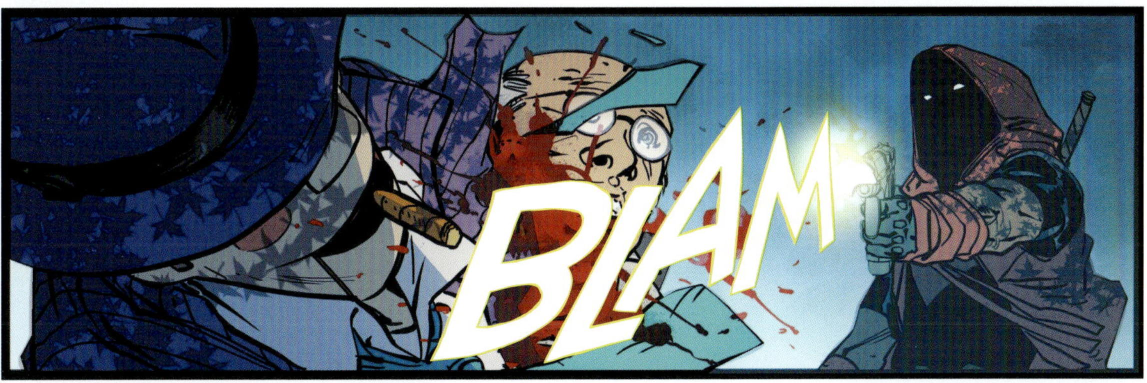
BLAM

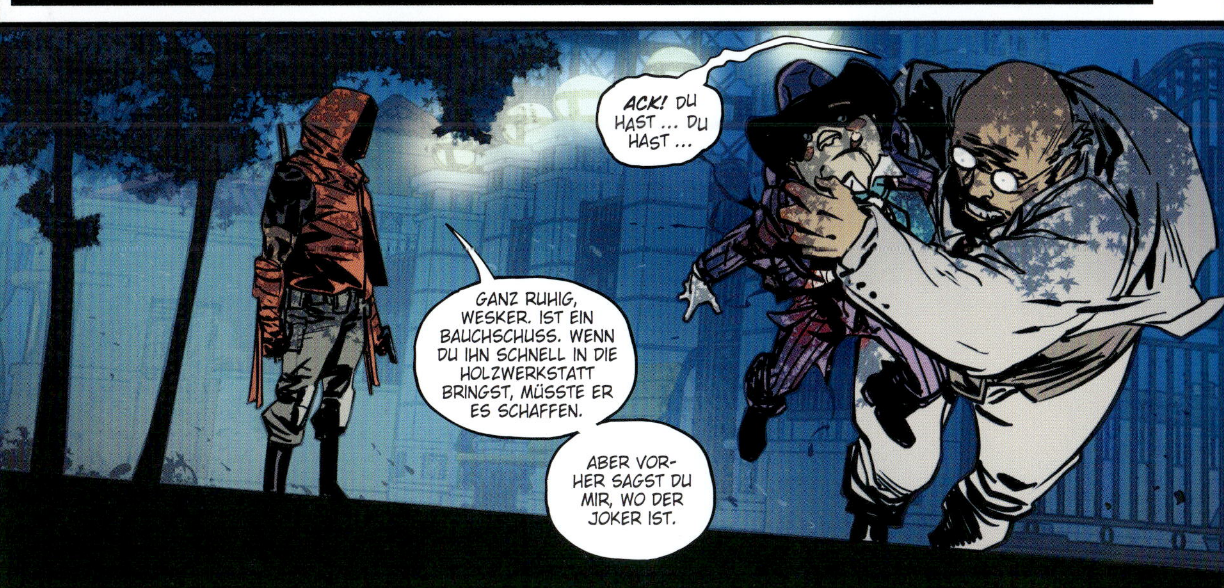
ACK! DU HAST ... DU HAST ...
GANZ RUHIG, WESKER. IST EIN BAUCHSCHUSS. WENN DU IHN SCHNELL IN DIE HOLZWERKSTATT BRINGST, MÜSSTE ER ES SCHAFFEN.
ABER VOR-HER SAGST DU MIR, WO DER JOKER IST.

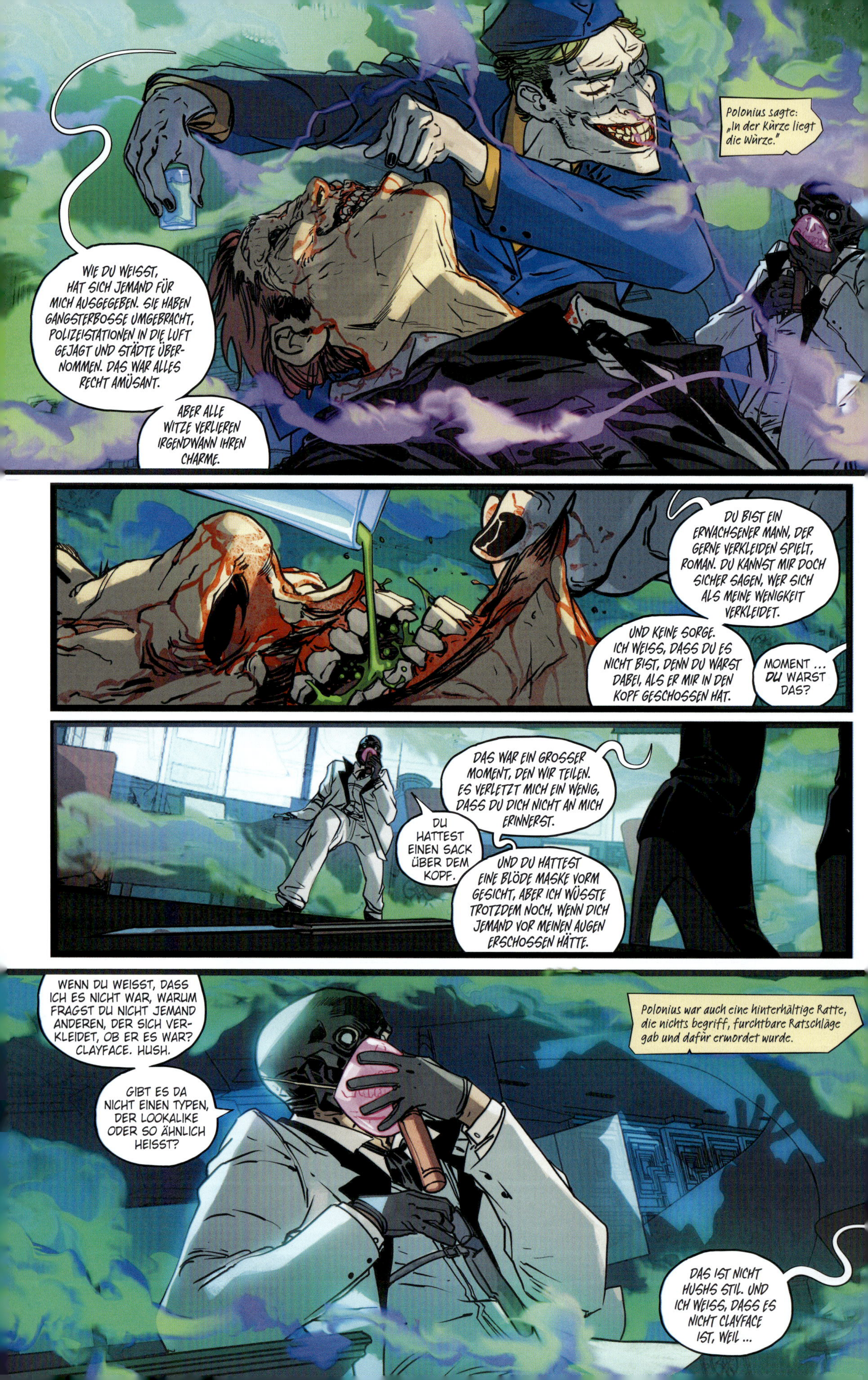

WIE DU WEISST, HAT SICH JEMAND FÜR MICH AUSGEGEBEN. SIE HABEN GANGSTERBOSSE UMGEBRACHT, POLIZEISTATIONEN IN DIE LUFT GEJAGT UND STÄDTE ÜBERNOMMEN. DAS WAR ALLES RECHT AMÜSANT.
ABER ALLE WITZE VERLIEREN IRGENDWANN IHREN CHARME.
Polonius sagte: „In der Kürze liegt die Würze."

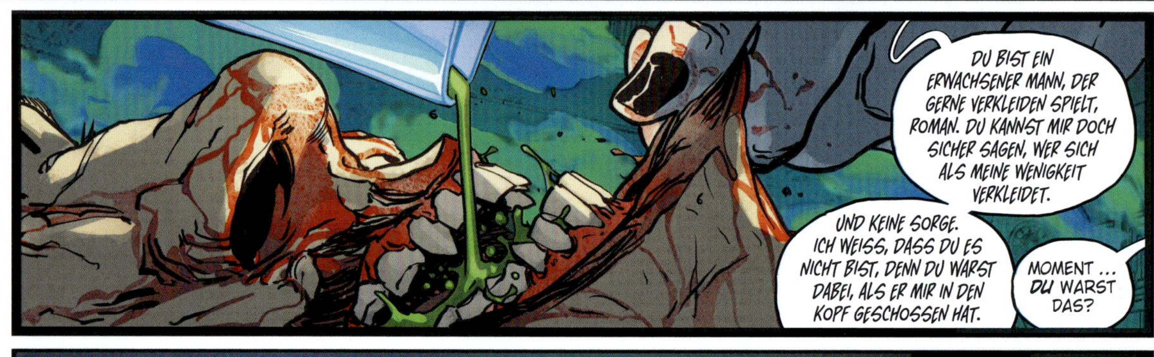
DU BIST EIN ERWACHSENER MANN, DER GERNE VERKLEIDEN SPIELT, ROMAN. DU KANNST MIR DOCH SICHER SAGEN, WER SICH ALS MEINE WENIGKEIT VERKLEIDET.
UND KEINE SORGE. ICH WEISS, DASS DU ES NICHT BIST, DENN DU WARST DABEI, ALS ER MIR IN DEN KOPF GESCHOSSEN HAT.
MOMENT ... *DU* WARST DAS?

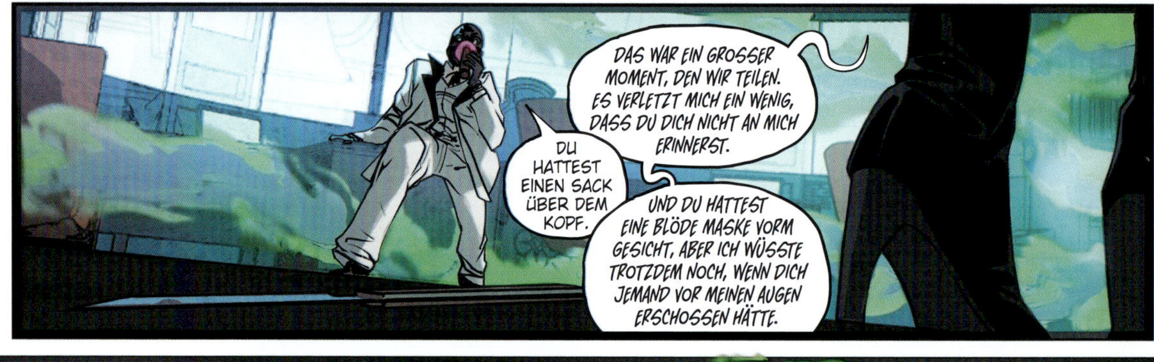
DAS WAR EIN GROSSER MOMENT, DEN WIR TEILEN. ES VERLETZT MICH EIN WENIG, DASS DU DICH NICHT AN MICH ERINNERST.
DU HATTEST EINEN SACK ÜBER DEM KOPF.
UND DU HATTEST EINE BLÖDE MASKE VORM GESICHT, ABER ICH WÜSSTE TROTZDEM NOCH, WENN DICH JEMAND VOR MEINEN AUGEN ERSCHOSSEN HÄTTE.

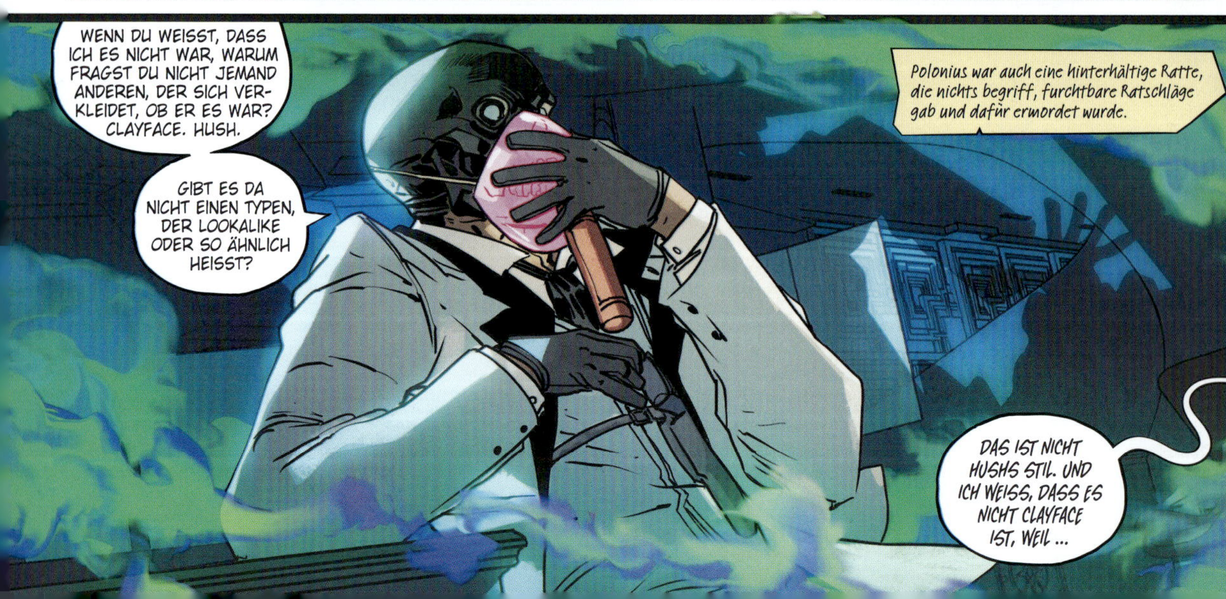
WENN DU WEISST, DASS ICH ES NICHT WAR, WARUM FRAGST DU NICHT JEMAND ANDEREN, DER SICH VERKLEIDET, OB ER ES WAR? CLAYFACE. HUSH.
GIBT ES DA NICHT EINEN TYPEN, DER LOOKALIKE ODER SO ÄHNLICH HEISST?
Polonius war auch eine hinterhältige Ratte, die nichts begriff, furchtbare Ratschläge gab und dafür ermordet wurde.
DAS IST NICHT HUSHS STIL. UND ICH WEISS, DASS ES NICHT CLAYFACE IST, WEIL ...

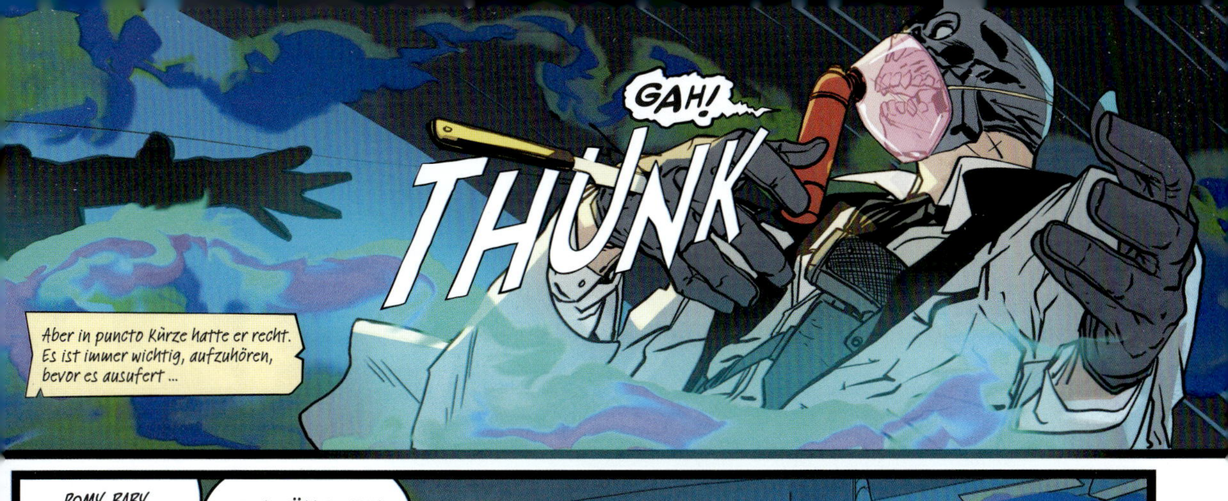
GAH!
THUNK
Aber in puncto Kürze hatte er recht. Es ist immer wichtig, aufzuhören, bevor es ausufert ...

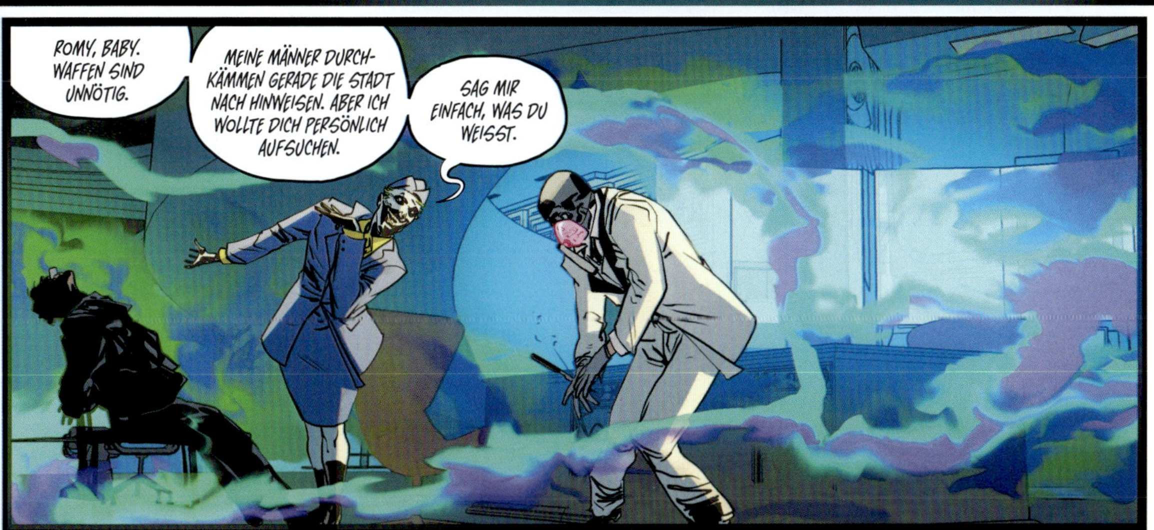
ROMY, BABY. WAFFEN SIND UNNÖTIG.
MEINE MÄNNER DURCHKÄMMEN GERADE DIE STADT NACH HINWEISEN. ABER ICH WOLLTE DICH PERSÖNLICH AUFSUCHEN.
SAG MIR EINFACH, WAS DU WEISST.

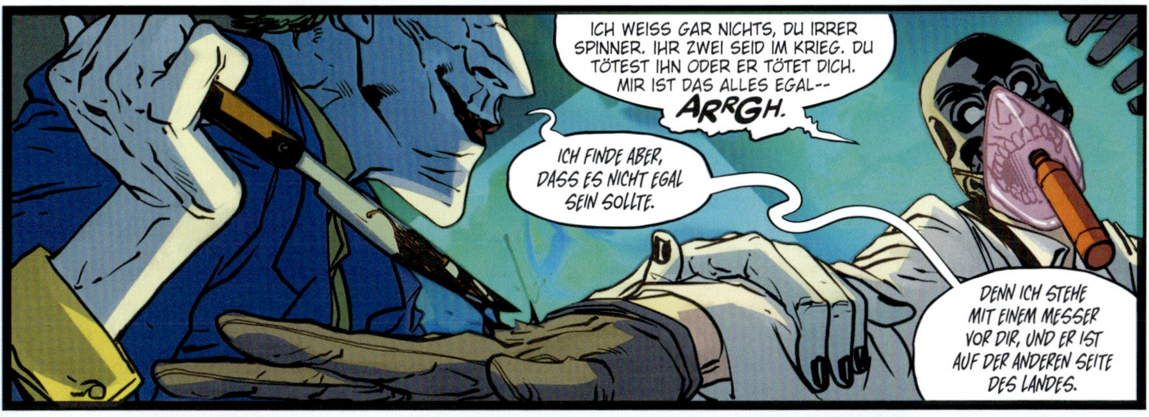
ICH WEISS GAR NICHTS, DU IRRER SPINNER. IHR ZWEI SEID IM KRIEG. DU TÖTEST IHN ODER ER TÖTET DICH. MIR IST DAS ALLES EGAL-- ARRGH.
ICH FINDE ABER, DASS ES NICHT EGAL SEIN SOLLTE.
DENN ICH STEHE MIT EINEM MESSER VOR DIR, UND ER IST AUF DER ANDEREN SEITE DES LANDES.

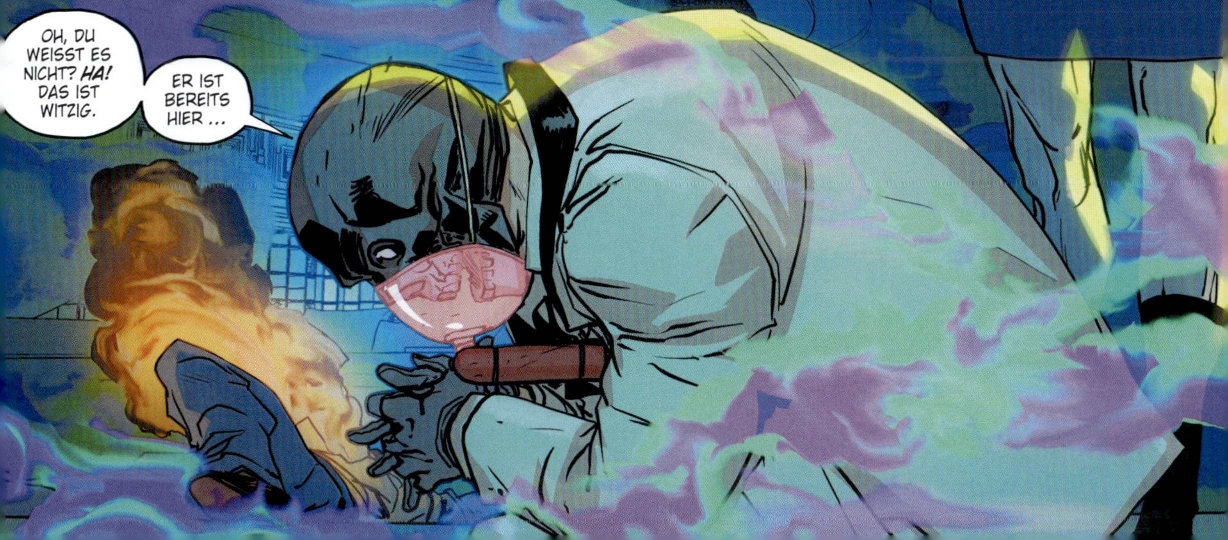
OH, DU WEISST ES NICHT? HA! DAS IST WITZIG.
ER IST BEREITS HIER ...

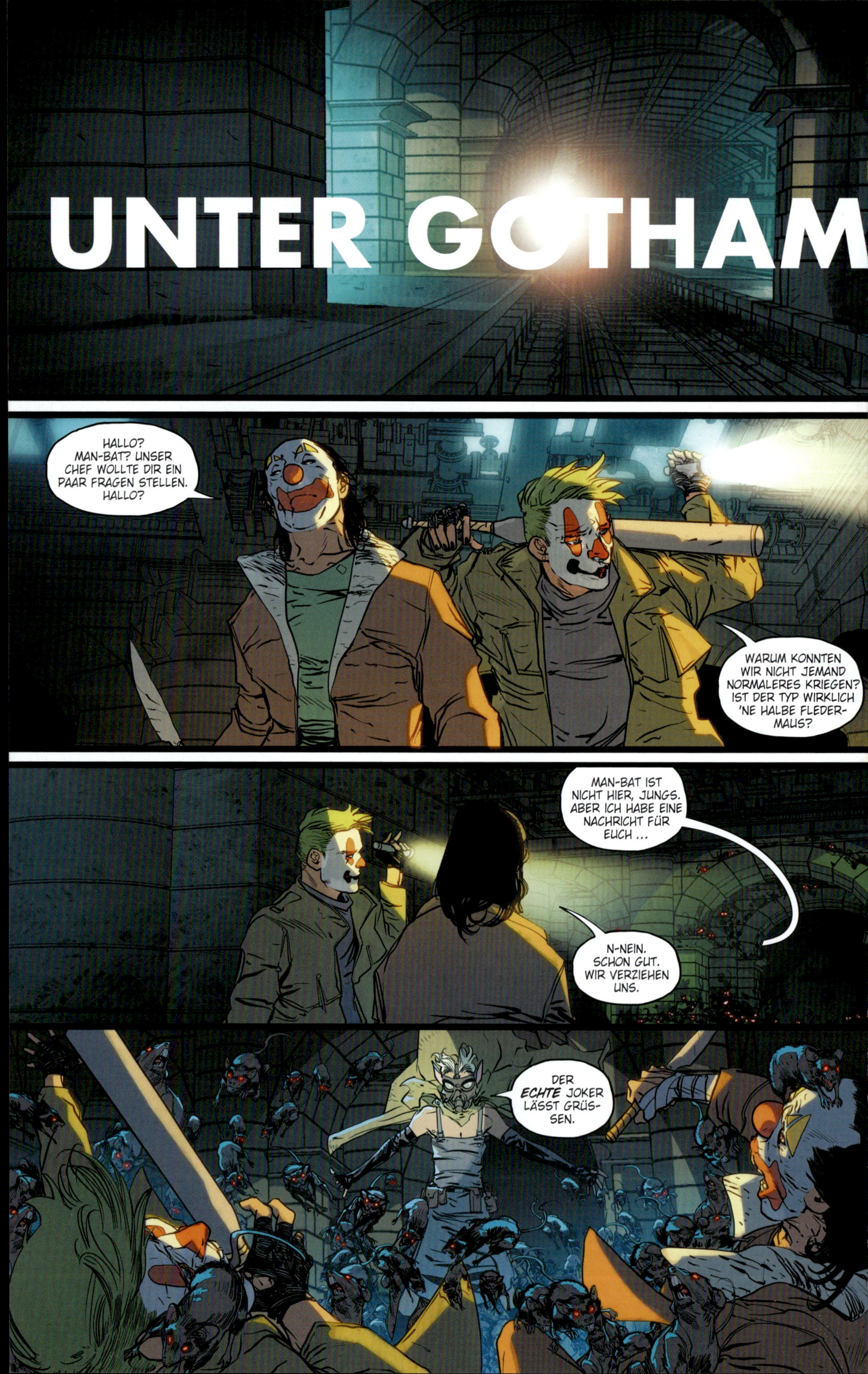

UNTER GOTHAM

HALLO? MAN-BAT? UNSER CHEF WOLLTE DIR EIN PAAR FRAGEN STELLEN. HALLO?

WARUM KONNTEN WIR NICHT JEMAND NORMALERES KRIEGEN? IST DER TYP WIRKLICH 'NE HALBE FLEDERMAUS?

MAN-BAT IST NICHT HIER, JUNGS. ABER ICH HABE EINE NACHRICHT FÜR EUCH ...

N-NEIN. SCHON GUT. WIR VERZIEHEN UNS.

DER *ECHTE* JOKER LÄSST GRÜSSEN.

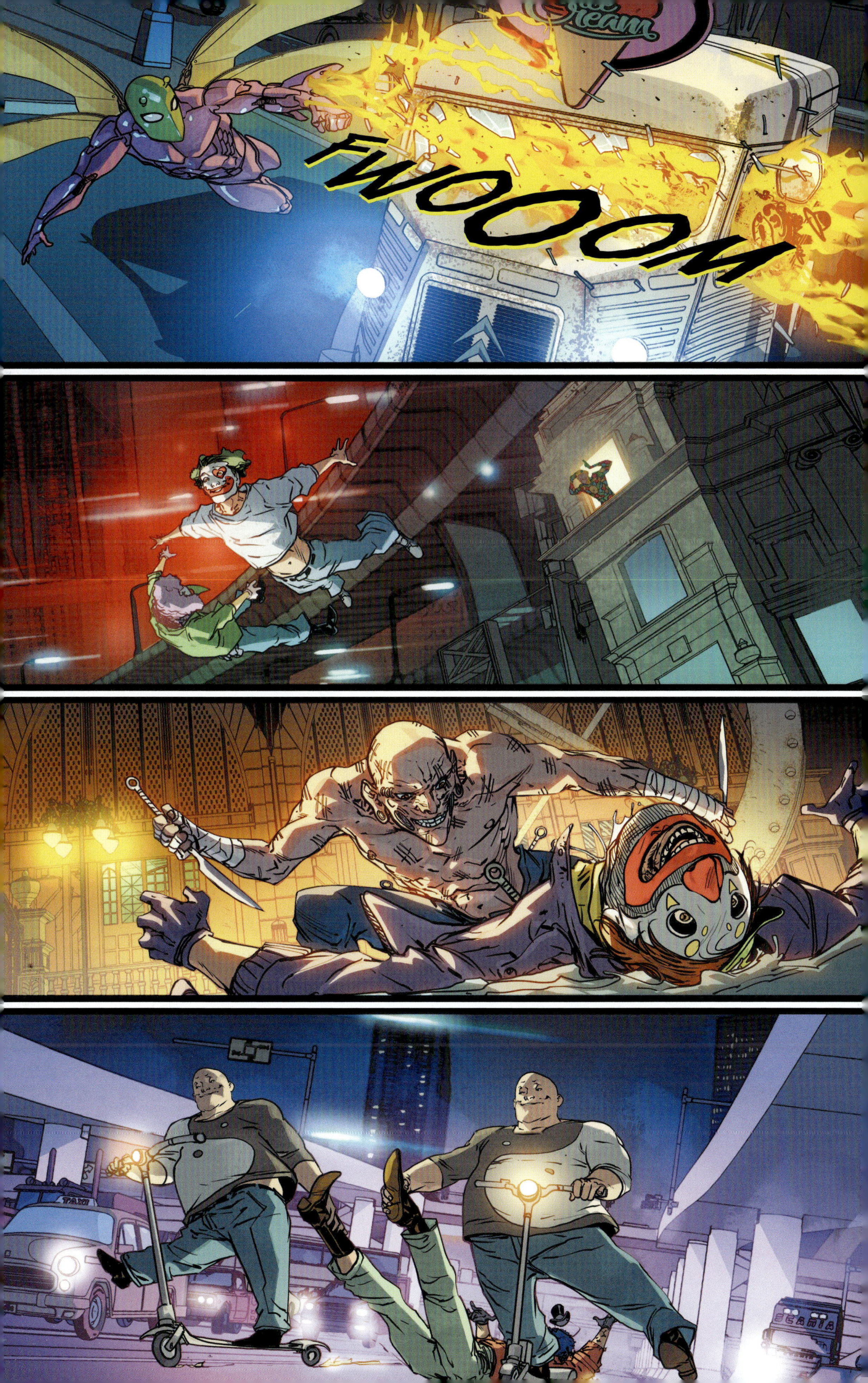

FWOOOM

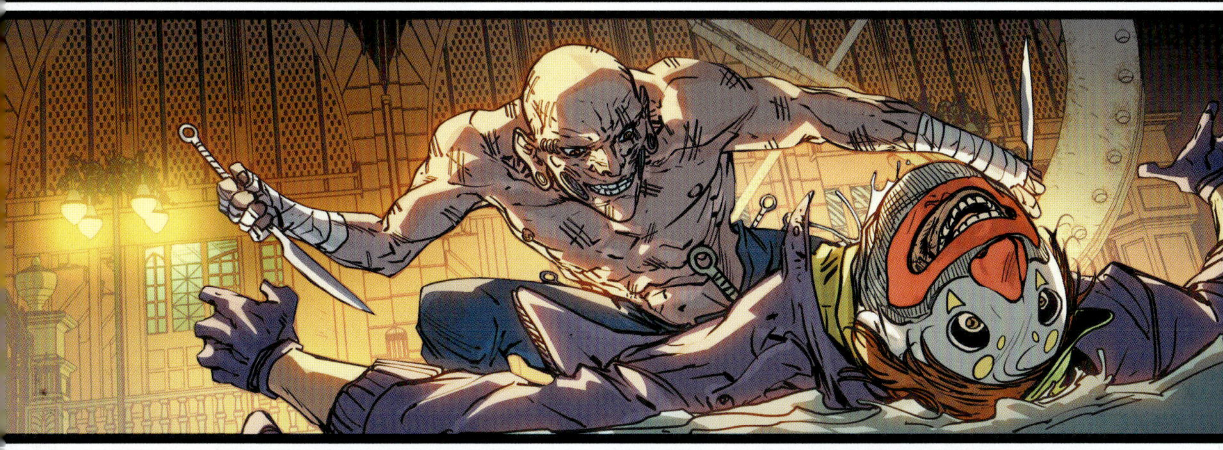

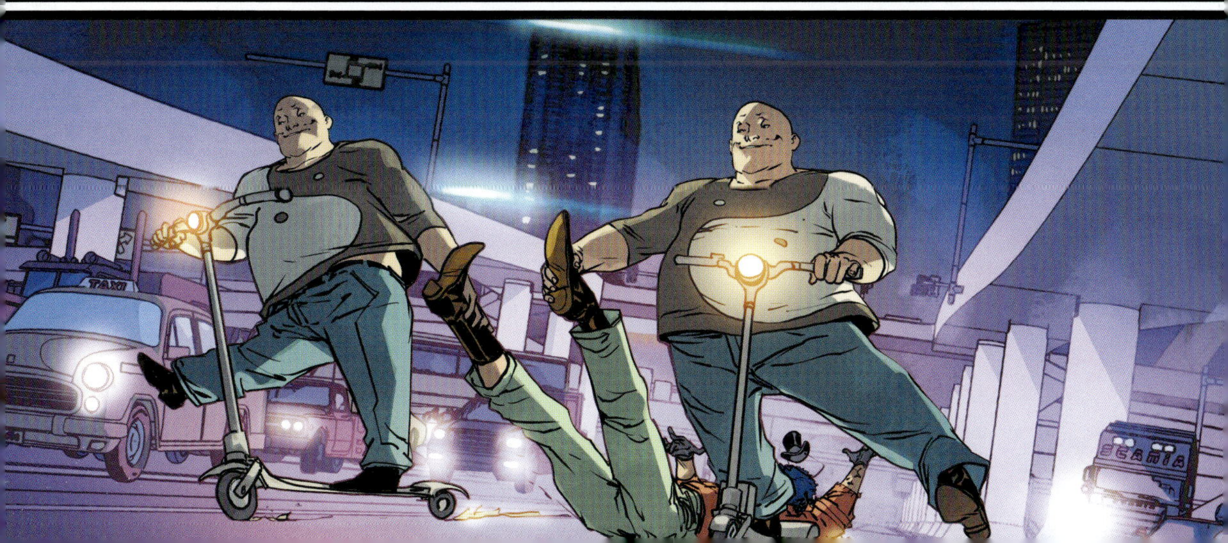

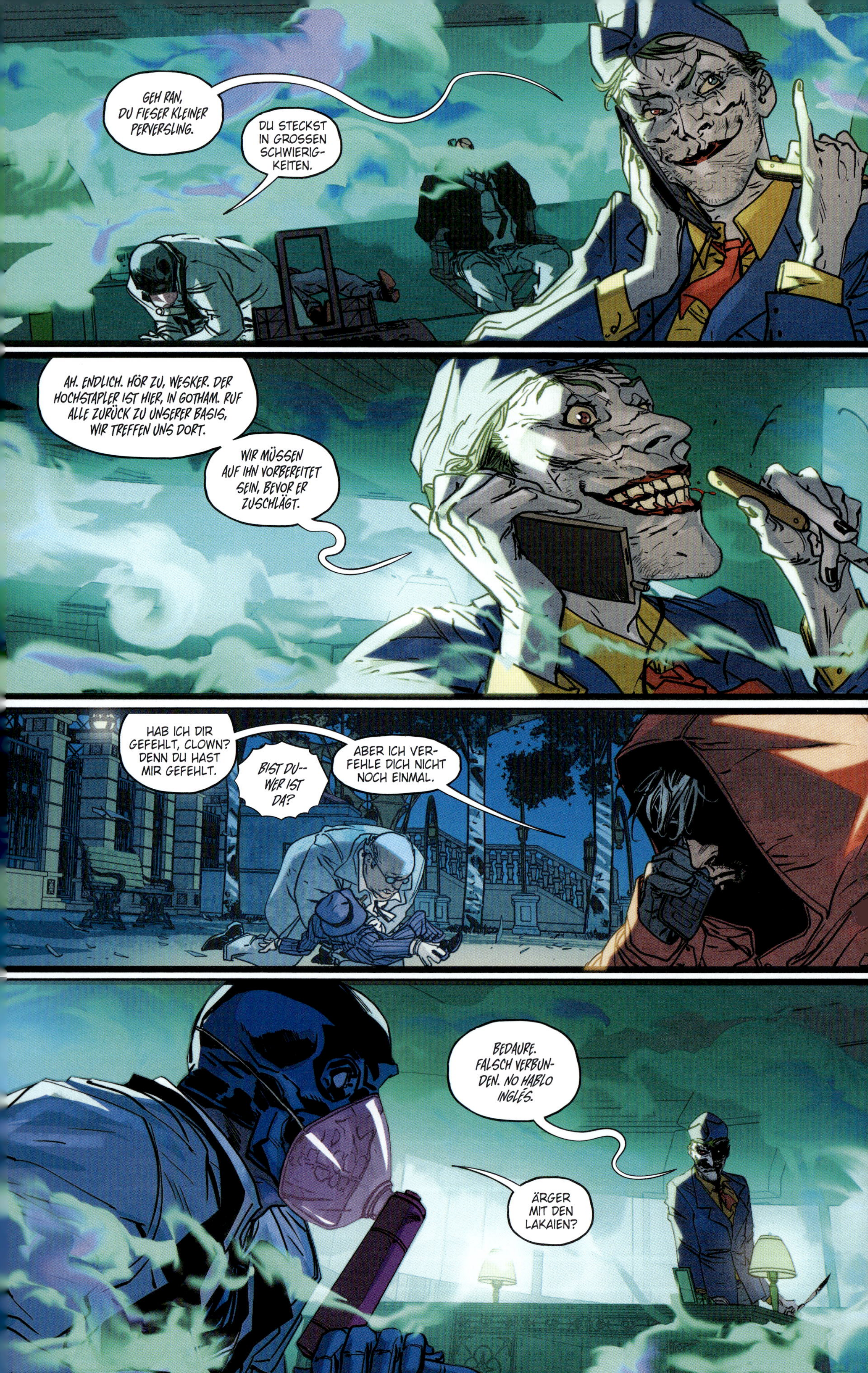
GEH RAN, DU FIESER KLEINER PERVERSLING.
DU STECKST IN GROSSEN SCHWIERIG-KEITEN.
AH. ENDLICH. HÖR ZU, WESKER. DER HOCHSTAPLER IST HIER, IN GOTHAM. RUF ALLE ZURÜCK ZU UNSERER BASIS, WIR TREFFEN UNS DORT.
WIR MÜSSEN AUF IHN VORBEREITET SEIN, BEVOR ER ZUSCHLÄGT.
HAB ICH DIR GEFEHLT, CLOWN? DENN DU HAST MIR GEFEHLT.
BIST DU-- WER IST DA?
ABER ICH VER-FEHLE DICH NICHT NOCH EINMAL.
BEDAURE. FALSCH VERBUN-DEN. NO HABLO INGLÉS.
ÄRGER MIT DEN LAKAIEN?

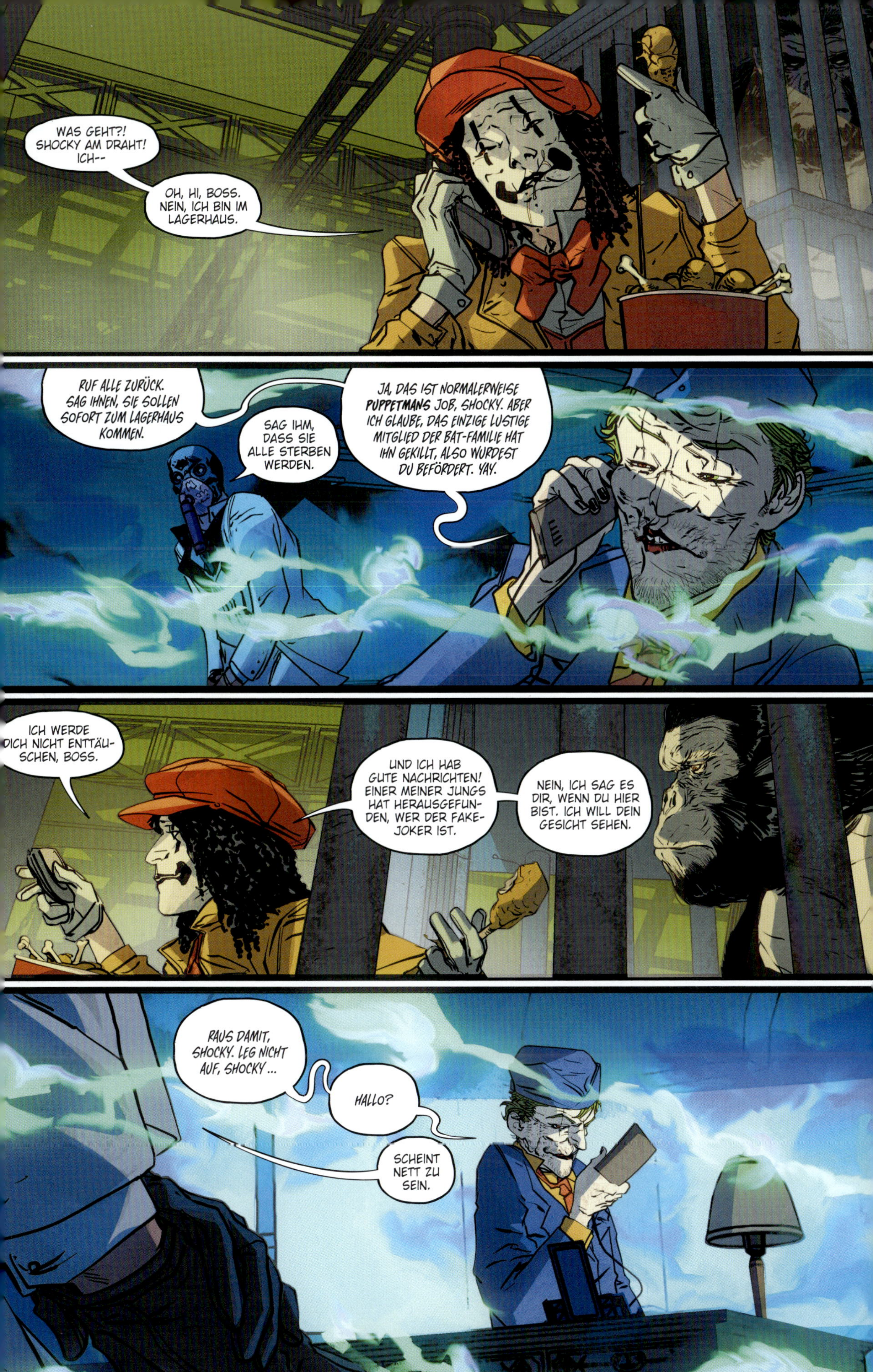
WAS GEHT?! SHOCKY AM DRAHT! ICH--
OH, HI, BOSS. NEIN, ICH BIN IM LAGERHAUS.
RUF ALLE ZURÜCK. SAG IHNEN, SIE SOLLEN SOFORT ZUM LAGERHAUS KOMMEN.
SAG IHM, DASS SIE ALLE STERBEN WERDEN.
JA, DAS IST NORMALERWEISE PUPPETMANS JOB, SHOCKY. ABER ICH GLAUBE, DAS EINZIGE LUSTIGE MITGLIED DER BAT-FAMILIE HAT IHN GEKILLT, ALSO WURDEST DU BEFÖRDERT. YAY.
ICH WERDE DICH NICHT ENTTÄUSCHEN, BOSS.
UND ICH HAB GUTE NACHRICHTEN! EINER MEINER JUNGS HAT HERAUSGEFUNDEN, WER DER FAKE-JOKER IST.
NEIN, ICH SAG ES DIR, WENN DU HIER BIST. ICH WILL DEIN GESICHT SEHEN.
RAUS DAMIT, SHOCKY. LEG NICHT AUF, SHOCKY ...
HALLO?
SCHEINT NETT ZU SEIN.

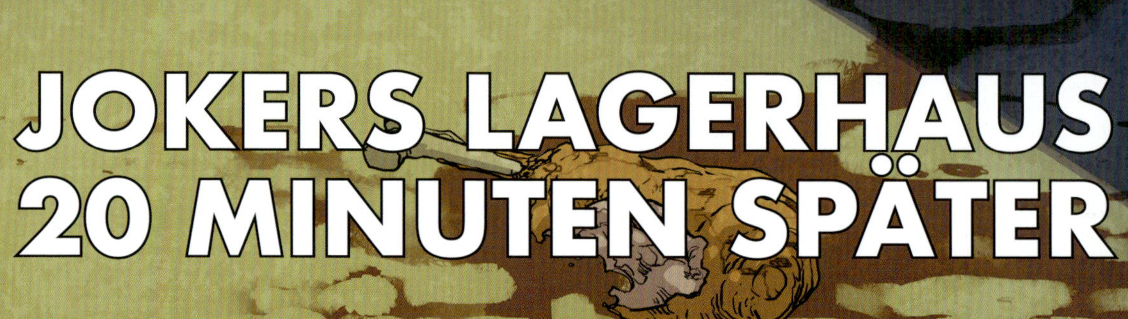
JOKERS LAGERHAUS
20 MINUTEN SPÄTER

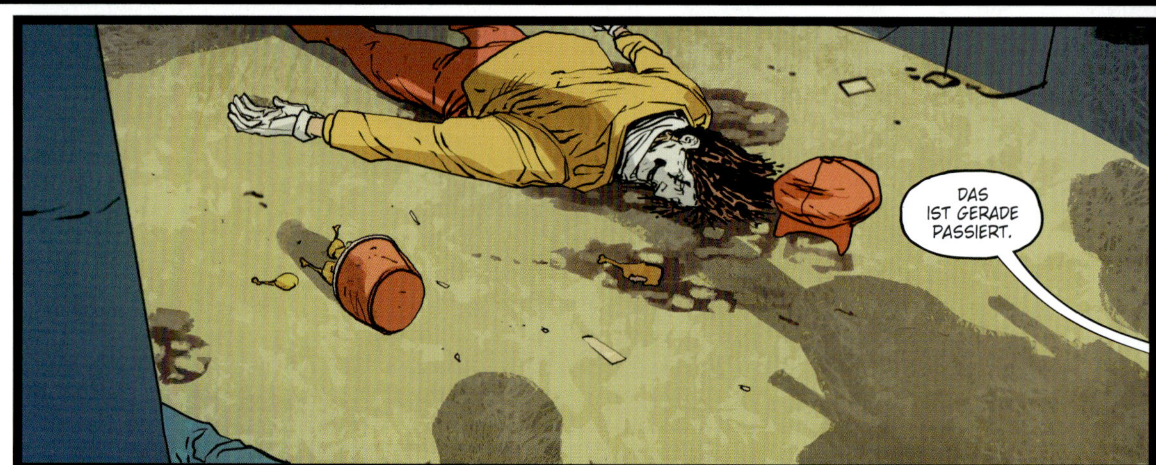
DAS IST GERADE PASSIERT.

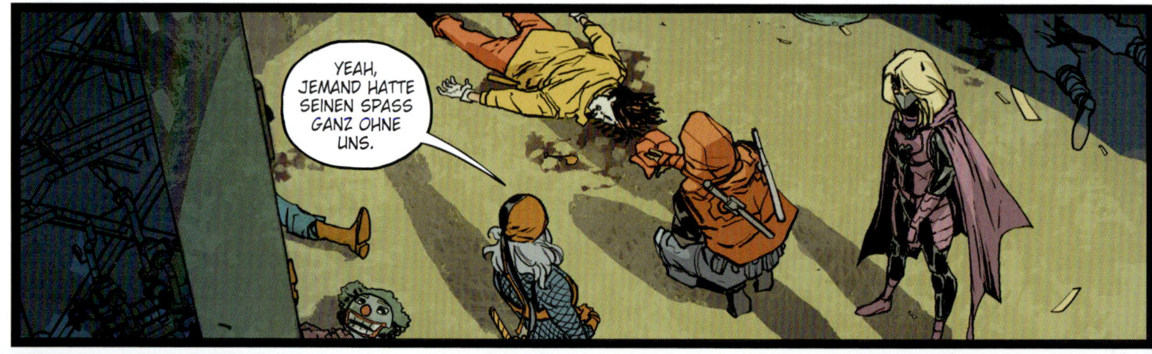
YEAH, JEMAND HATTE SEINEN SPASS GANZ OHNE UNS.

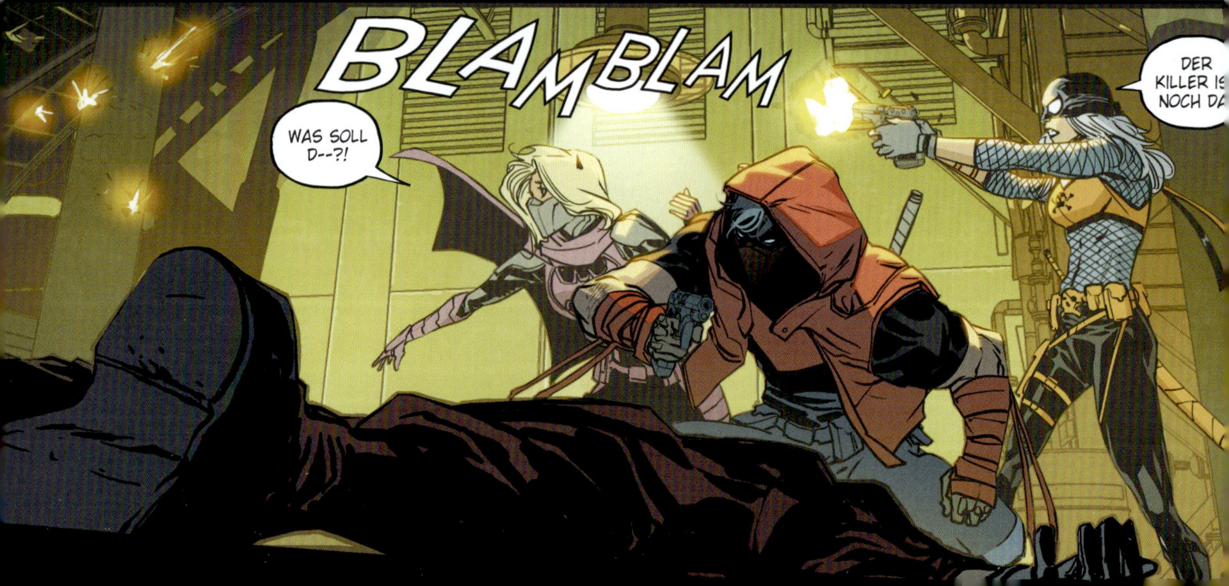
BLAMBLAM
WAS SOLL D--?!

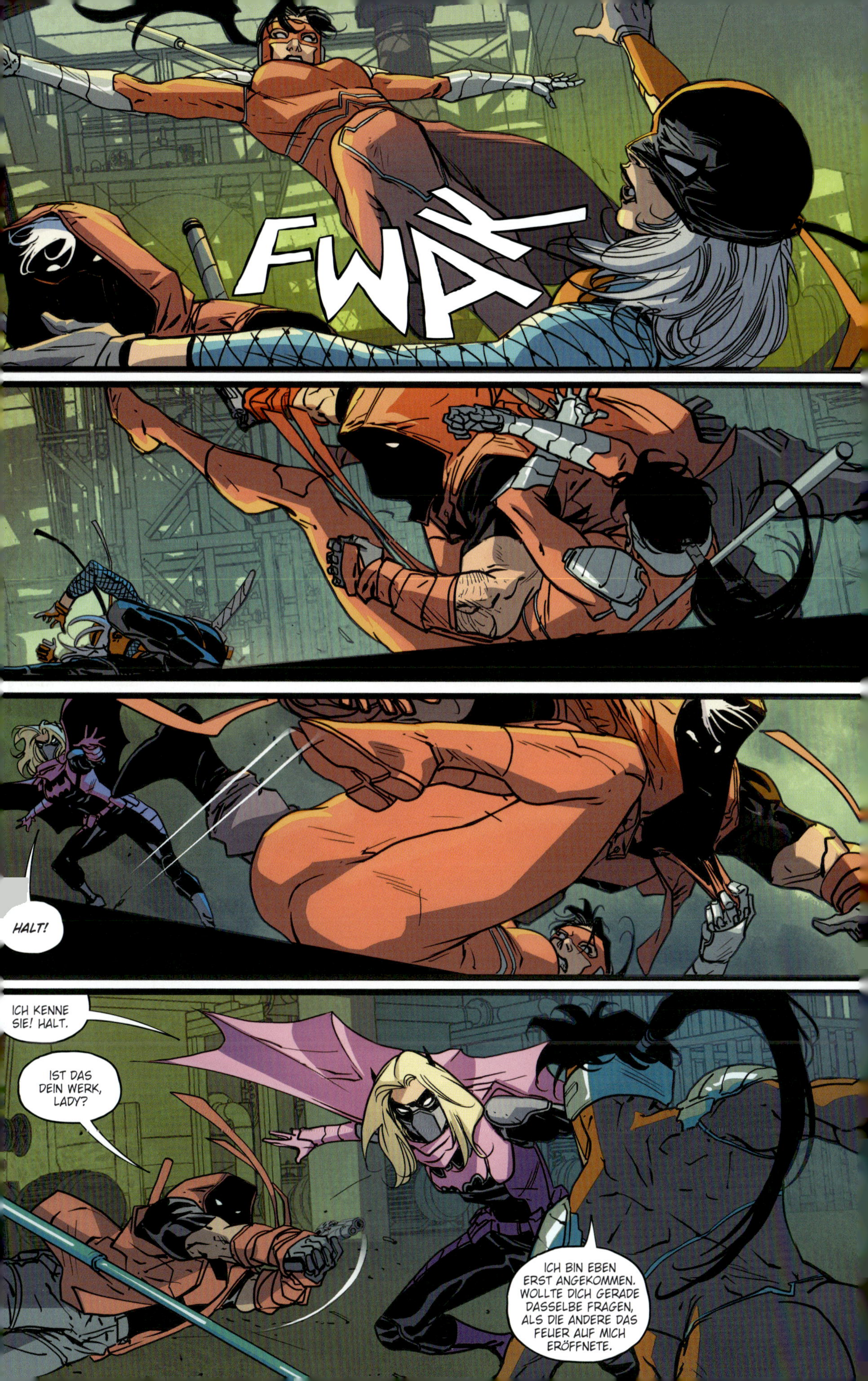

FWAK

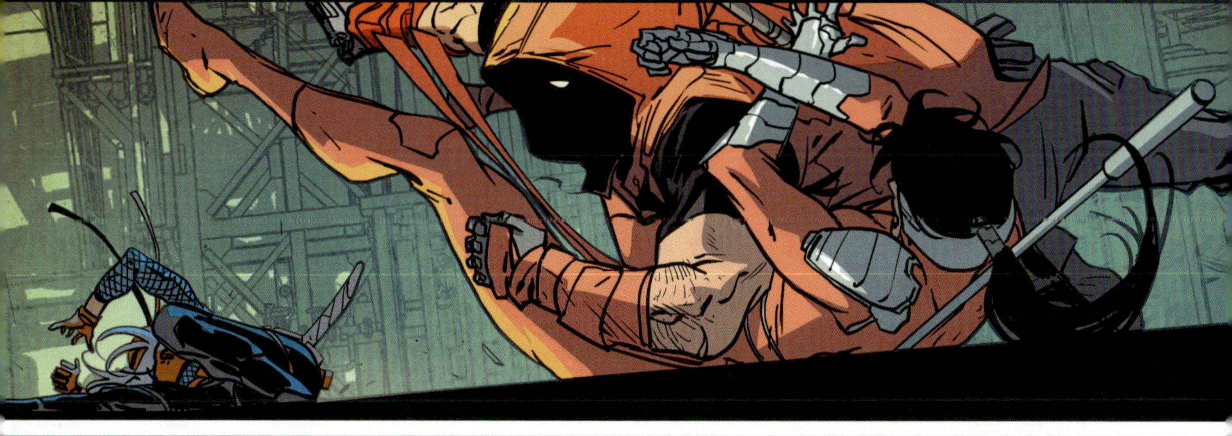

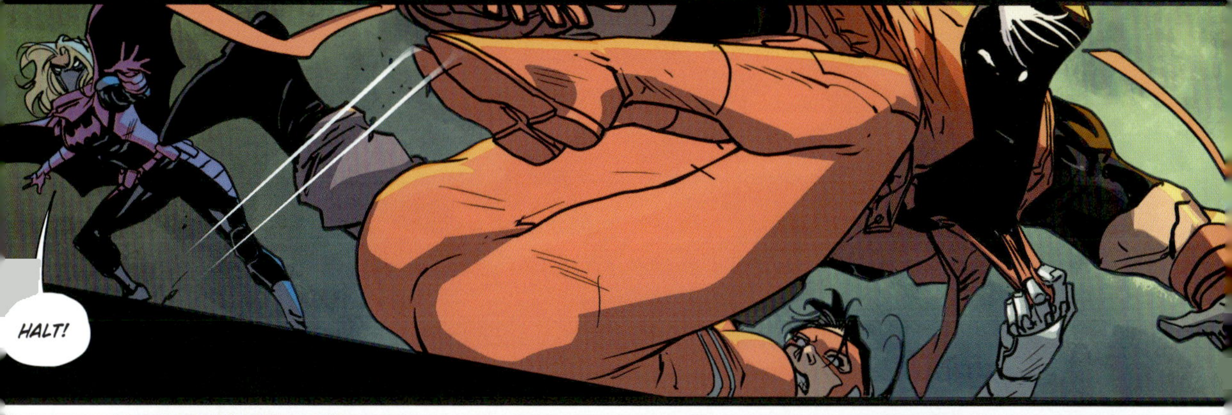
HALT!

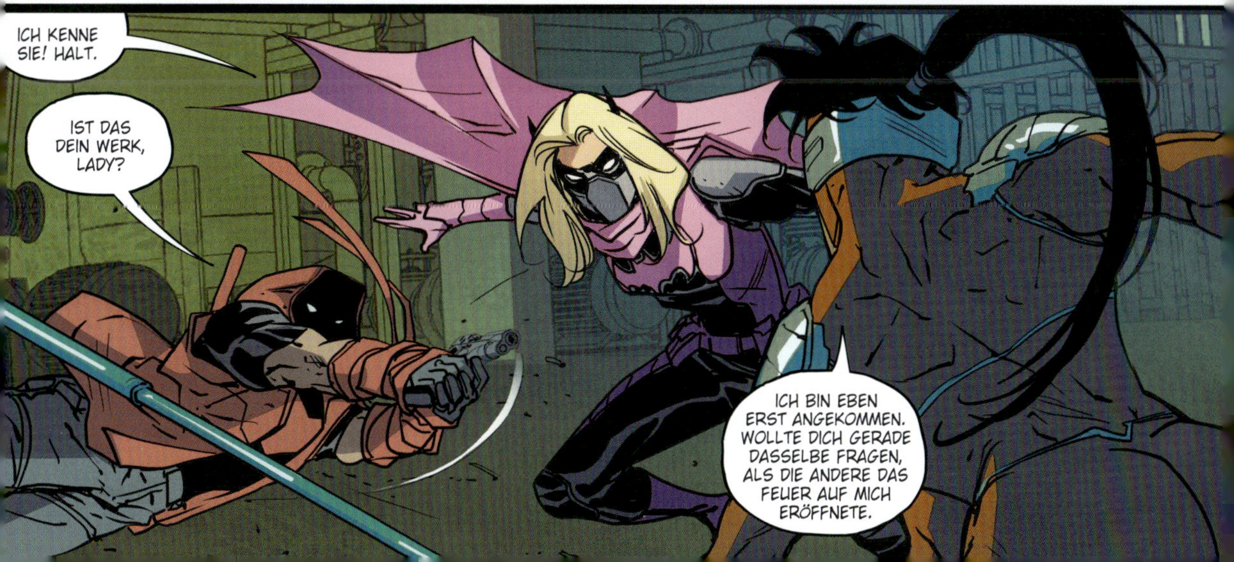
ICH KENNE SIE! HALT.
IST DAS DEIN WERK, LADY?
ICH BIN EBEN ERST ANGEKOMMEN. WOLLTE DICH GERADE DASSELBE FRAGEN, ALS DIE ANDERE DAS FEUER AUF MICH ERÖFFNETE.

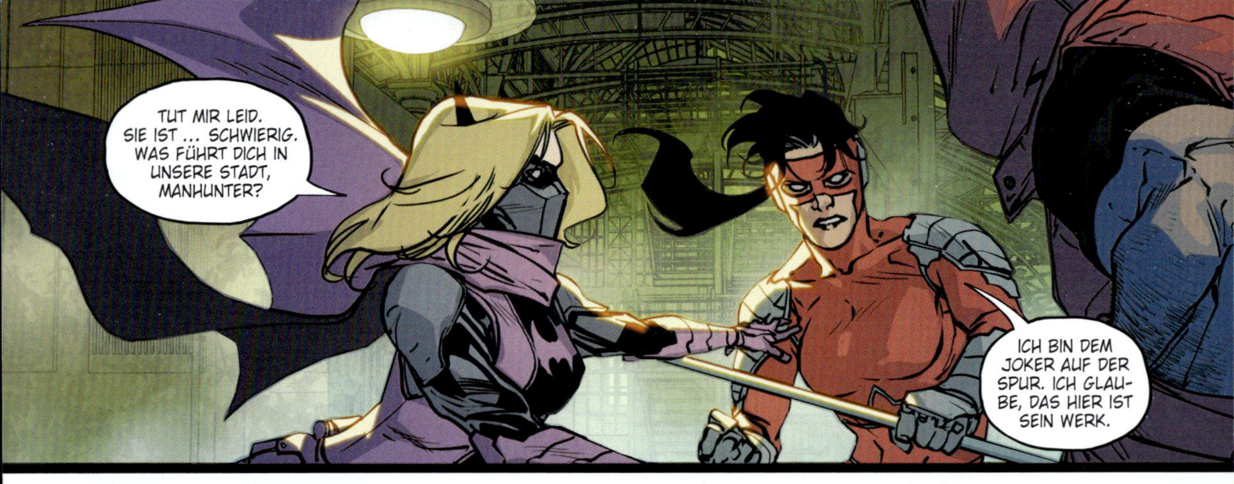
TUT MIR LEID. SIE IST ... SCHWIERIG. WAS FÜHRT DICH IN UNSERE STADT, MANHUNTER?
ICH BIN DEM JOKER AUF DER SPUR. ICH GLAU-BE, DAS HIER IST SEIN WERK.
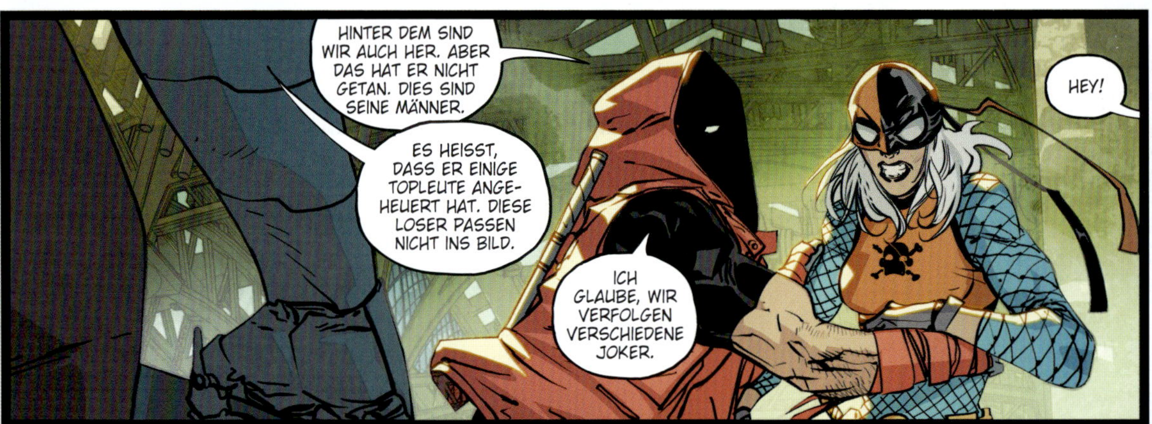
HINTER DEM SIND WIR AUCH HER. ABER DAS HAT ER NICHT GETAN. DIES SIND SEINE MÄNNER.
ES HEISST, DASS ER EINIGE TOPLEUTE ANGE-HEUERT HAT. DIESE LOSER PASSEN NICHT INS BILD.
HEY!
ICH GLAUBE, WIR VERFOLGEN VERSCHIEDENE JOKER.
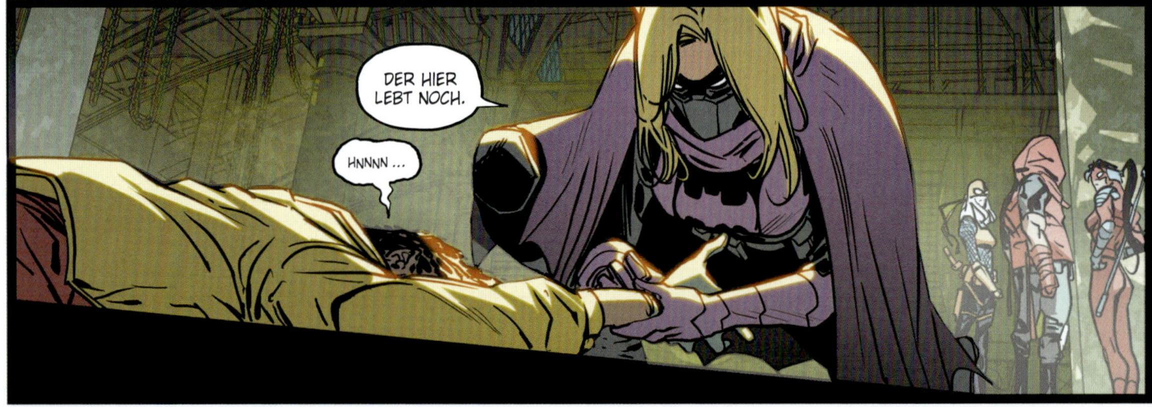
DER HIER LEBT NOCH.
HNNNN ...
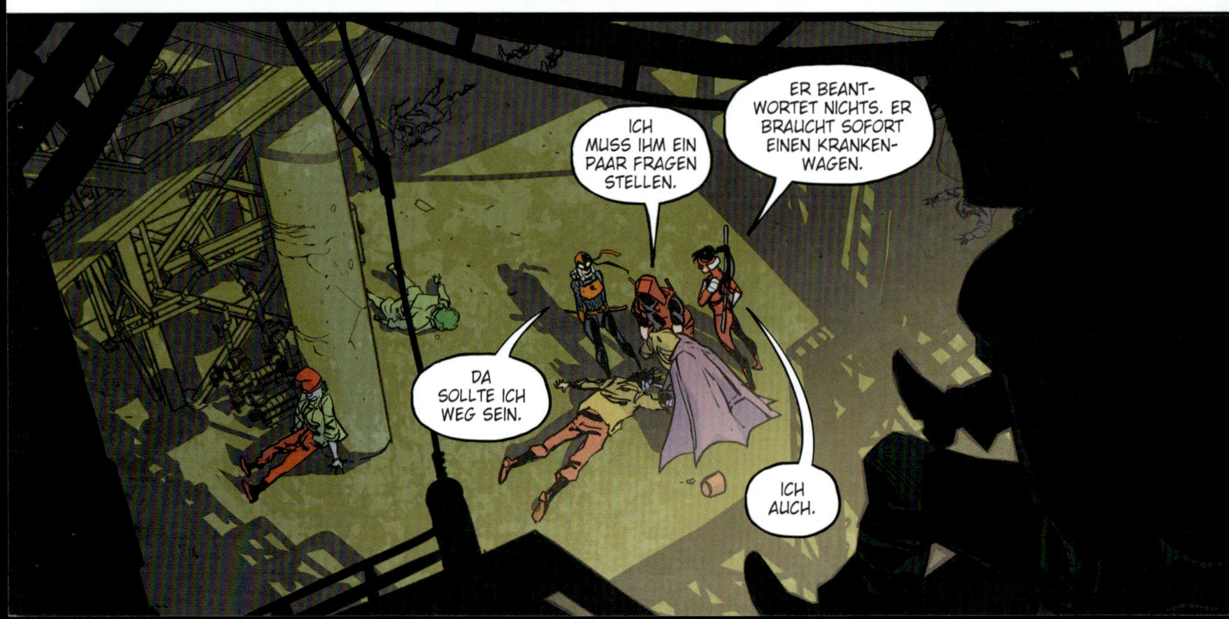
ICH MUSS IHM EIN PAAR FRAGEN STELLEN.
ER BEANT-WORTET NICHTS. ER BRAUCHT SOFORT EINEN KRANKEN-WAGEN.
DA SOLLTE ICH WEG SEIN.
ICH AUCH.

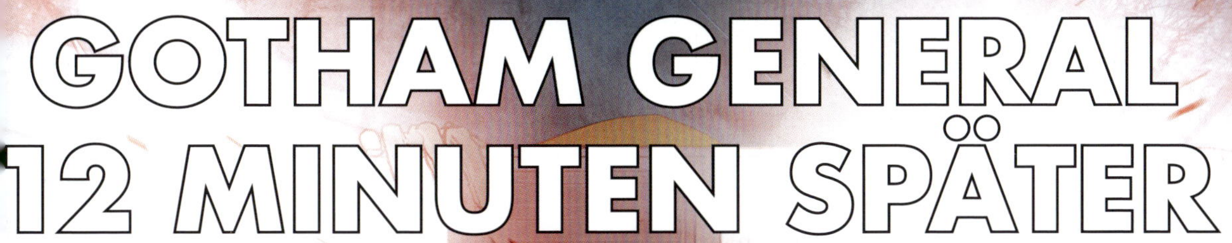
GOTHAM GENERAL
12 MINUTEN SPÄTER

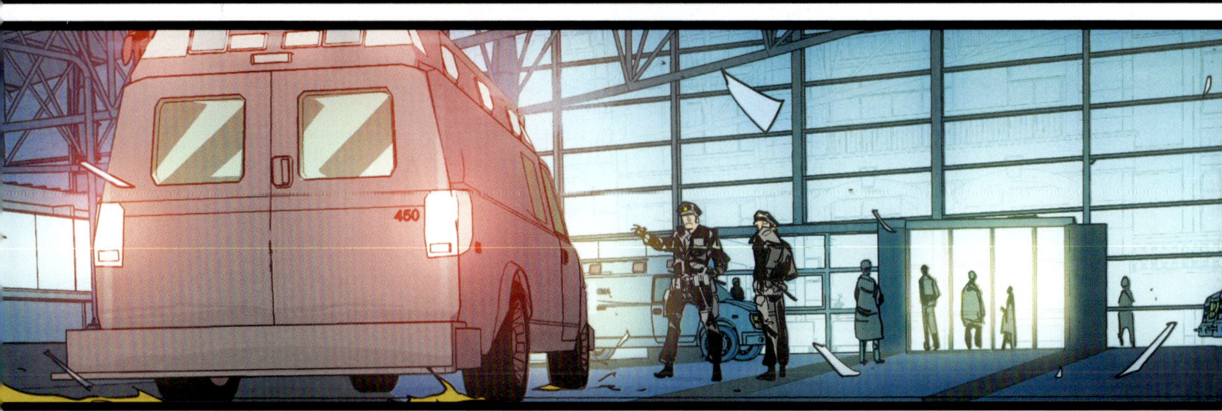
450

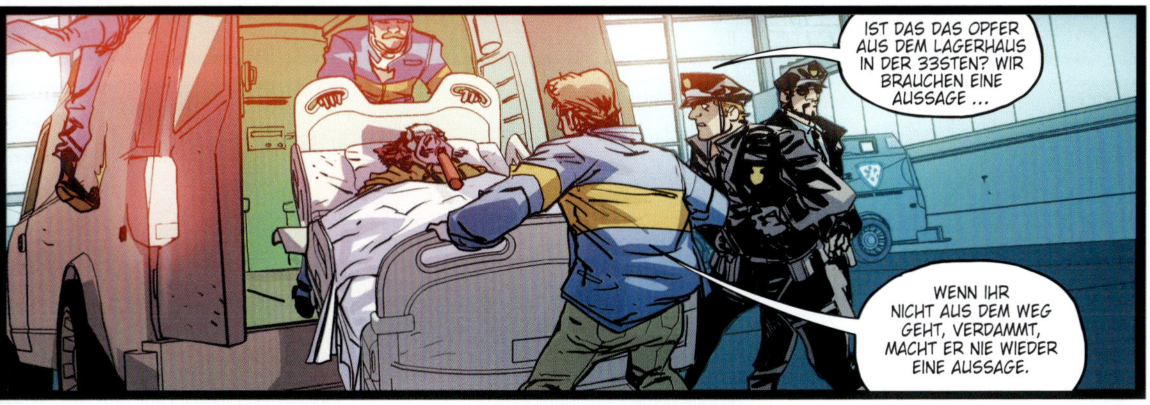
IST DAS DAS OPFER AUS DEM LAGERHAUS IN DER 33STEN? WIR BRAUCHEN EINE AUSSAGE ...
WENN IHR NICHT AUS DEM WEG GEHT, VERDAMMT, MACHT ER NIE WIEDER EINE AUSSAGE.

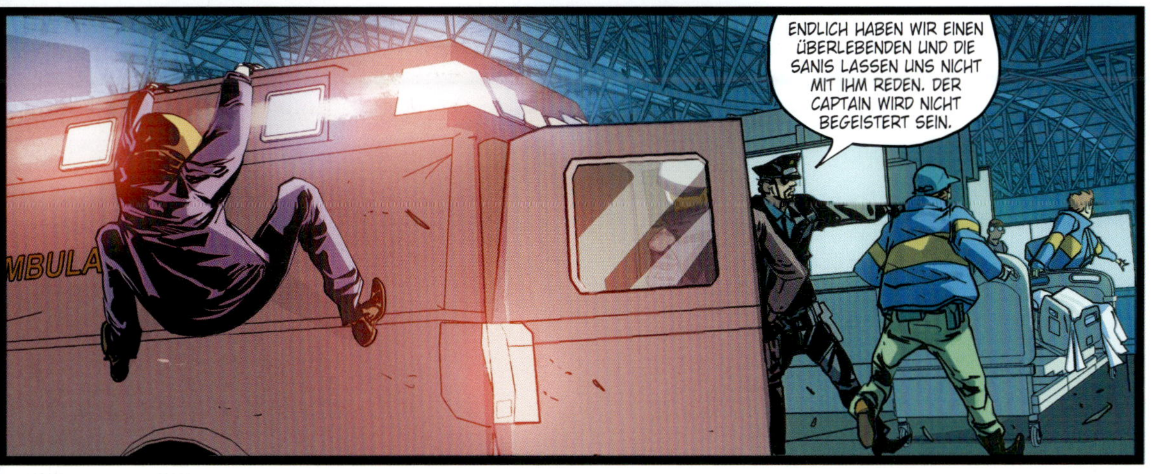
ENDLICH HABEN WIR EINEN ÜBERLEBENDEN UND DIE SANIS LASSEN UNS NICHT MIT IHM REDEN. DER CAPTAIN WIRD NICHT BEGEISTERT SEIN.
MBULA

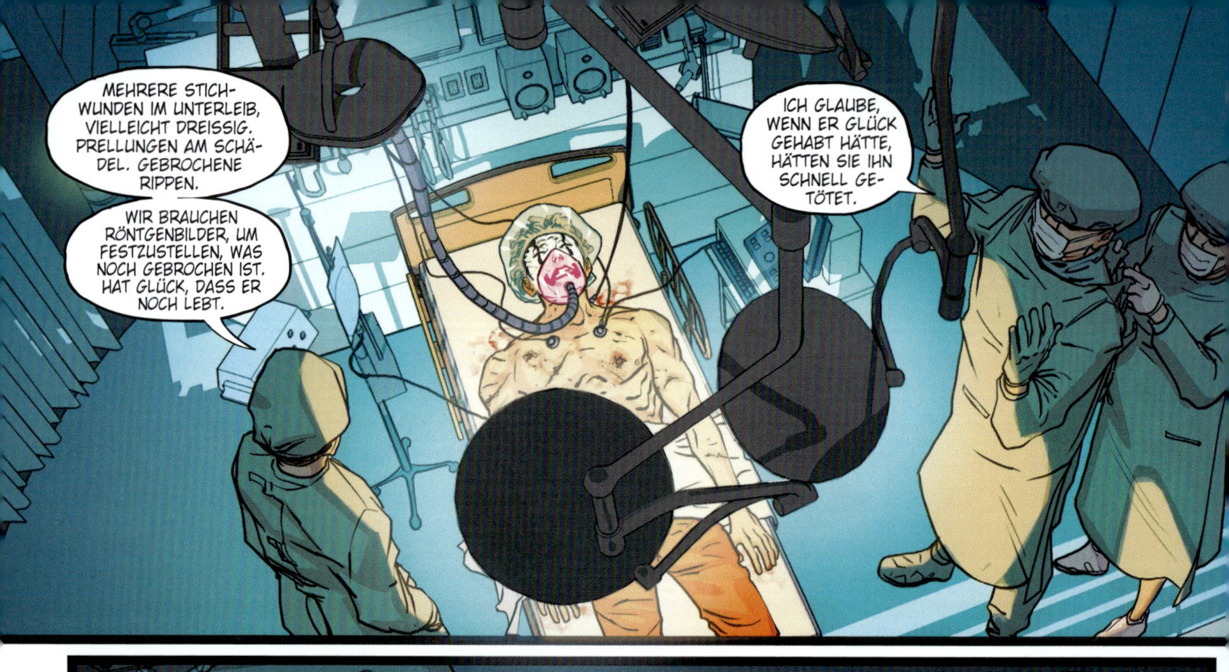
MEHRERE STICH-WUNDEN IM UNTERLEIB, VIELLEICHT DREISSIG. PRELLUNGEN AM SCHÄ-DEL. GEBROCHENE RIPPEN.
WIR BRAUCHEN RÖNTGENBILDER, UM FESTZUSTELLEN, WAS NOCH GEBROCHEN IST. HAT GLÜCK, DASS ER NOCH LEBT.
ICH GLAUBE, WENN ER GLÜCK GEHABT HÄTTE, HÄTTEN SIE IHN SCHNELL GE-TÖTET.

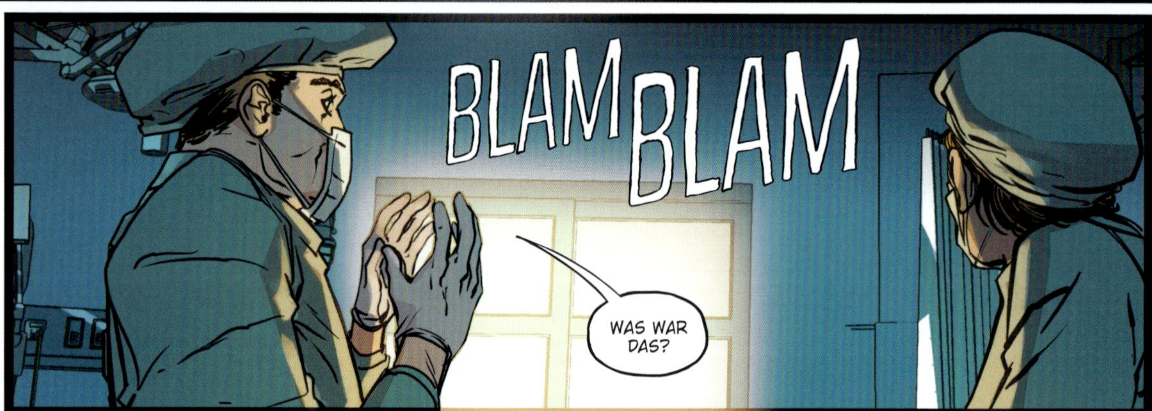
BLAM BLAM
WAS WAR DAS?

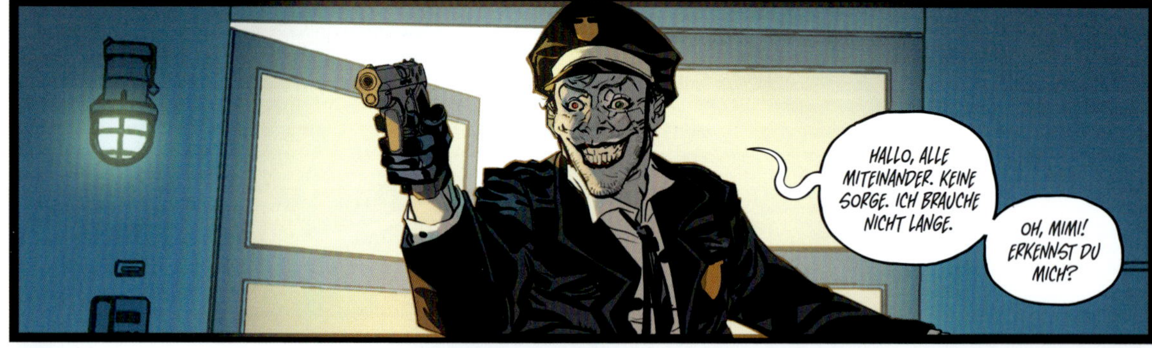
HALLO, ALLE MITEINANDER. KEINE SORGE. ICH BRAUCHE NICHT LANGE.
OH, MIMI! ERKENNST DU MICH?

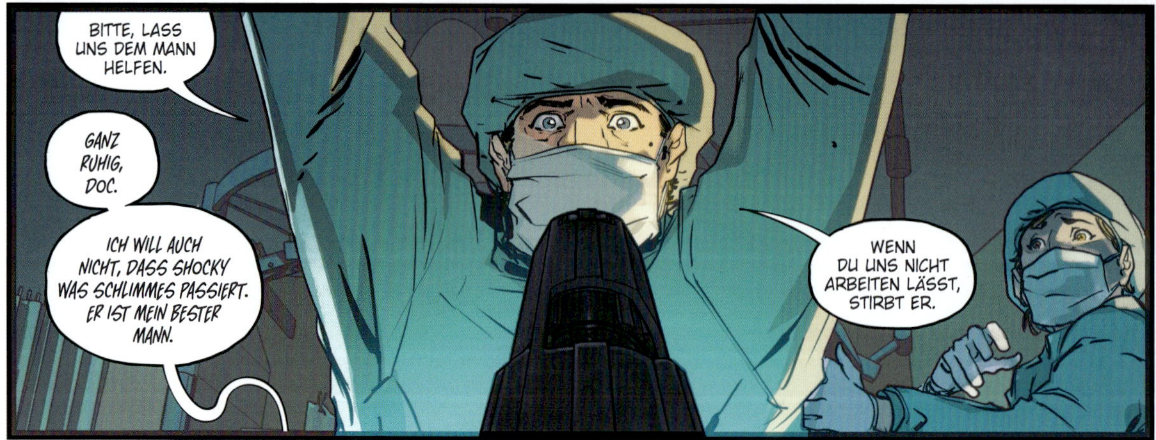
BITTE, LASS UNS DEM MANN HELFEN.
GANZ RUHIG, DOC.
ICH WILL AUCH NICHT, DASS SHOCKY WAS SCHLIMMES PASSIERT. ER IST MEIN BESTER MANN.
WENN DU UNS NICHT ARBEITEN LÄSST, STIRBT ER.

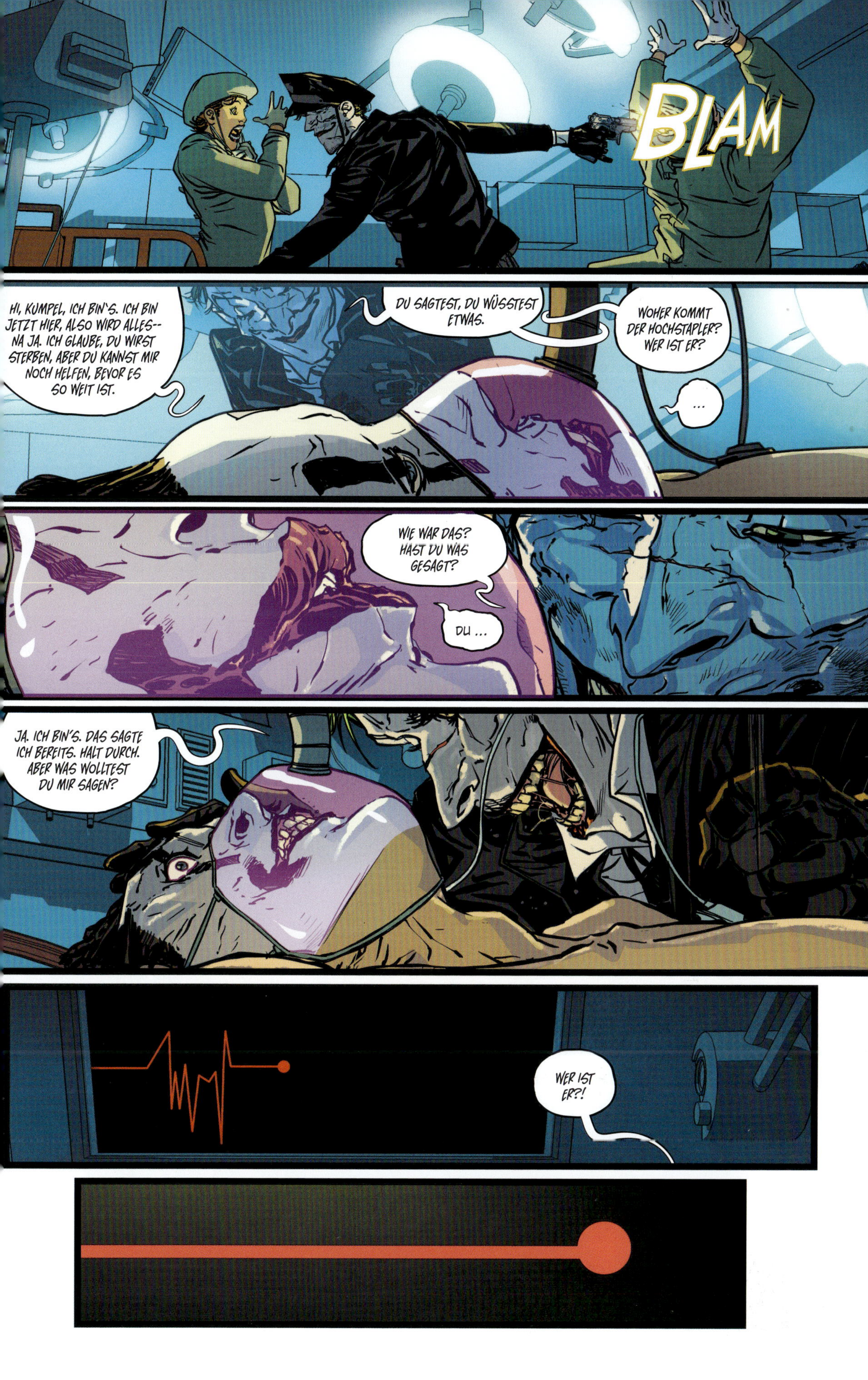
BLAM
HI, KUMPEL, ICH BIN'S. ICH BIN JETZT HIER, ALSO WIRD ALLES-- NA JA. ICH GLAUBE, DU WIRST STERBEN, ABER DU KANNST MIR NOCH HELFEN, BEVOR ES SO WEIT IST.
DU SAGTEST, DU WÜSSTEST ETWAS.
WOHER KOMMT DER HOCHSTAPLER? WER IST ER?
...
WIE WAR DAS? HAST DU WAS GESAGT?
DU ...
JA. ICH BIN'S. DAS SAGTE ICH BEREITS. HALT DURCH. ABER WAS WOLLTEST DU MIR SAGEN?
WER IST ER?!

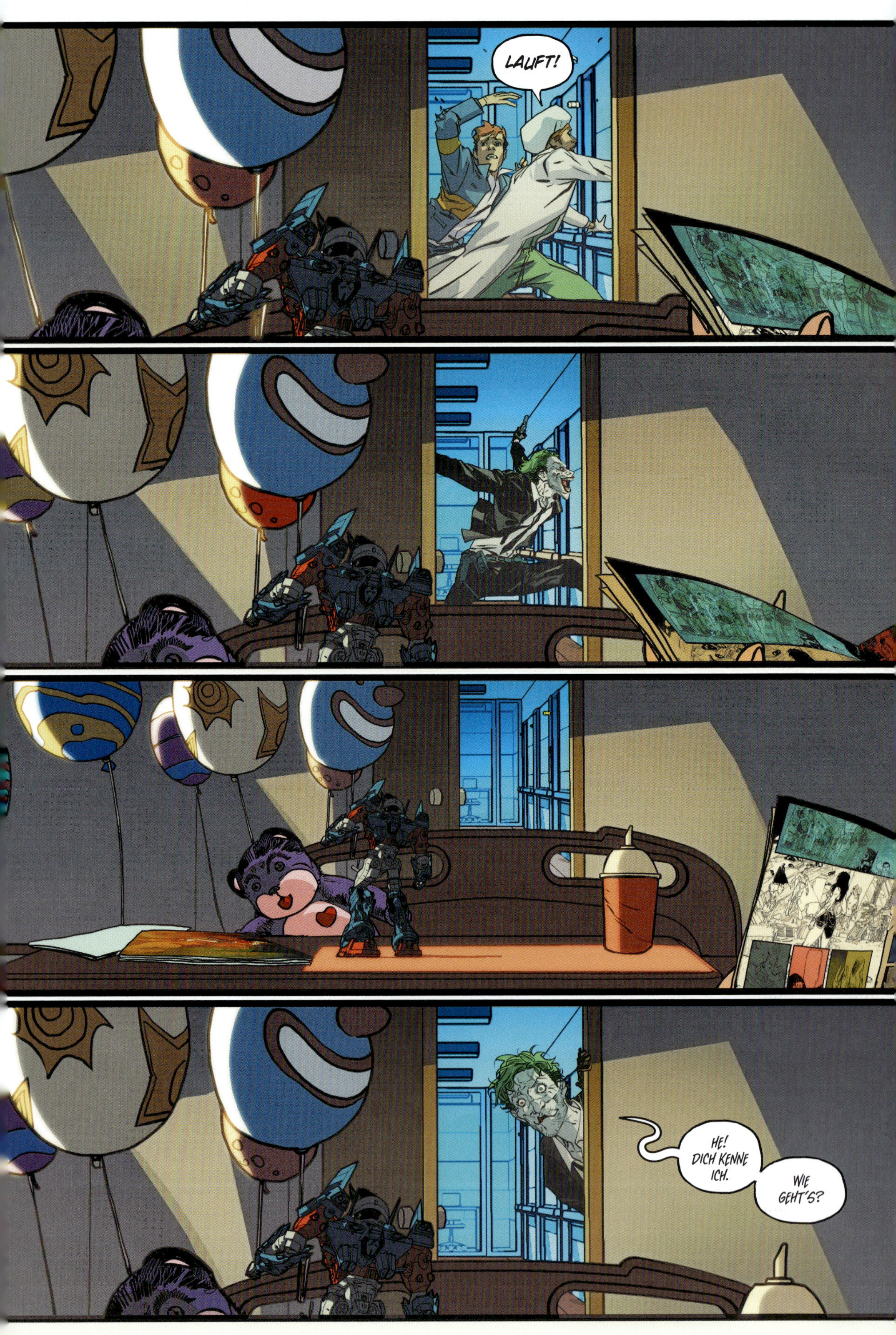
LAUFT!
HE! DICH KENNE ICH.
WIE GEHT'S?

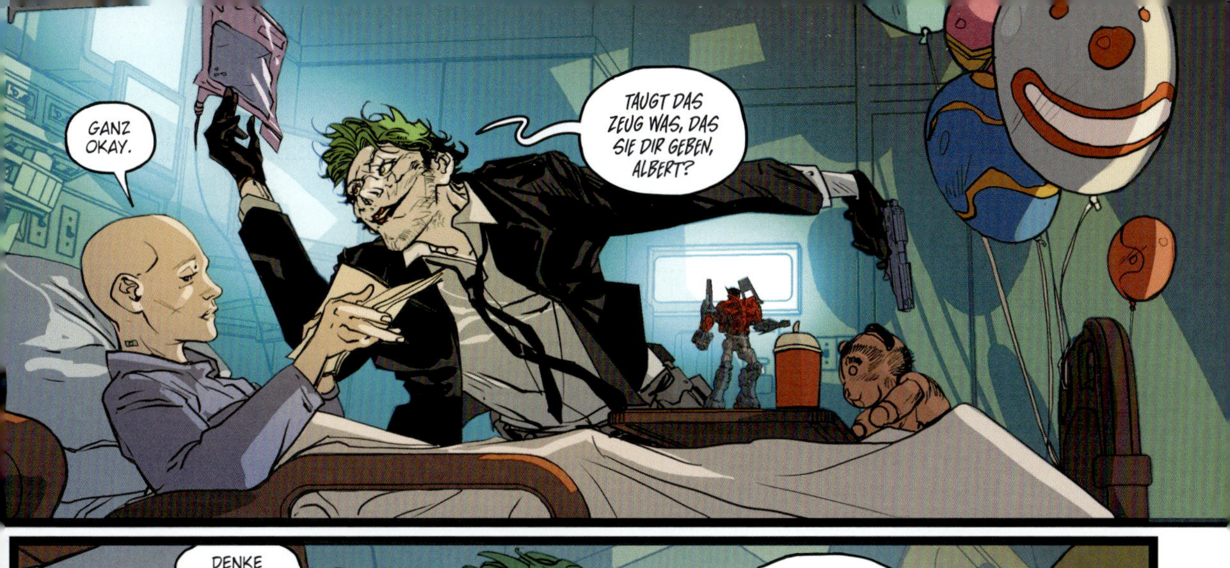
TAUGT DAS ZEUG WAS, DAS SIE DIR GEBEN, ALBERT?
GANZ OKAY.

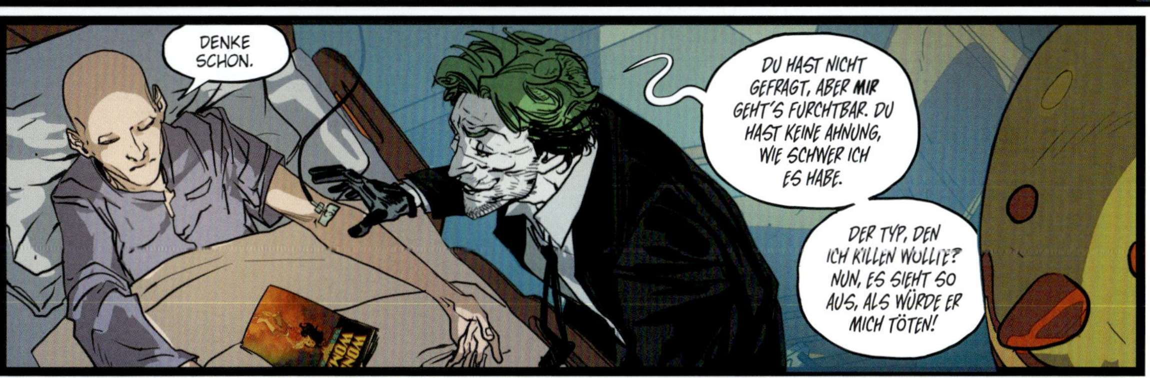
DENKE SCHON.
DU HAST NICHT GEFRAGT, ABER MIR GEHT'S FURCHTBAR. DU HAST KEINE AHNUNG, WIE SCHWER ICH ES HABE.
DER TYP, DEN ICH KILLEN WOLLTE? NUN, ES SIEHT SO AUS, ALS WÜRDE ER MICH TÖTEN!

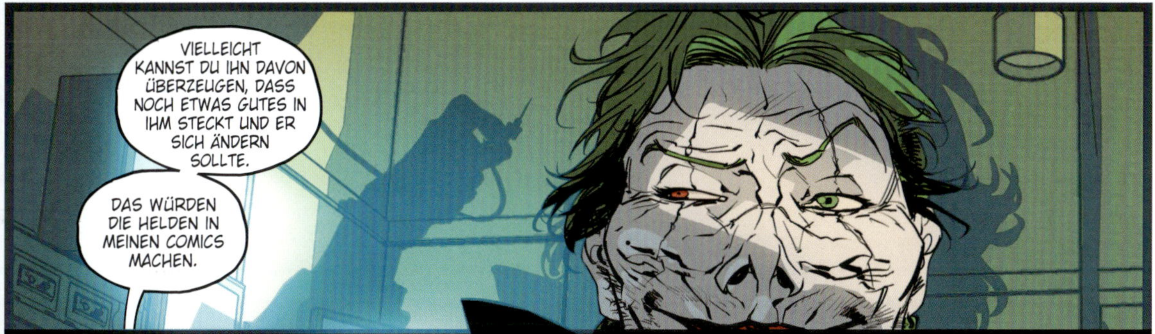
VIELLEICHT KANNST DU IHN DAVON ÜBERZEUGEN, DASS NOCH ETWAS GUTES IN IHM STECKT UND ER SICH ÄNDERN SOLLTE.
DAS WÜRDEN DIE HELDEN IN MEINEN COMICS MACHEN.

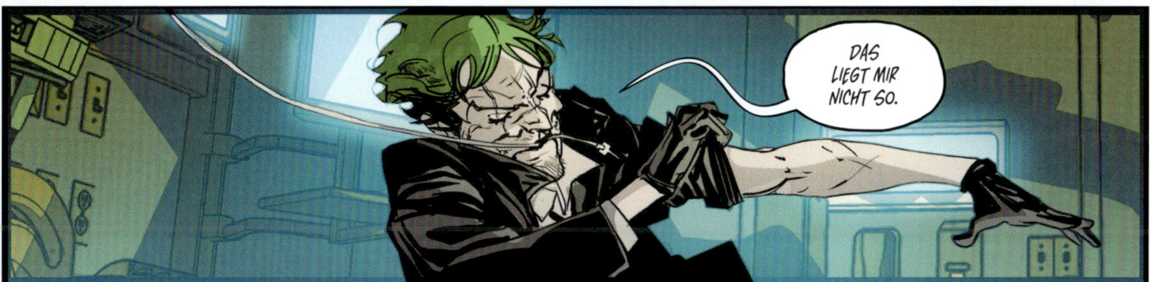
DAS LIEGT MIR NICHT SO.

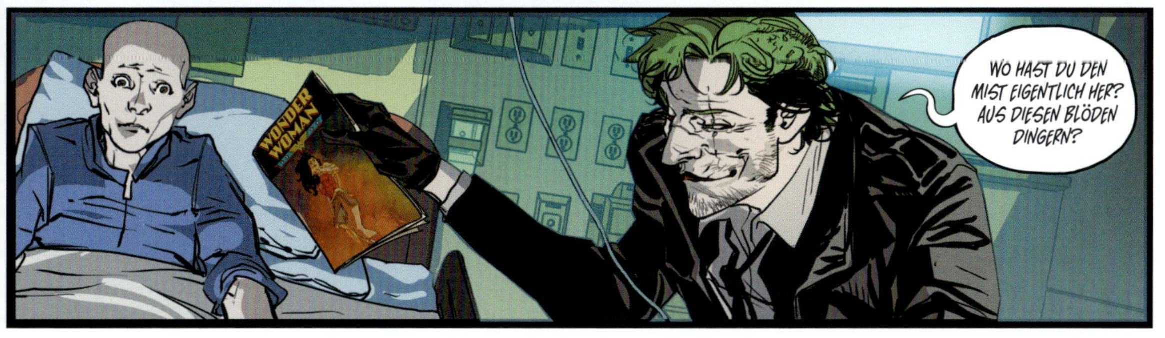
WO HAST DU DEN MIST EIGENTLICH HER? AUS DIESEN BLÖDEN DINGERN?

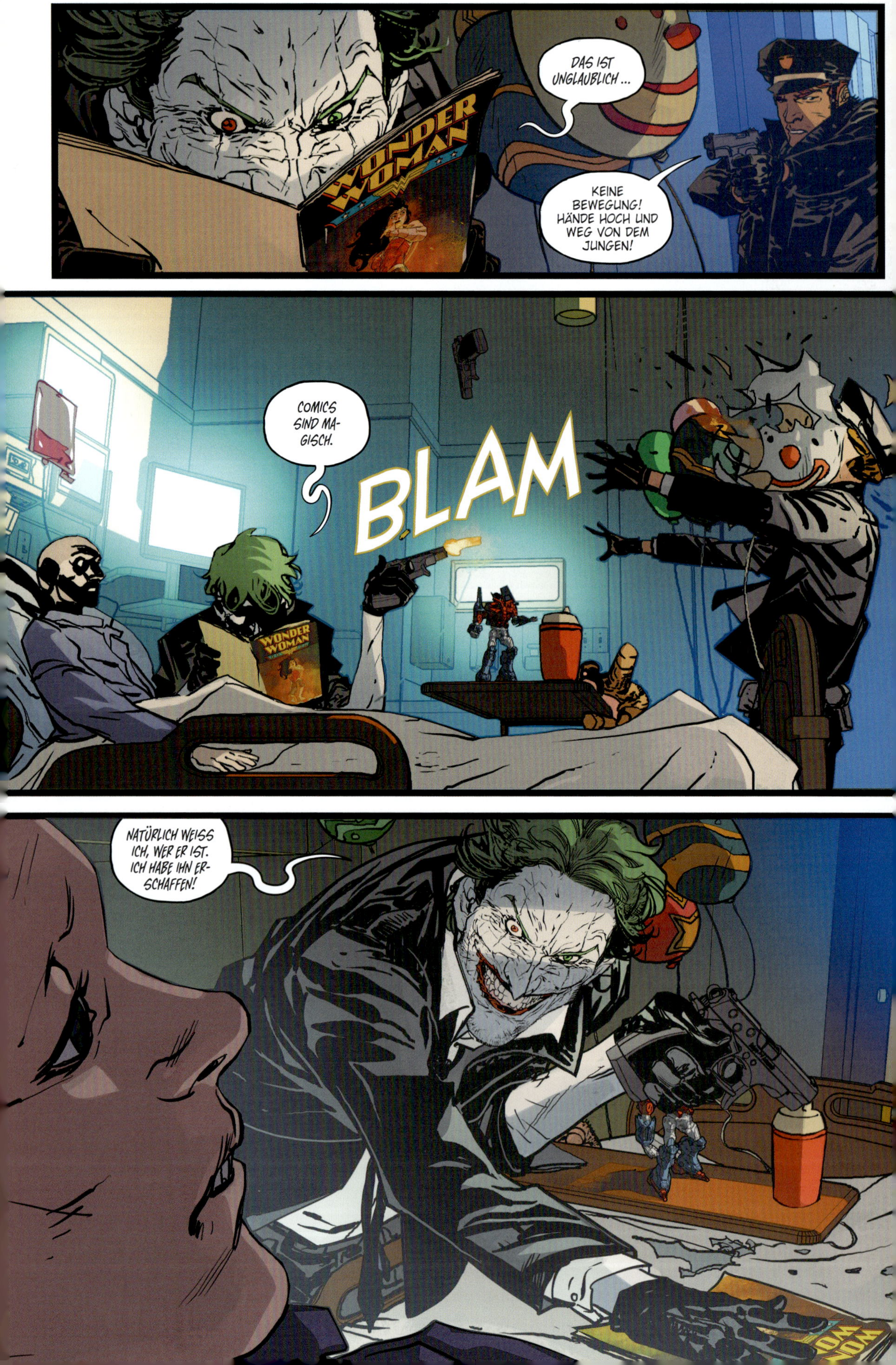

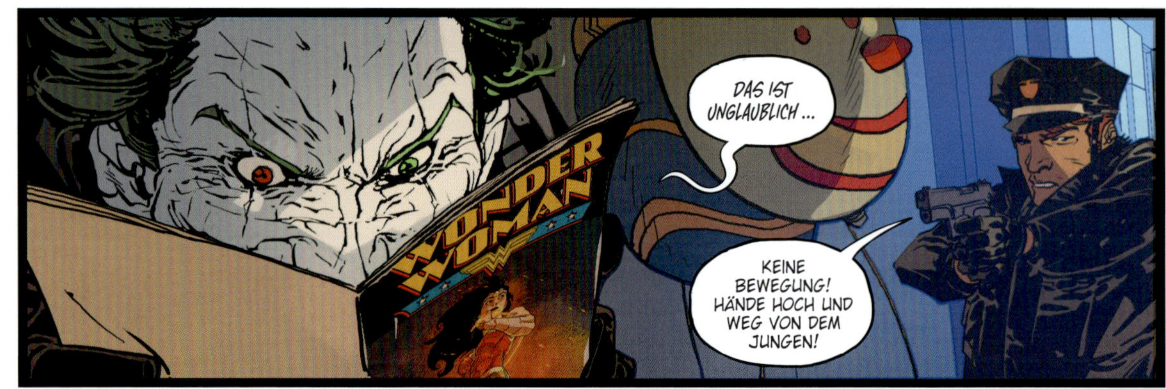
DAS IST UNGLAUBLICH ...
KEINE BEWEGUNG! HÄNDE HOCH UND WEG VON DEM JUNGEN!
WONDER WOMAN

COMICS SIND MAGISCH.
BLAM
WONDER WOMAN

NATÜRLICH WEISS ICH, WER ER IST. ICH HABE IHN ERSCHAFFEN!

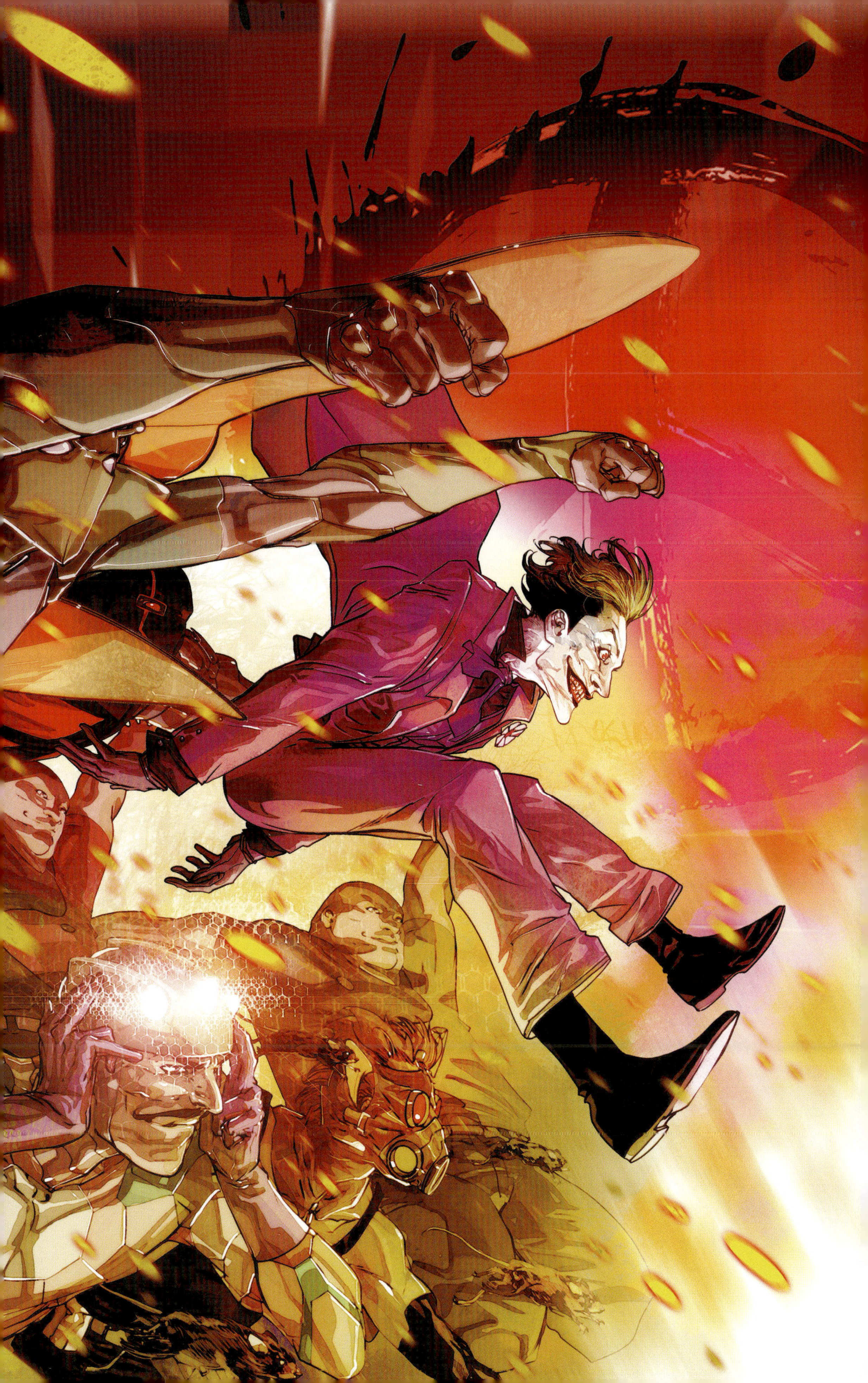

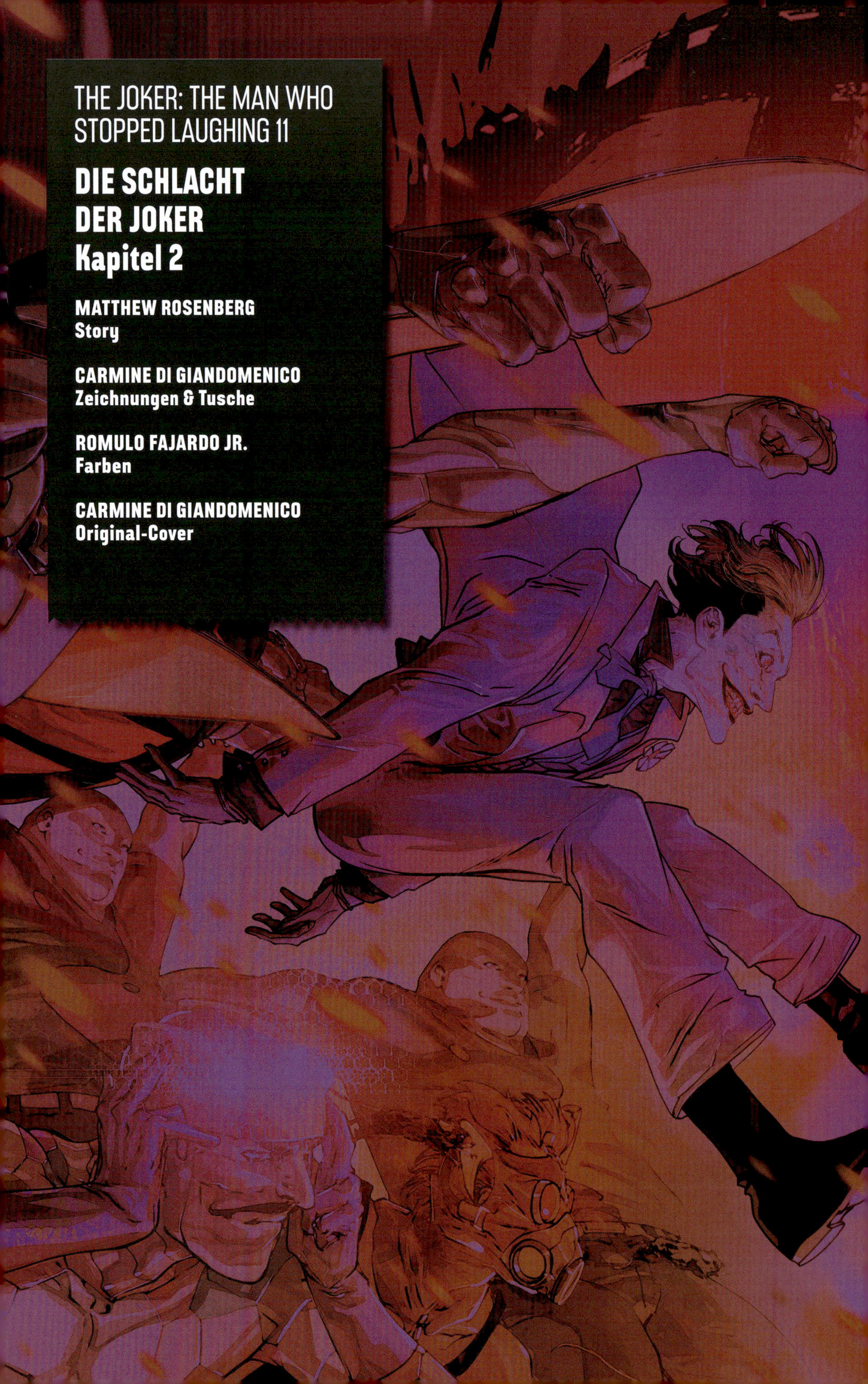

THE JOKER: THE MAN WHO STOPPED LAUGHING 11

DIE SCHLACHT DER JOKER
Kapitel 2

MATTHEW ROSENBERG
Story

CARMINE DI GIANDOMENICO
Zeichnungen & Tusche

ROMULO FAJARDO JR.
Farben

CARMINE DI GIANDOMENICO
Original-Cover

DOWNTOWN
GOTHAM

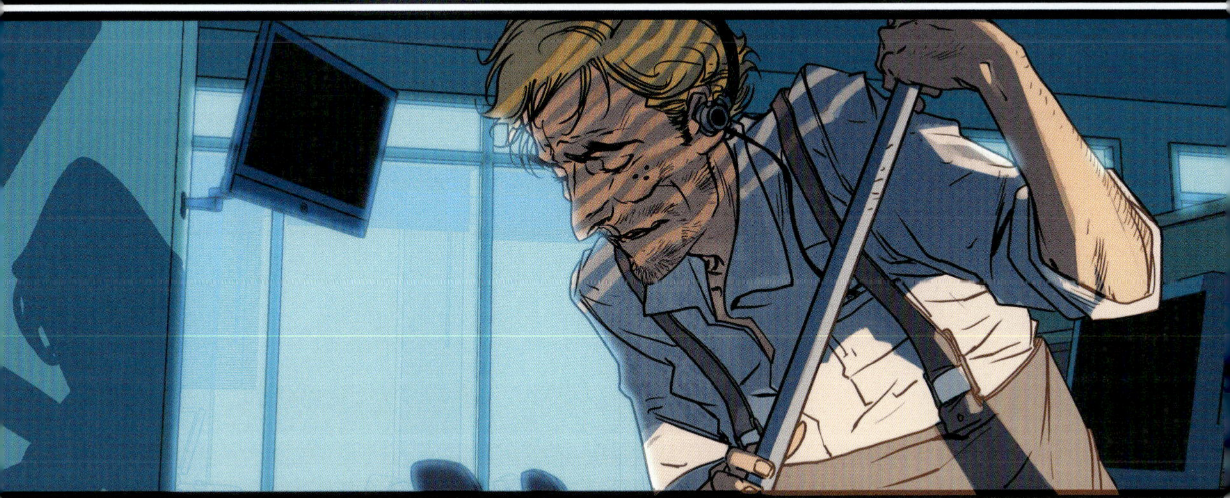

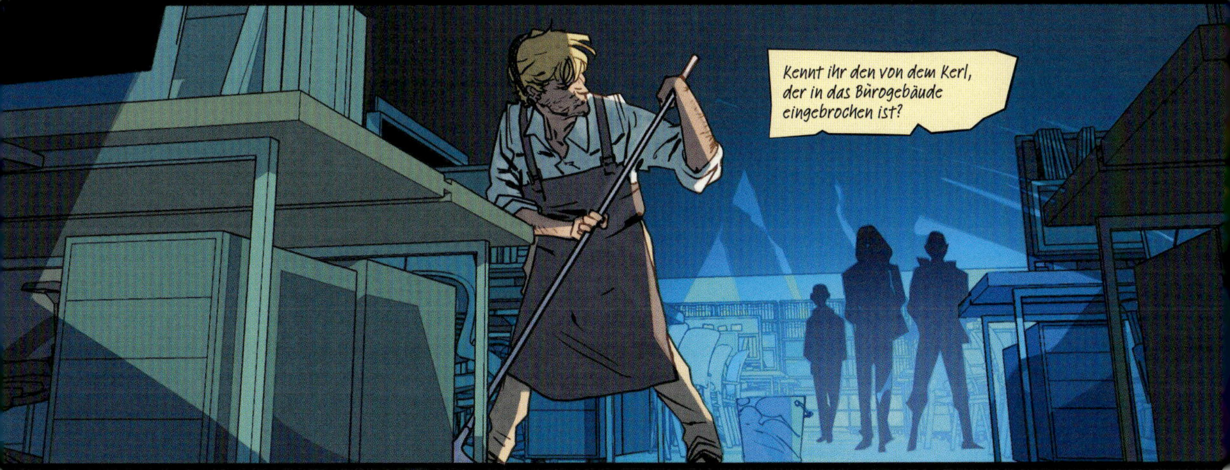
Kennt ihr den von dem Kerl, der in das Bürogebäude eingebrochen ist?

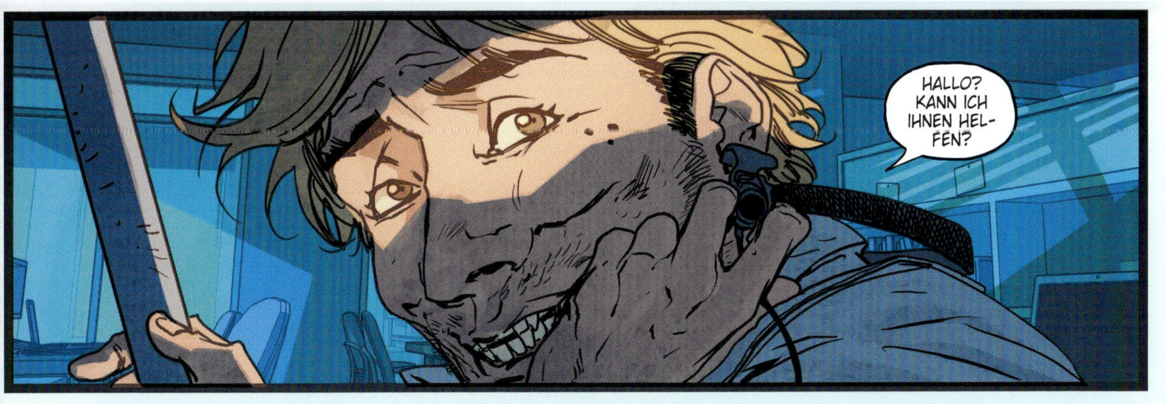
HALLO? KANN ICH IHNEN HEL-FEN?

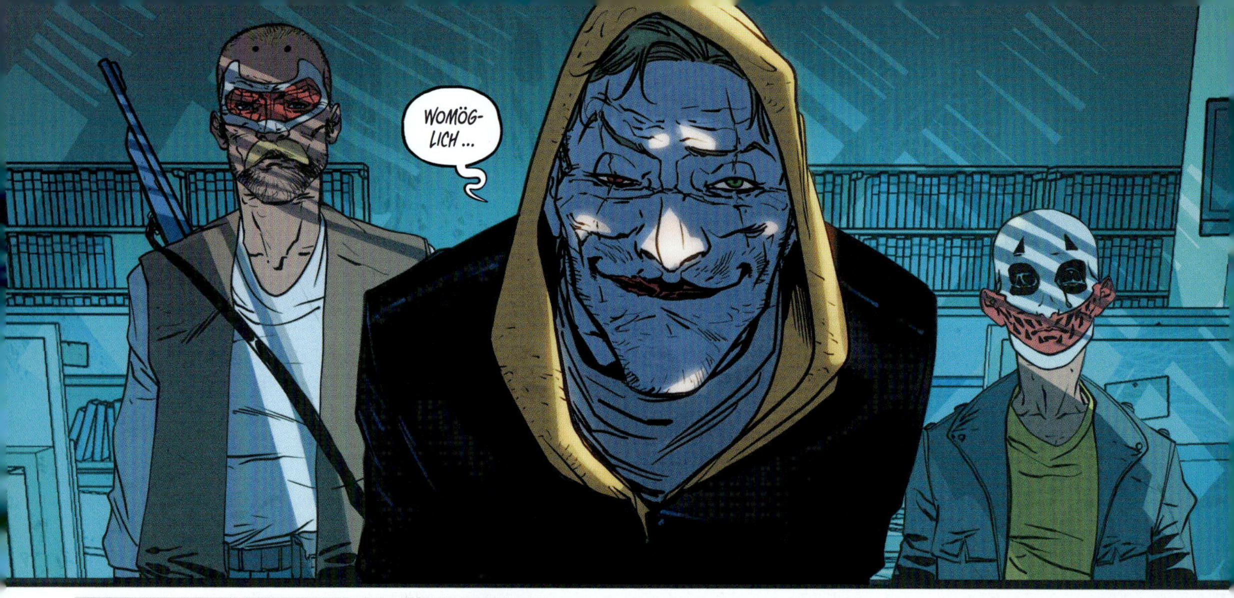
WOMÖG-
LICH ...

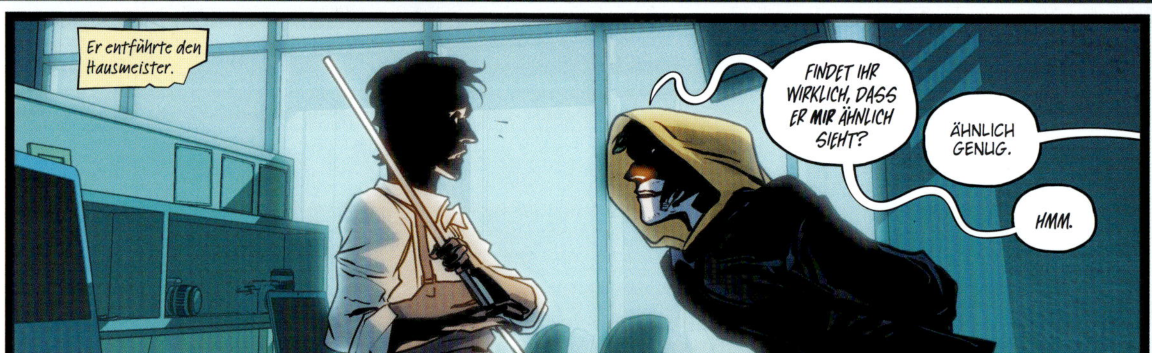
Er entführte den Hausmeister.
FINDET IHR WIRKLICH, DASS ER MIR ÄHNLICH SIEHT?
ÄHNLICH GENUG.
HMM.

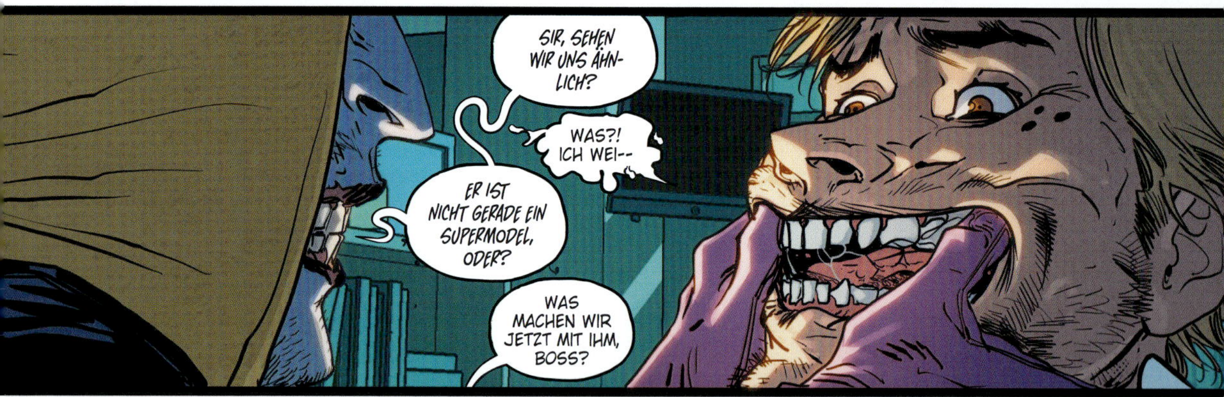
SIR, SEHEN WIR UNS ÄHNLICH?
WAS?! ICH WEI--
ER IST NICHT GERADE EIN SUPERMODEL, ODER?
WAS MACHEN WIR JETZT MIT IHM, BOSS?

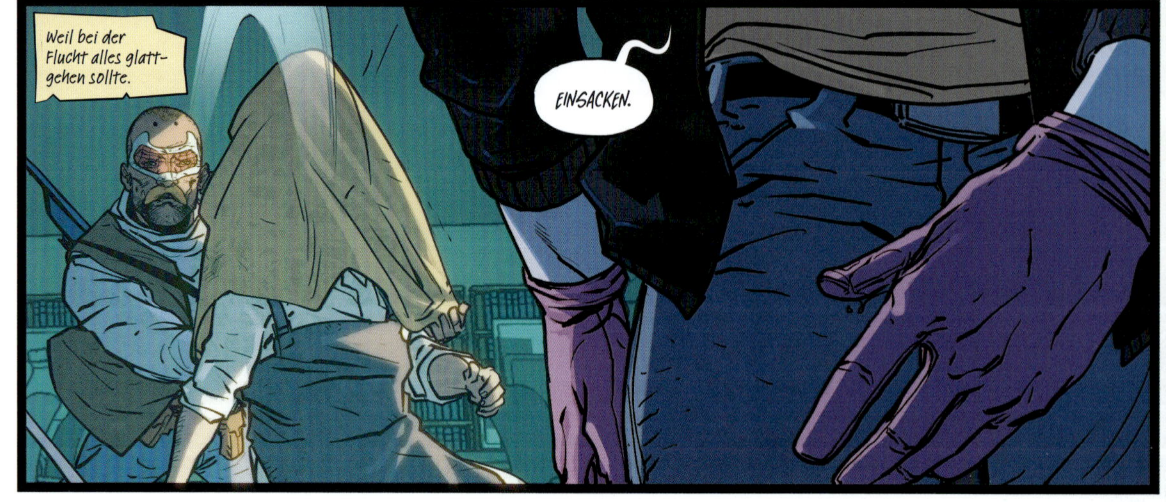
Weil bei der Flucht alles glatt-gehen sollte.
EINSACKEN.

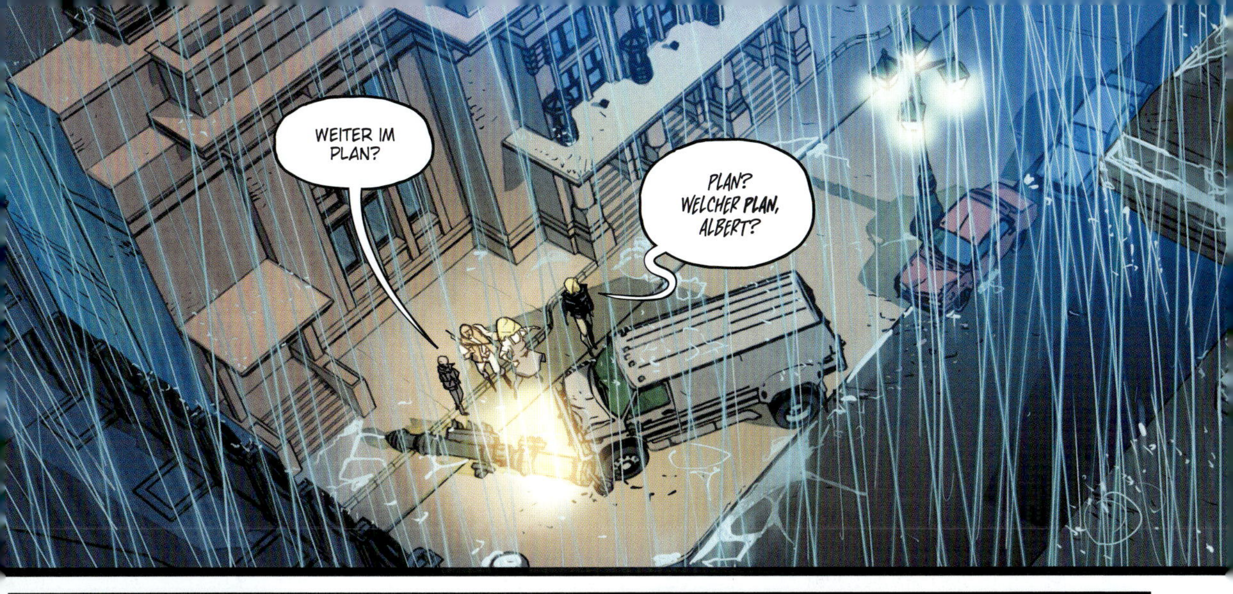
WEITER IM PLAN?
PLAN? WELCHER PLAN, ALBERT?

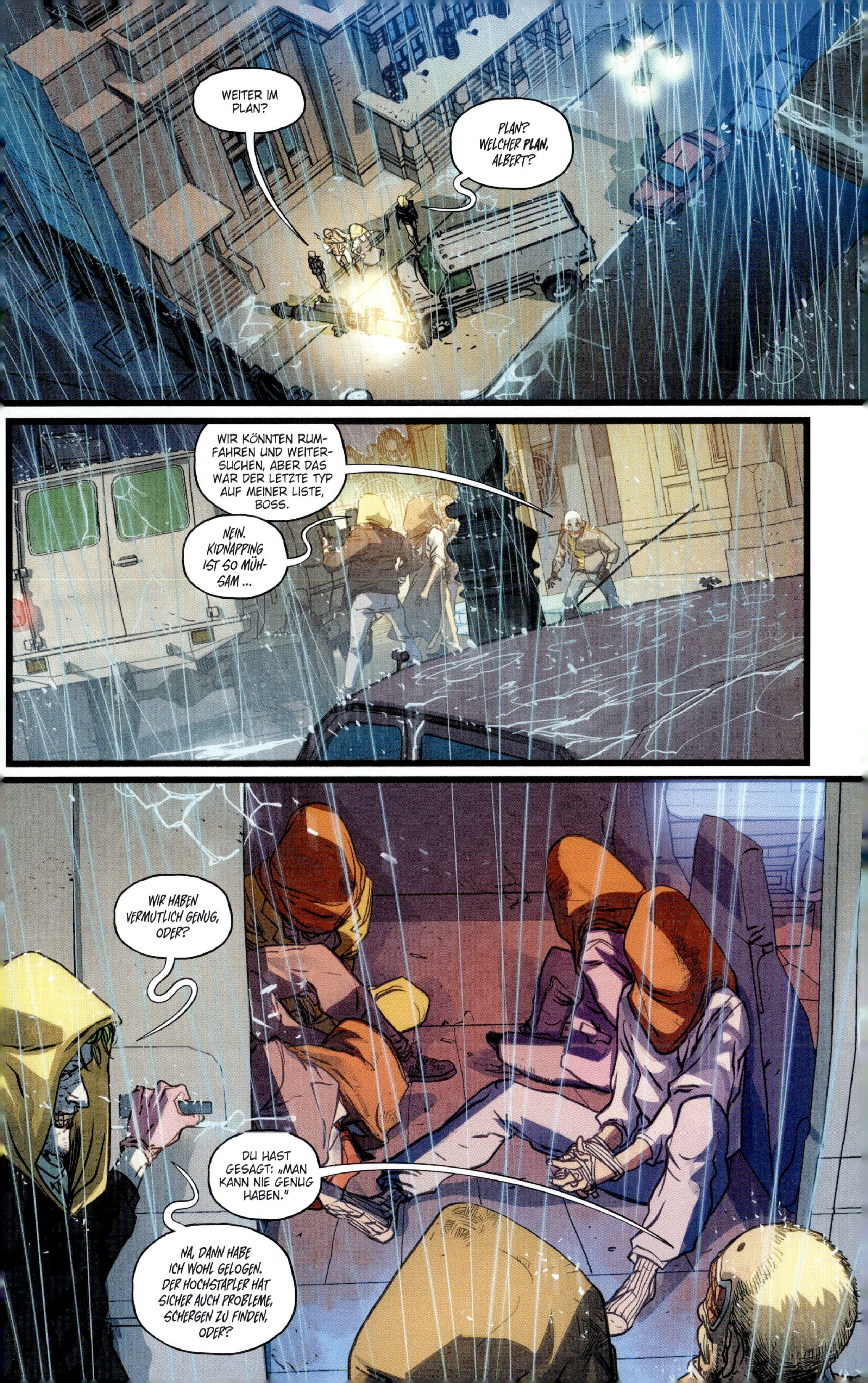

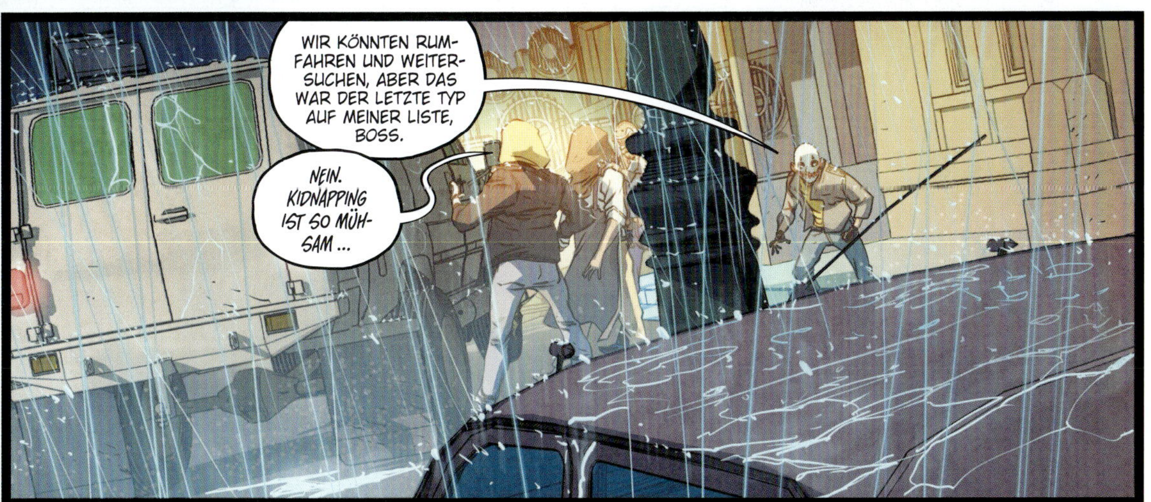
WIR KÖNNTEN RUM-FAHREN UND WEITER-SUCHEN, ABER DAS WAR DER LETZTE TYP AUF MEINER LISTE, BOSS.
NEIN. KIDNAPPING IST SO MÜH-SAM ...

WIR HABEN VERMUTLICH GENUG, ODER?
DU HAST GESAGT: „MAN KANN NIE GENUG HABEN."
NA, DANN HABE ICH WOHL GELOGEN. DER HOCHSTAPLER HAT SICHER AUCH PROBLEME, SCHERGEN ZU FINDEN, ODER?

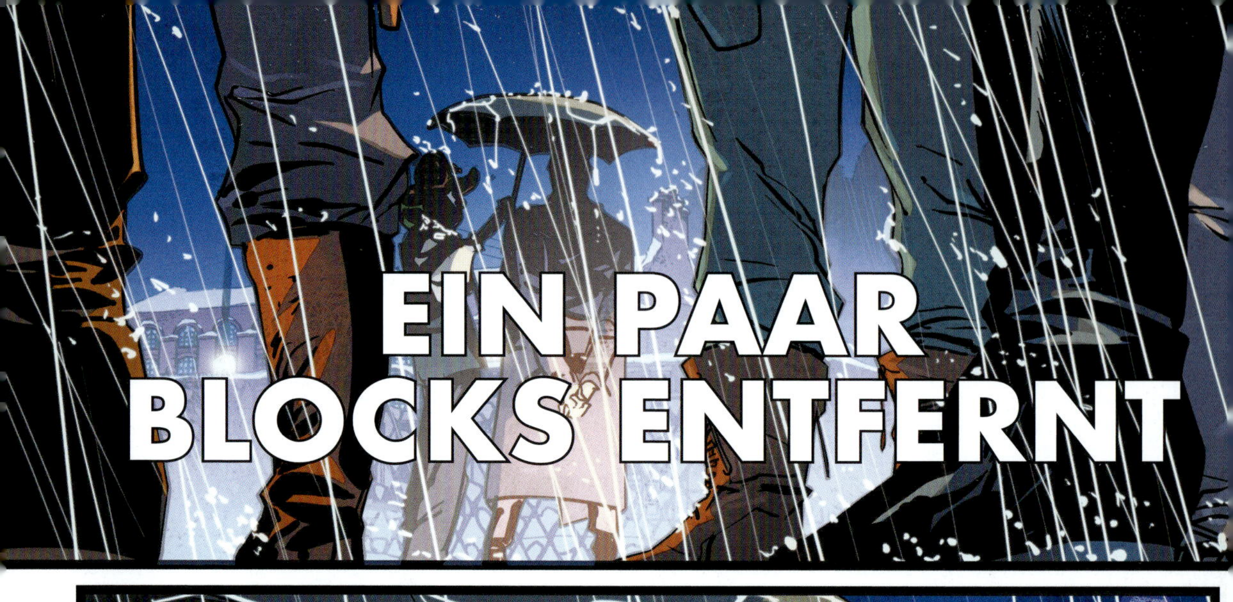
EIN PAAR BLOCKS ENTFERNT

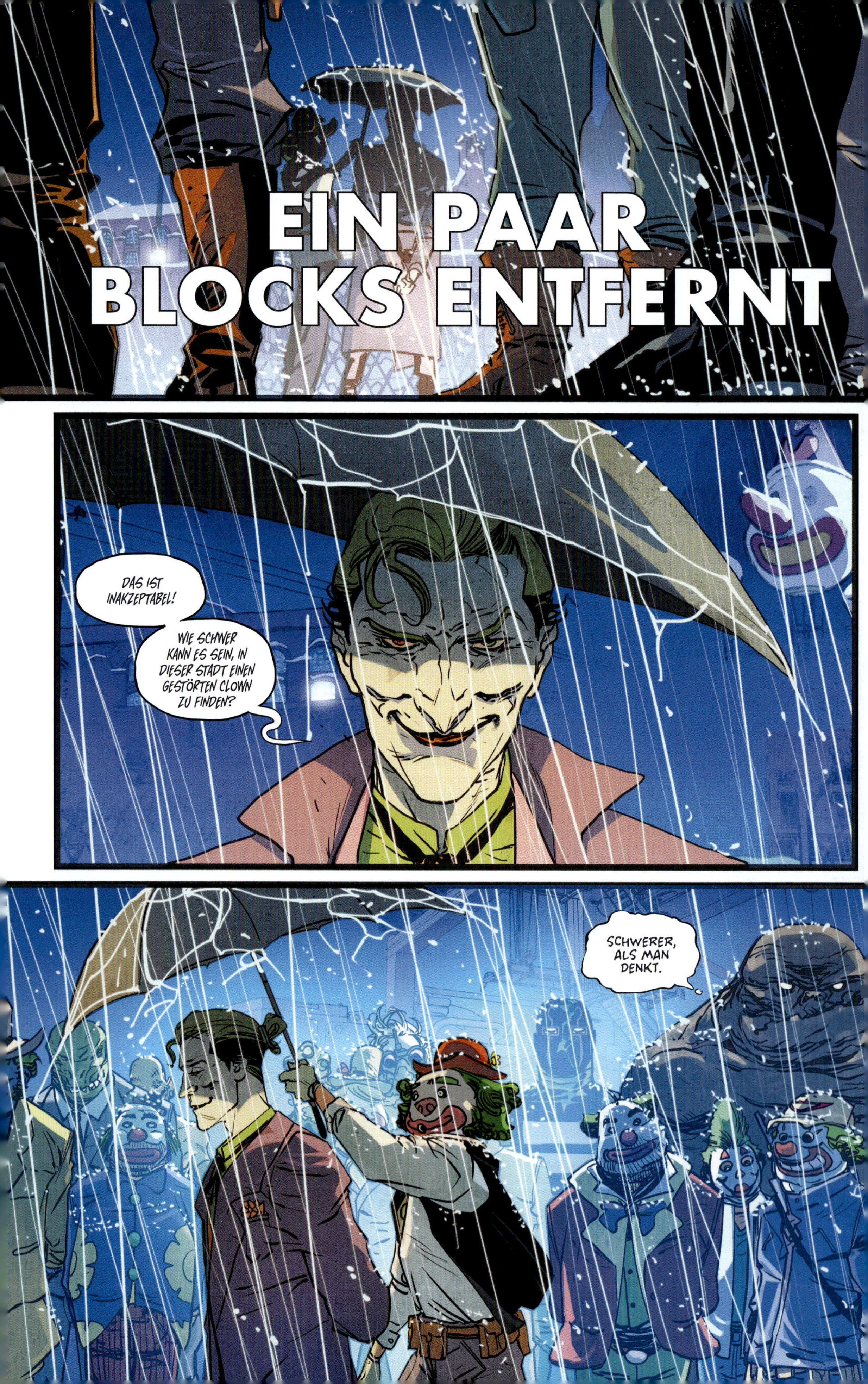

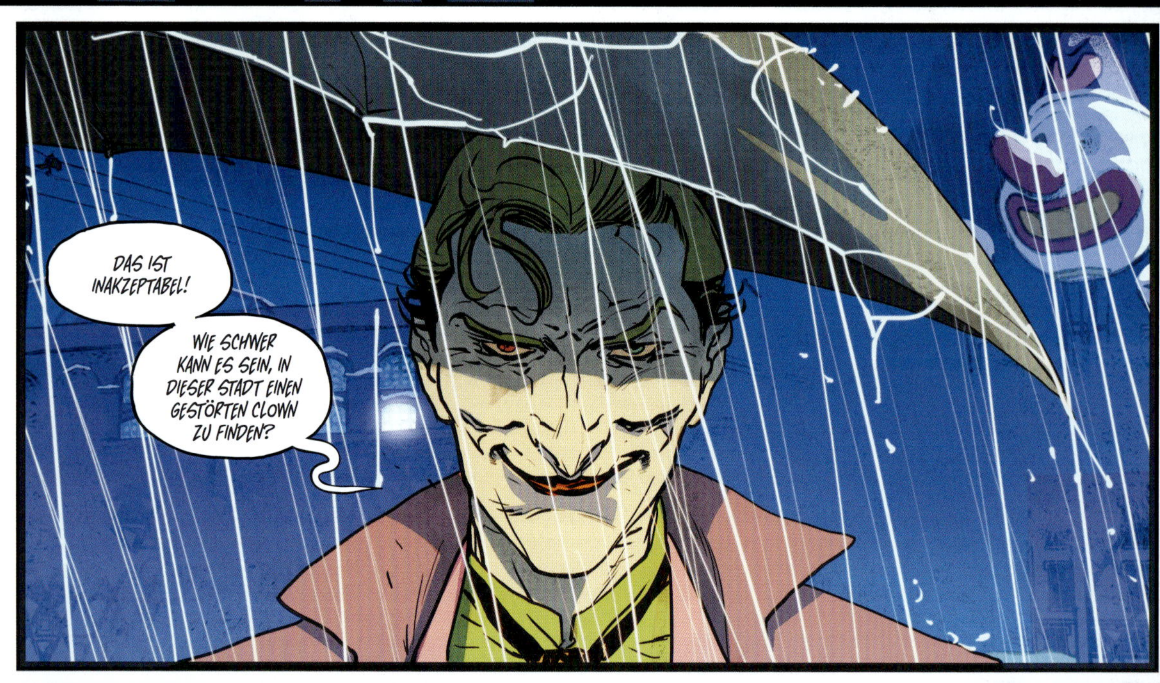
DAS IST INAKZEPTABEL!
WIE SCHWER KANN ES SEIN, IN DIESER STADT EINEN GESTÖRTEN CLOWN ZU FINDEN?

SCHWERER, ALS MAN DENKT.

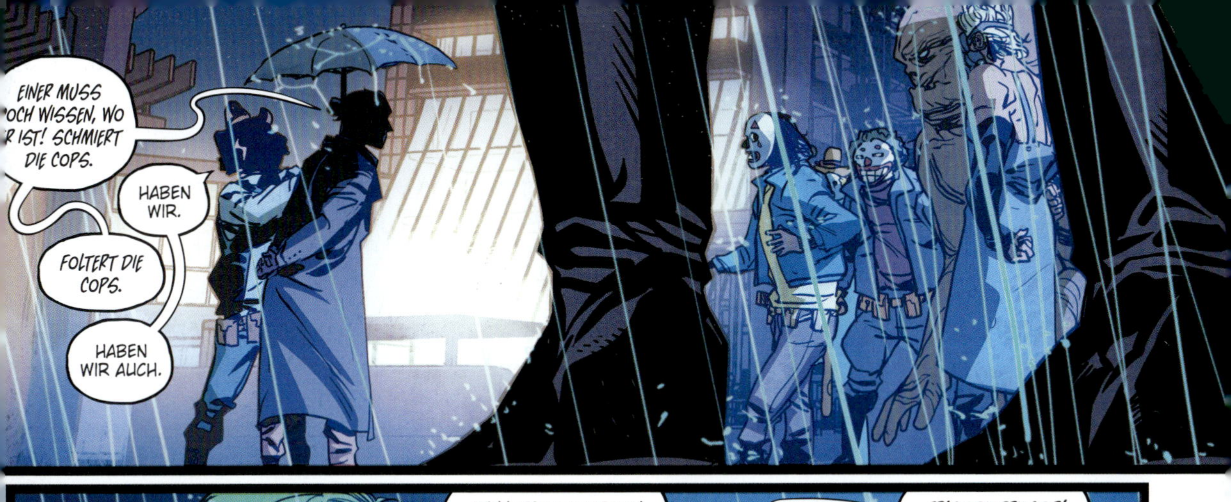
EINER MUSS
OCH WISSEN, WO
R IST! SCHMIERT
DIE COPS.
HABEN WIR.
FOLTERT DIE COPS.
HABEN WIR AUCH.

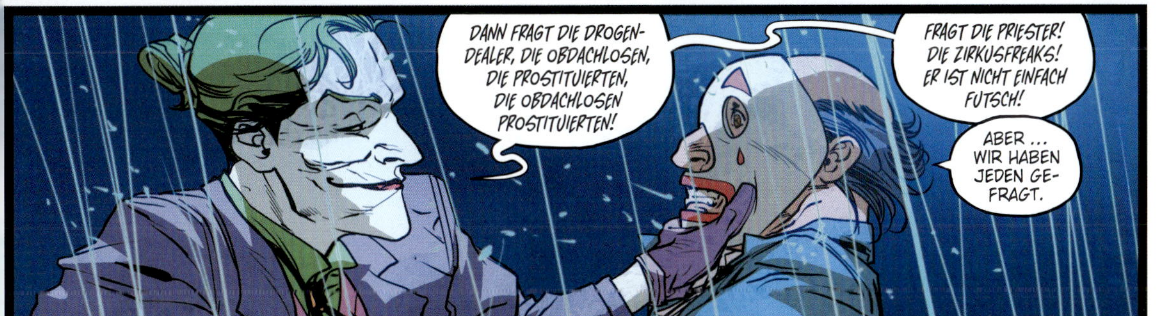
DANN FRAGT DIE DROGENDEALER, DIE OBDACHLOSEN, DIE PROSTITUIERTEN, DIE OBDACHLOSEN PROSTITUIERTEN!
FRAGT DIE PRIESTER! DIE ZIRKUSFREAKS! ER IST NICHT EINFACH FUTSCH!
ABER … WIR HABEN JEDEN GEFRAGT.

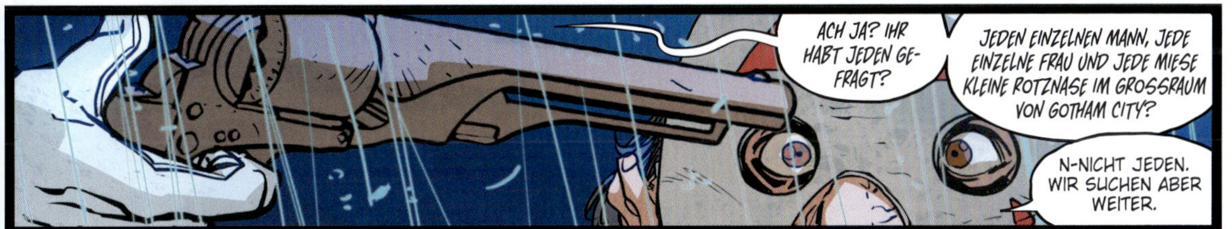
ACH JA? IHR HABT JEDEN GEFRAGT?
JEDEN EINZELNEN MANN, JEDE EINZELNE FRAU UND JEDE MIESE KLEINE ROTZNASE IM GROSSRAUM VON GOTHAM CITY?
N-NICHT JEDEN. WIR SUCHEN ABER WEITER.

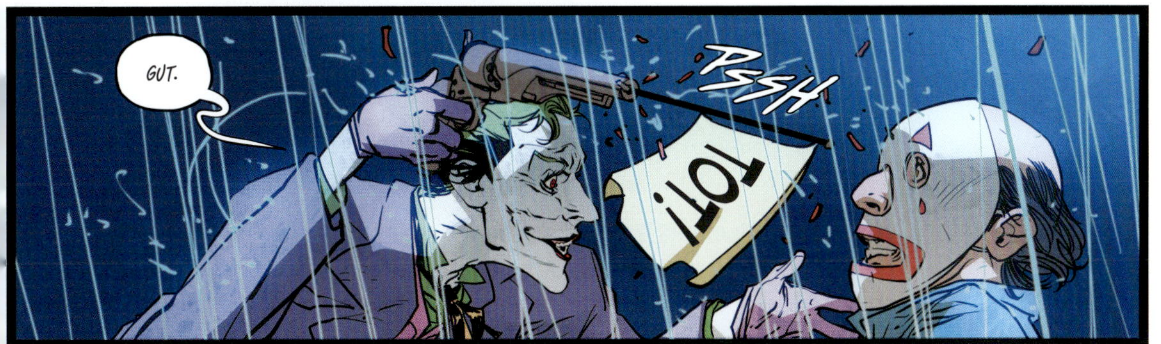
GUT.
PSSH
TOT!

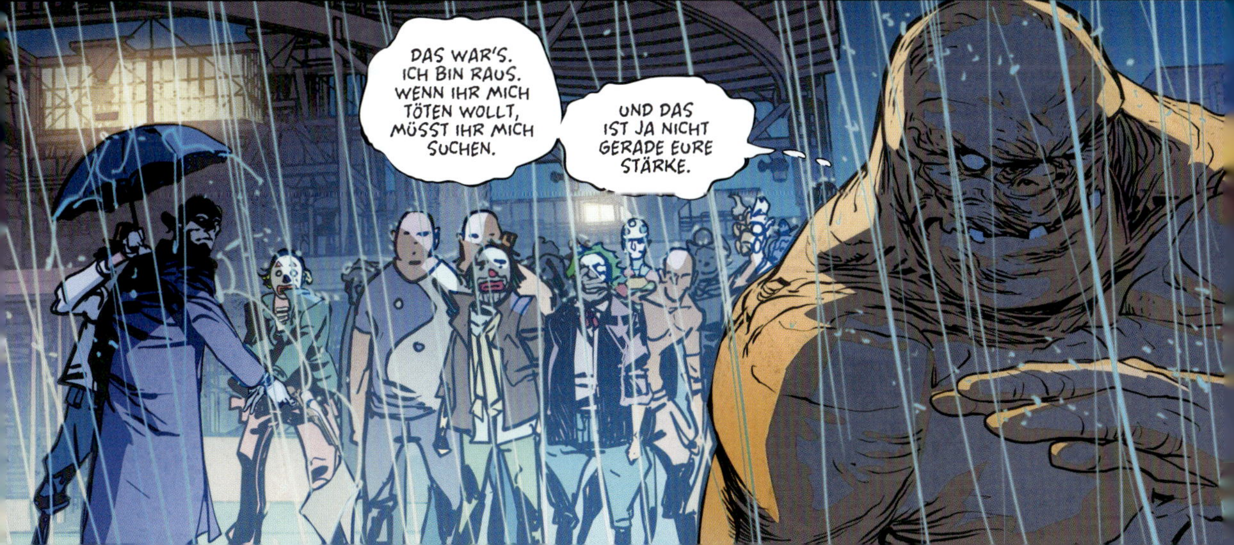
DAS WAR'S. ICH BIN RAUS. WENN IHR MICH TÖTEN WOLLT, MÜSST IHR MICH SUCHEN.
UND DAS IST JA NICHT GERADE EURE STÄRKE.

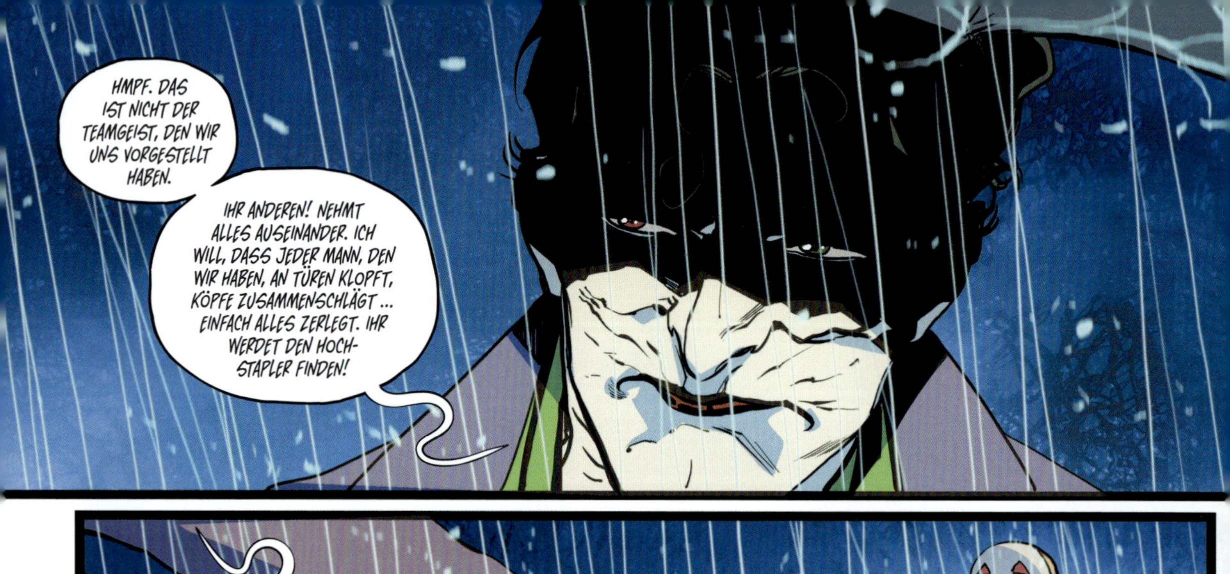
HMPF. DAS IST NICHT DER TEAMGEIST, DEN WIR UNS VORGESTELLT HABEN.
IHR ANDEREN! NEHMT ALLES AUSEINANDER. ICH WILL, DASS JEDER MANN, DEN WIR HABEN, AN TÜREN KLOPFT, KÖPFE ZUSAMMENSCHLÄGT ... EINFACH ALLES ZERLEGT. IHR WERDET DEN HOCHSTAPLER FINDEN!

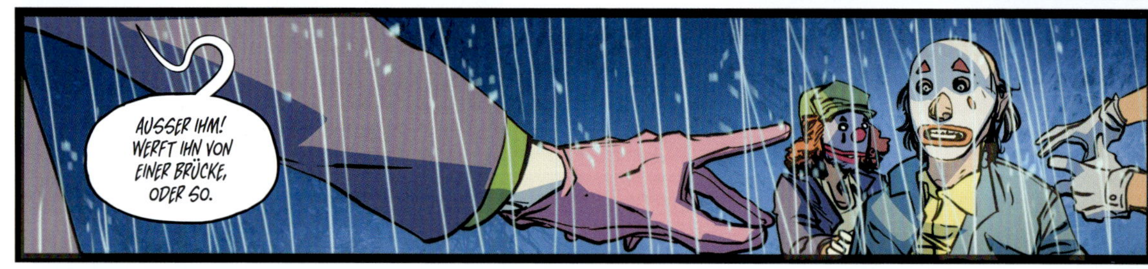
AUSSER IHM! WERFT IHN VON EINER BRÜCKE, ODER SO.

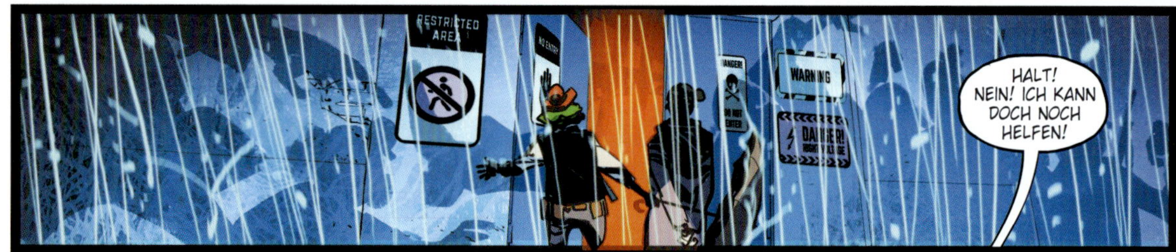
RESTRICTED AREA
WARNING
DANGER!
HALT! NEIN! ICH KANN DOCH NOCH HELFEN!

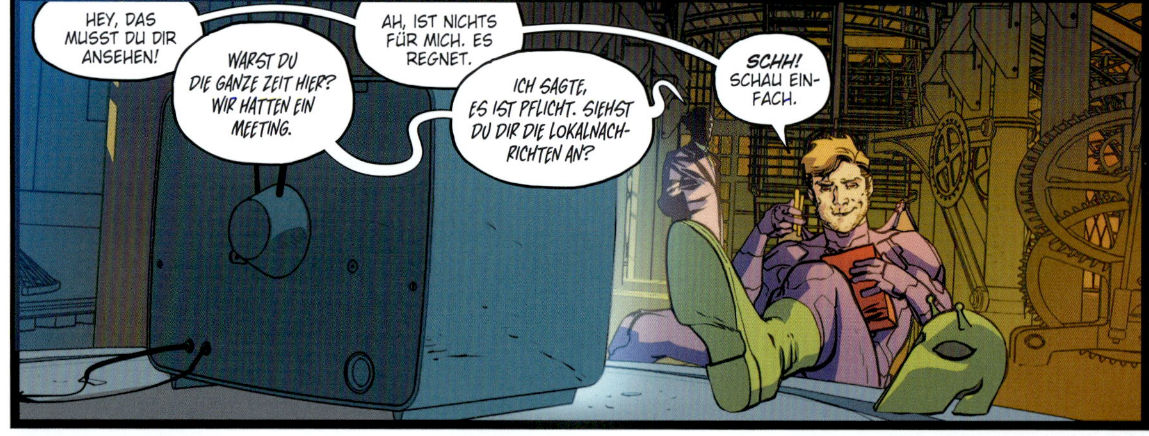
HEY, DAS MUSST DU DIR ANSEHEN!
WARST DU DIE GANZE ZEIT HIER? WIR HATTEN EIN MEETING.
AH, IST NICHTS FÜR MICH. ES REGNET.
ICH SAGTE, ES IST PFLICHT. SIEHST DU DIR DIE LOKALNACHRICHTEN AN?
SCHH! SCHAU EINFACH.

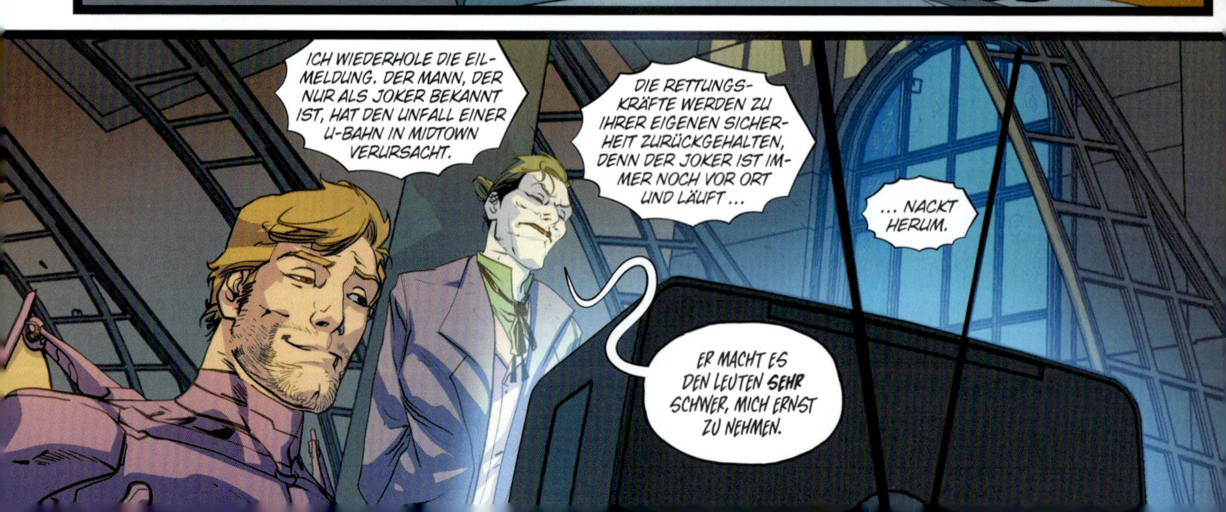
ICH WIEDERHOLE DIE EILMELDUNG. DER MANN, DER NUR ALS JOKER BEKANNT IST, HAT DEN UNFALL EINER U-BAHN IN MIDTOWN VERURSACHT.
DIE RETTUNGSKRÄFTE WERDEN ZU IHRER EIGENEN SICHERHEIT ZURÜCKGEHALTEN, DENN DER JOKER IST IMMER NOCH VOR ORT UND LÄUFT ...
... NACKT HERUM.
ER MACHT ES DEN LEUTEN **SEHR** SCHWER, MICH ERNST ZU NEHMEN.

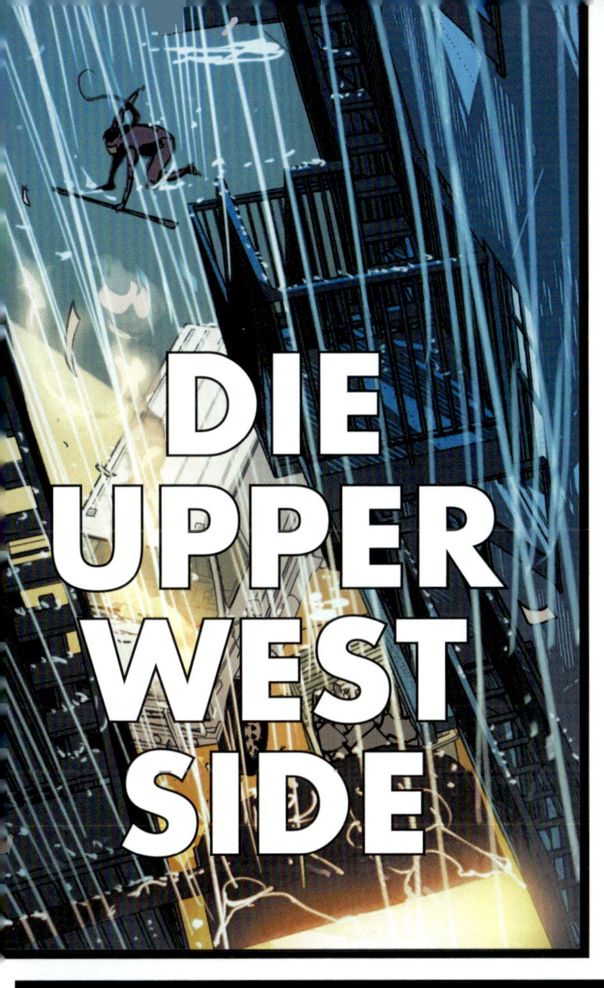
DIE UPPER WEST SIDE

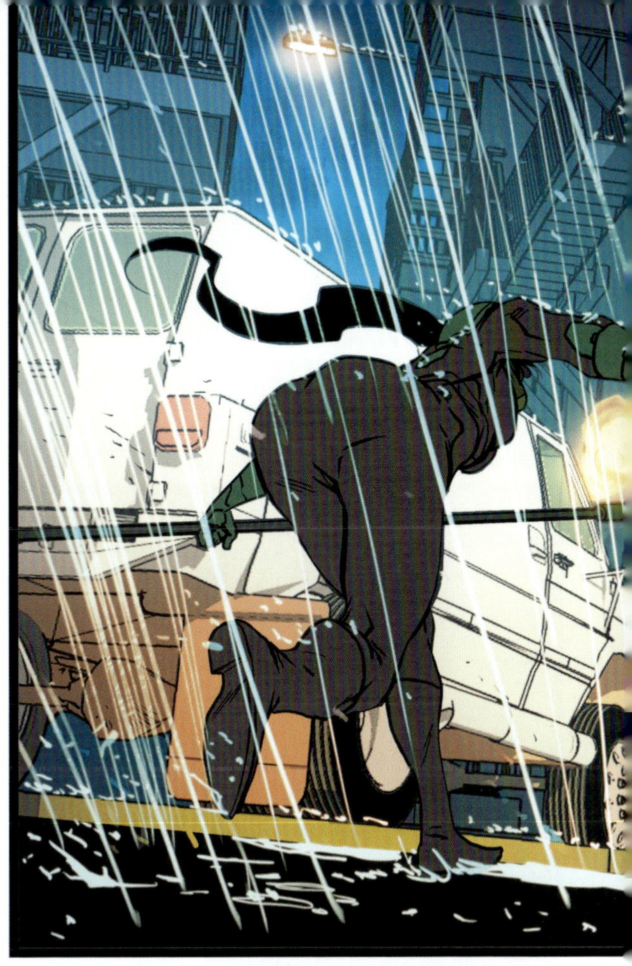

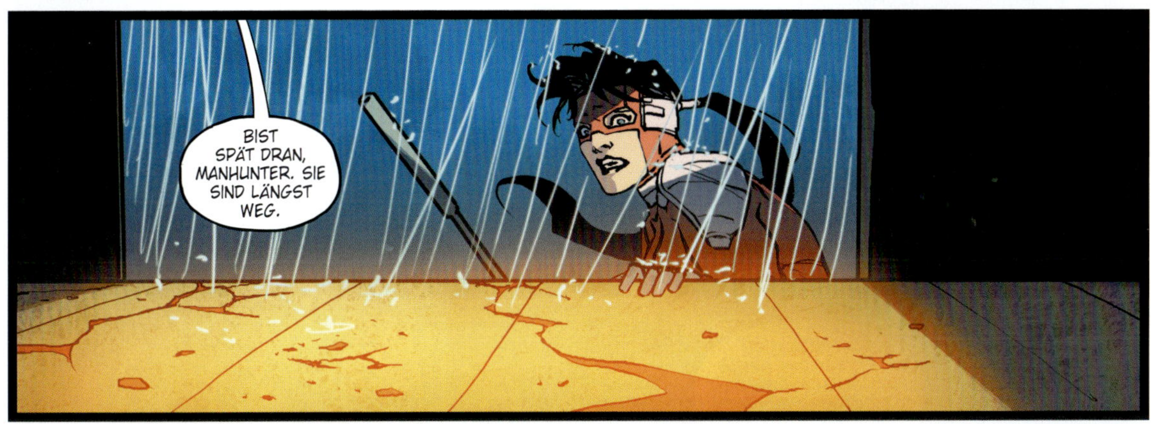
BIST SPÄT DRAN, MANHUNTER. SIE SIND LÄNGST WEG.

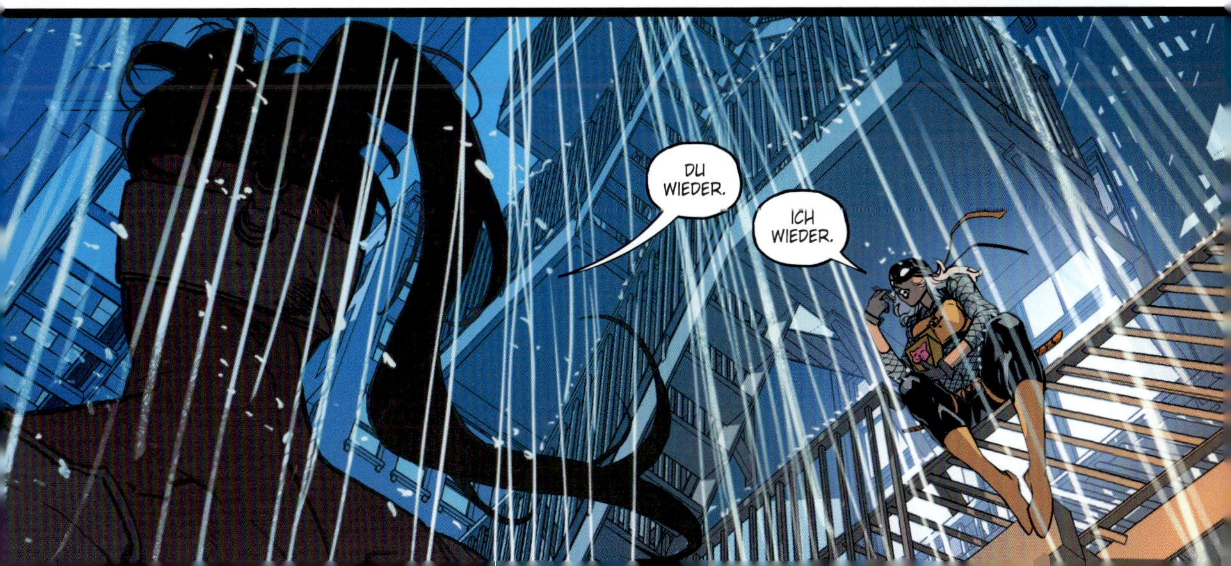
DU WIEDER.
ICH WIEDER.

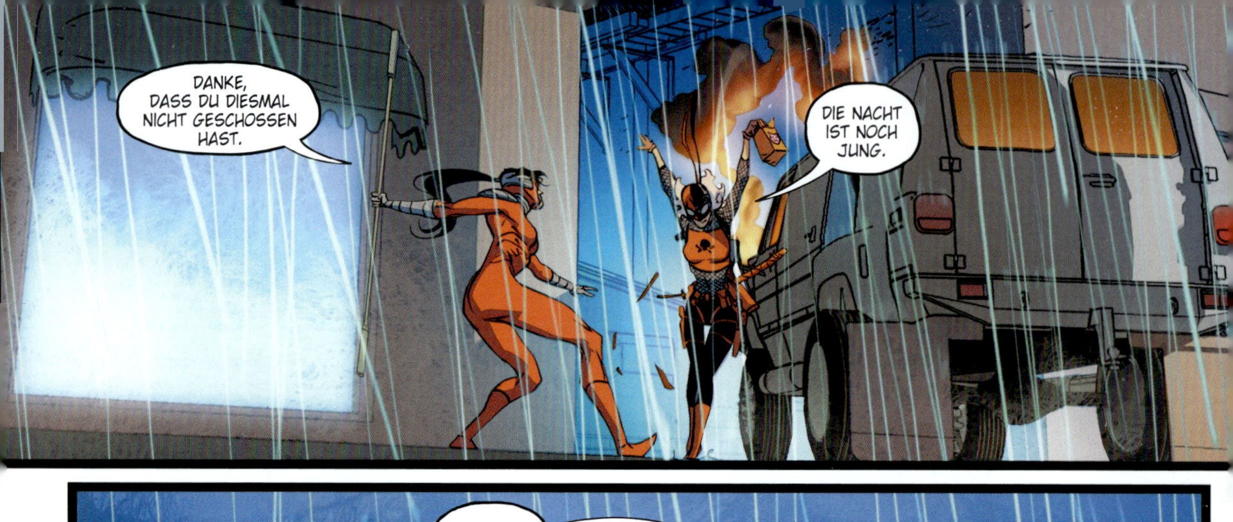
DANKE, DASS DU DIESMAL NICHT GESCHOSSEN HAST.
DIE NACHT IST NOCH JUNG.
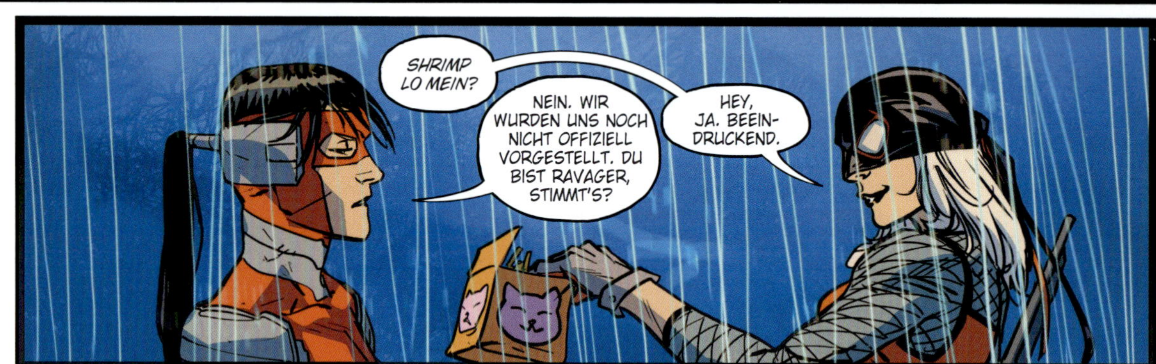
SHRIMP LO MEIN?
HEY, JA. BEEIN-DRUCKEND.
NEIN. WIR WURDEN UNS NOCH NICHT OFFIZIELL VORGESTELLT. DU BIST RAVAGER, STIMMT'S?
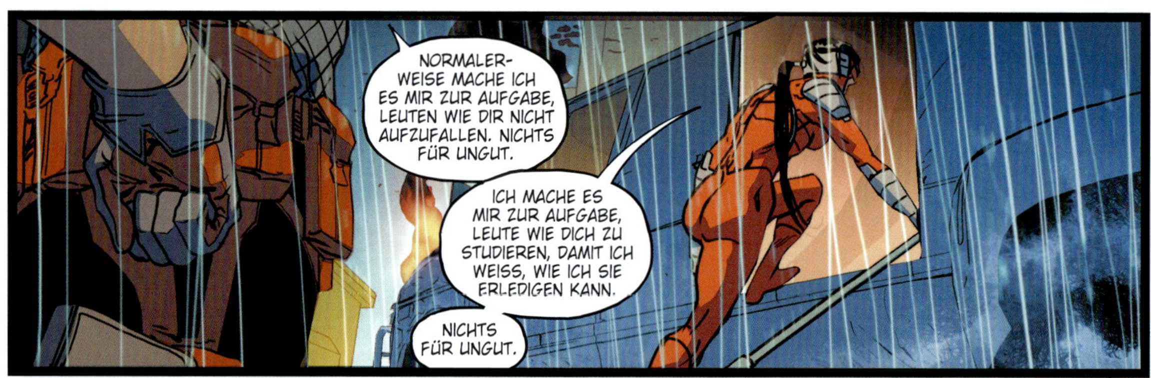
NORMALER-WEISE MACHE ICH ES MIR ZUR AUFGABE, LEUTEN WIE DIR NICHT AUFZUFALLEN. NICHTS FÜR UNGUT.
ICH MACHE ES MIR ZUR AUFGABE, LEUTE WIE DICH ZU STUDIEREN, DAMIT ICH WEISS, WIE ICH SIE ERLEDIGEN KANN.
NICHTS FÜR UNGUT.
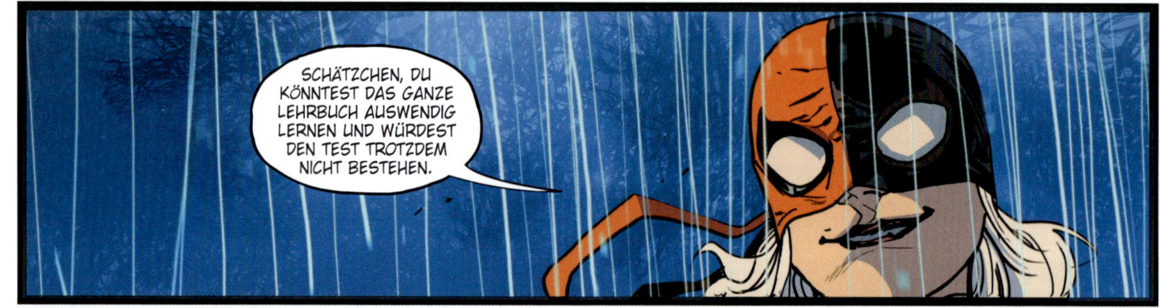
SCHÄTZCHEN, DU KÖNNTEST DAS GANZE LEHRBUCH AUSWENDIG LERNEN UND WÜRDEST DEN TEST TROTZDEM NICHT BESTEHEN.
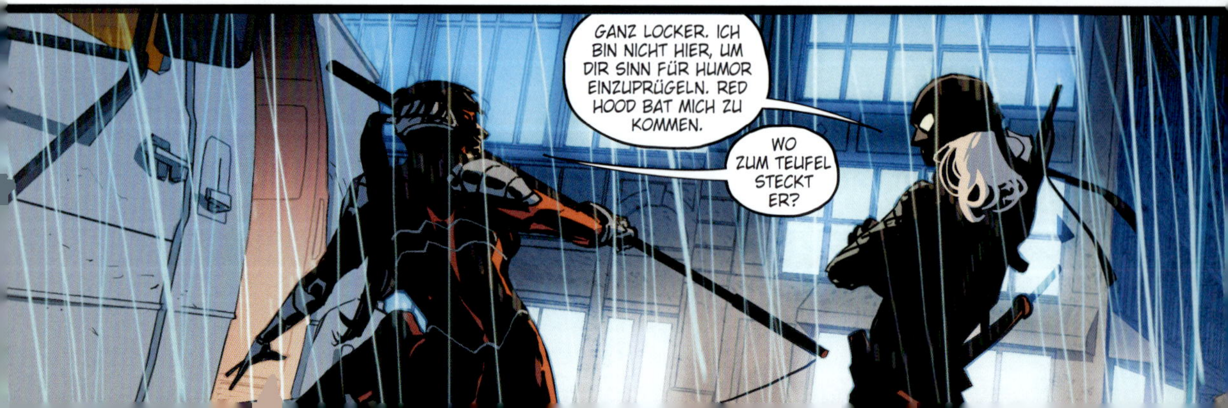
GANZ LOCKER. ICH BIN NICHT HIER, UM DIR SINN FÜR HUMOR EINZUPRÜGELN. RED HOOD BAT MICH ZU KOMMEN.
WO ZUM TEUFEL STECKT ER?

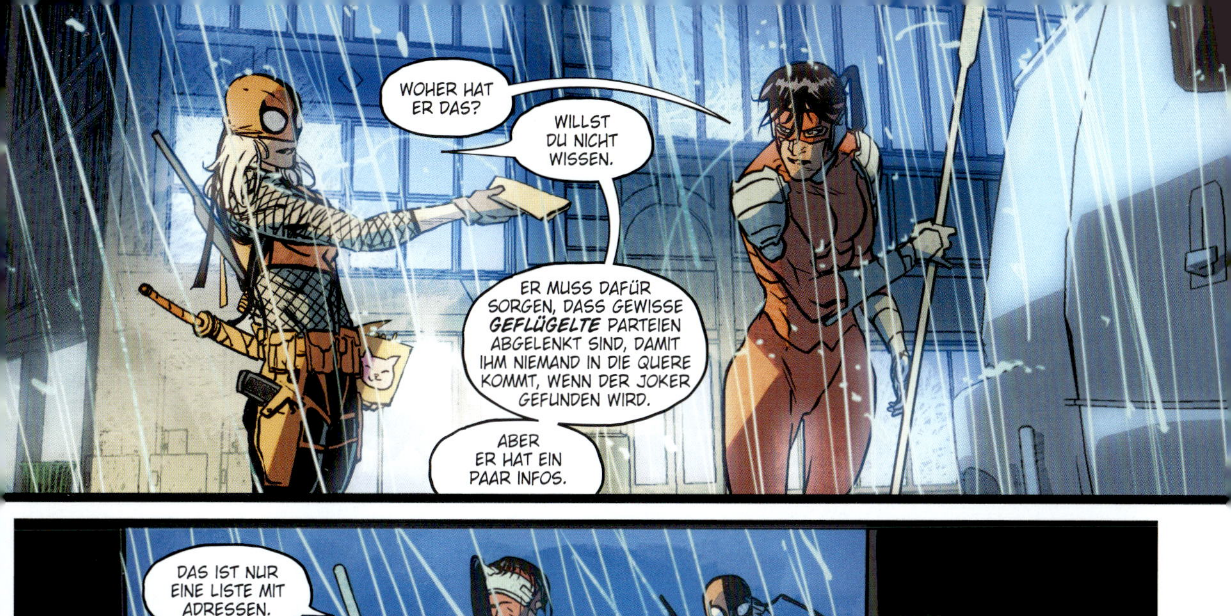
WOHER HAT ER DAS?
WILLST DU NICHT WISSEN.
ER MUSS DAFÜR SORGEN, DASS GEWISSE **GEFLÜGELTE** PARTEIEN ABGELENKT SIND, DAMIT IHM NIEMAND IN DIE QUERE KOMMT, WENN DER JOKER GEFUNDEN WIRD.
ABER ER HAT EIN PAAR INFOS.

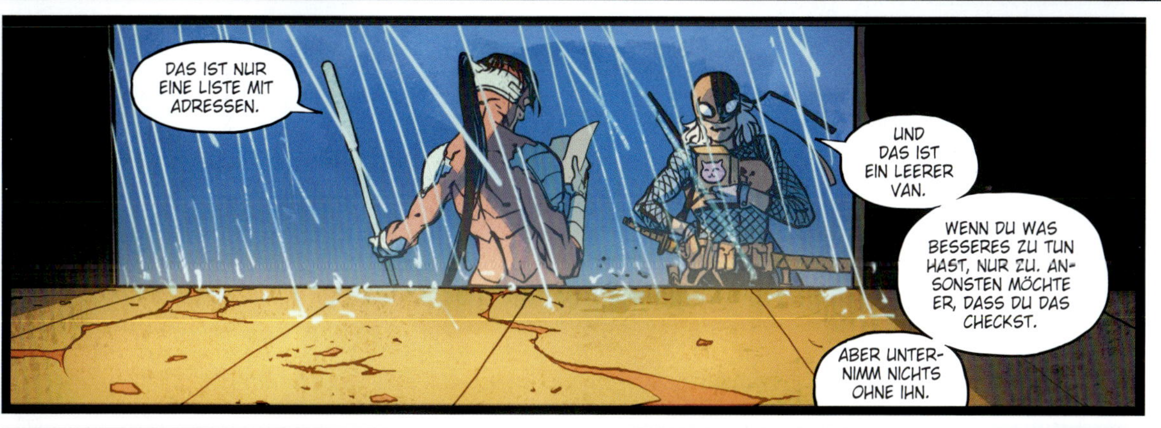
DAS IST NUR EINE LISTE MIT ADRESSEN.
UND DAS IST EIN LEERER VAN.
WENN DU WAS BESSERES ZU TUN HAST, NUR ZU. ANSONSTEN MÖCHTE ER, DASS DU DAS CHECKST.
ABER UNTERNIMM NICHTS OHNE IHN.

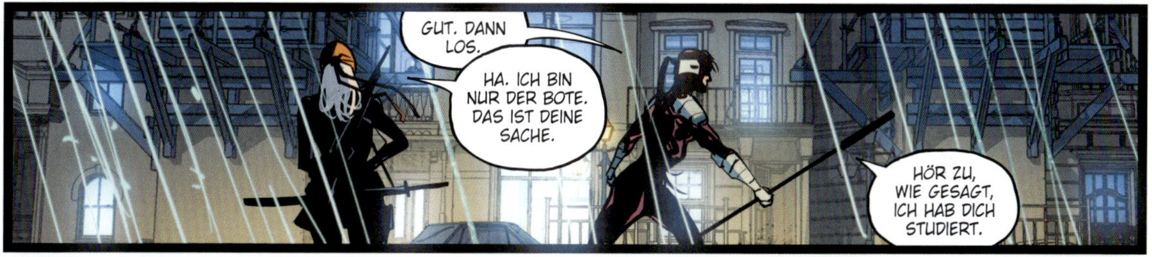
GUT. DANN LOS.
HA. ICH BIN NUR DER BOTE. DAS IST DEINE SACHE.
HÖR ZU, WIE GESAGT, ICH HAB DICH STUDIERT.

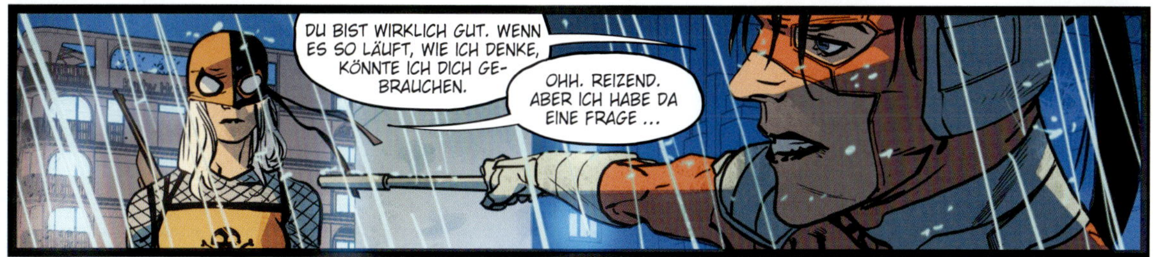
DU BIST WIRKLICH GUT. WENN ES SO LÄUFT, WIE ICH DENKE, KÖNNTE ICH DICH GEBRAUCHEN.
OHH. REIZEND. ABER ICH HABE DA EINE FRAGE ...

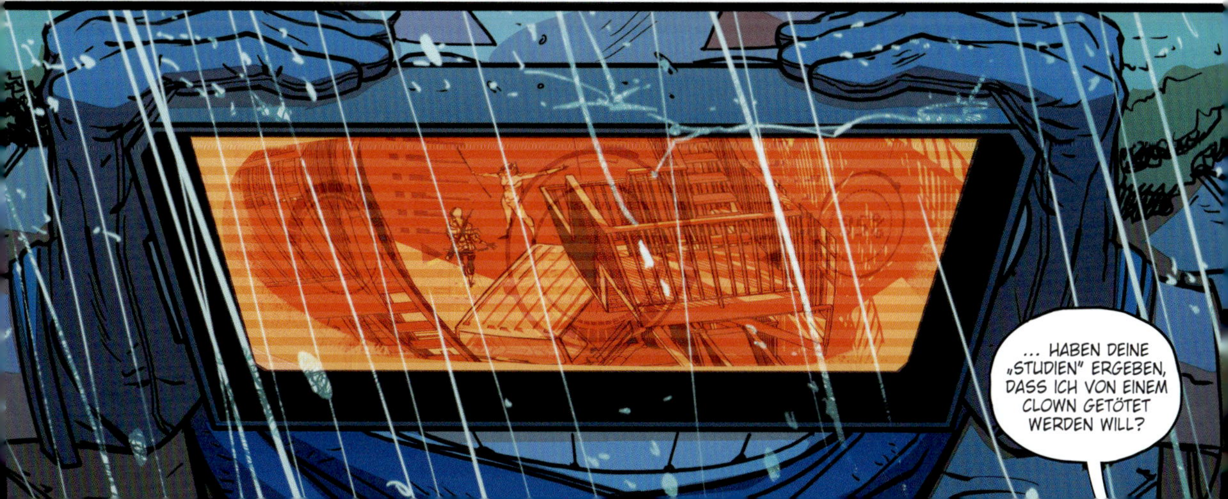
... HABEN DEINE „STUDIEN" ERGEBEN, DASS ICH VON EINEM CLOWN GETÖTET WERDEN WILL?

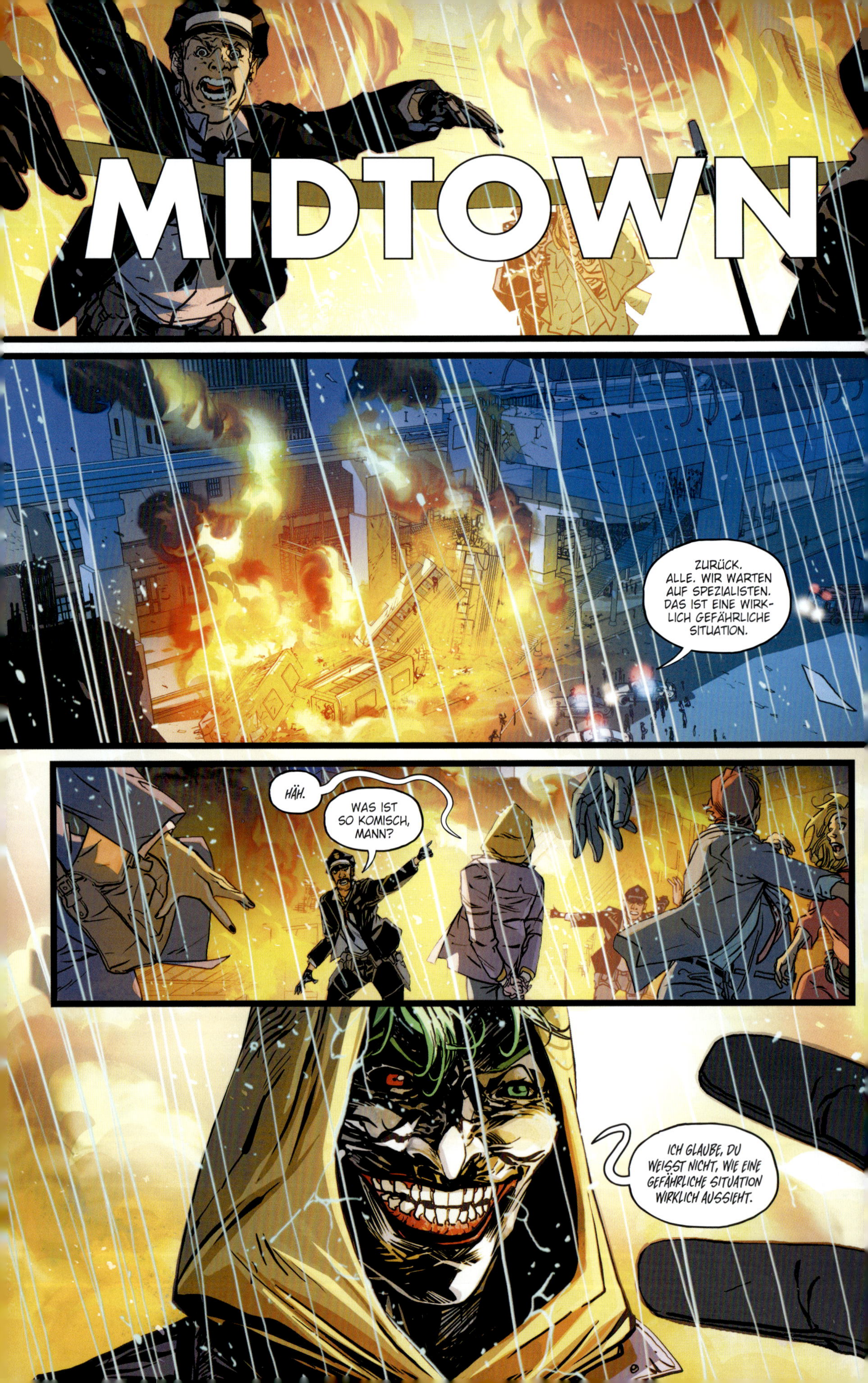

MIDTOWN

ZURÜCK. ALLE. WIR WARTEN AUF SPEZIALISTEN. DAS IST EINE WIRKLICH GEFÄHRLICHE SITUATION.
HÄH.
WAS IST SO KOMISCH, MANN?
ICH GLAUBE, DU WEISST NICHT, WIE EINE GEFÄHRLICHE SITUATION WIRKLICH AUSSIEHT.

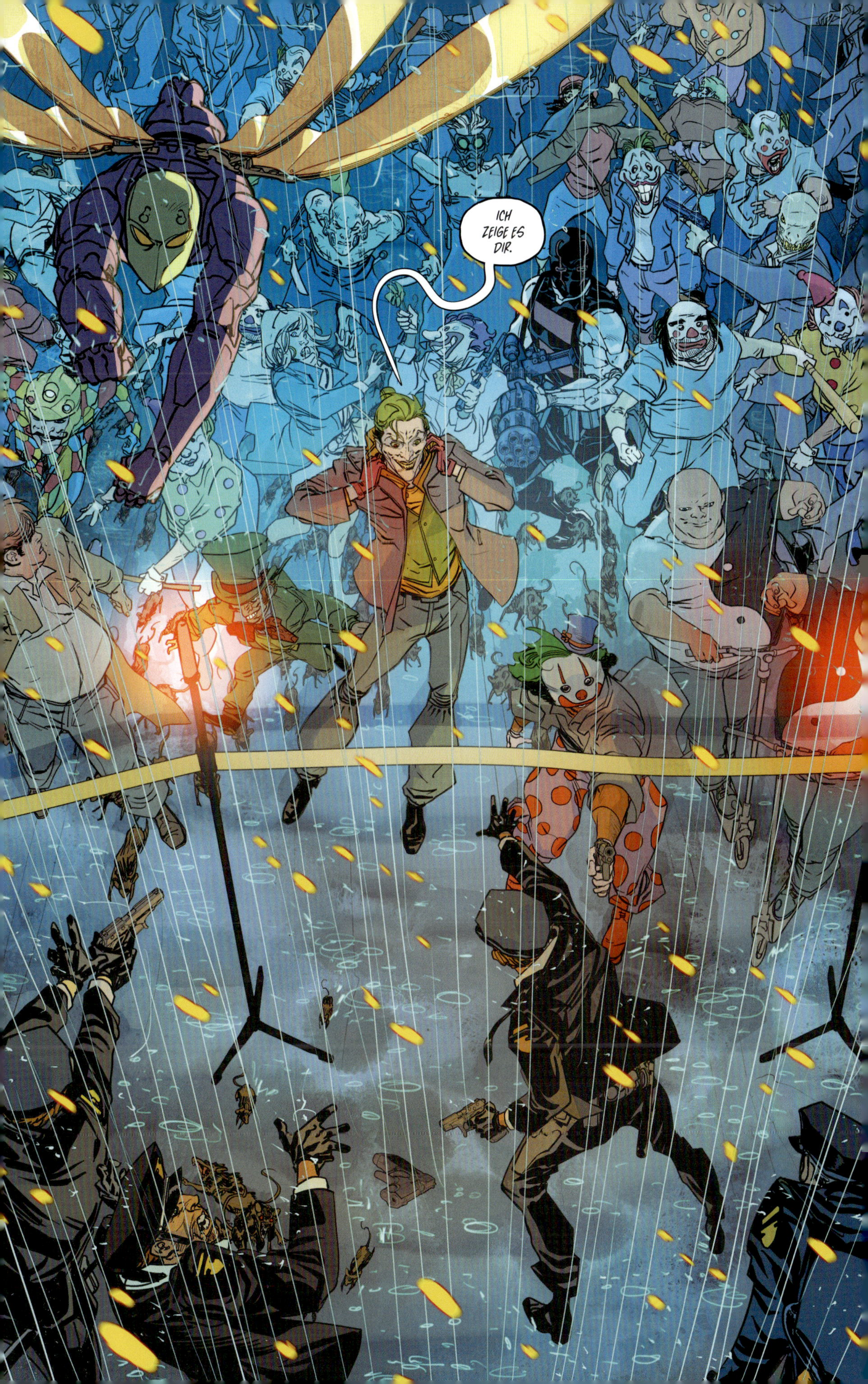
ICH ZEIGE ES DIR.

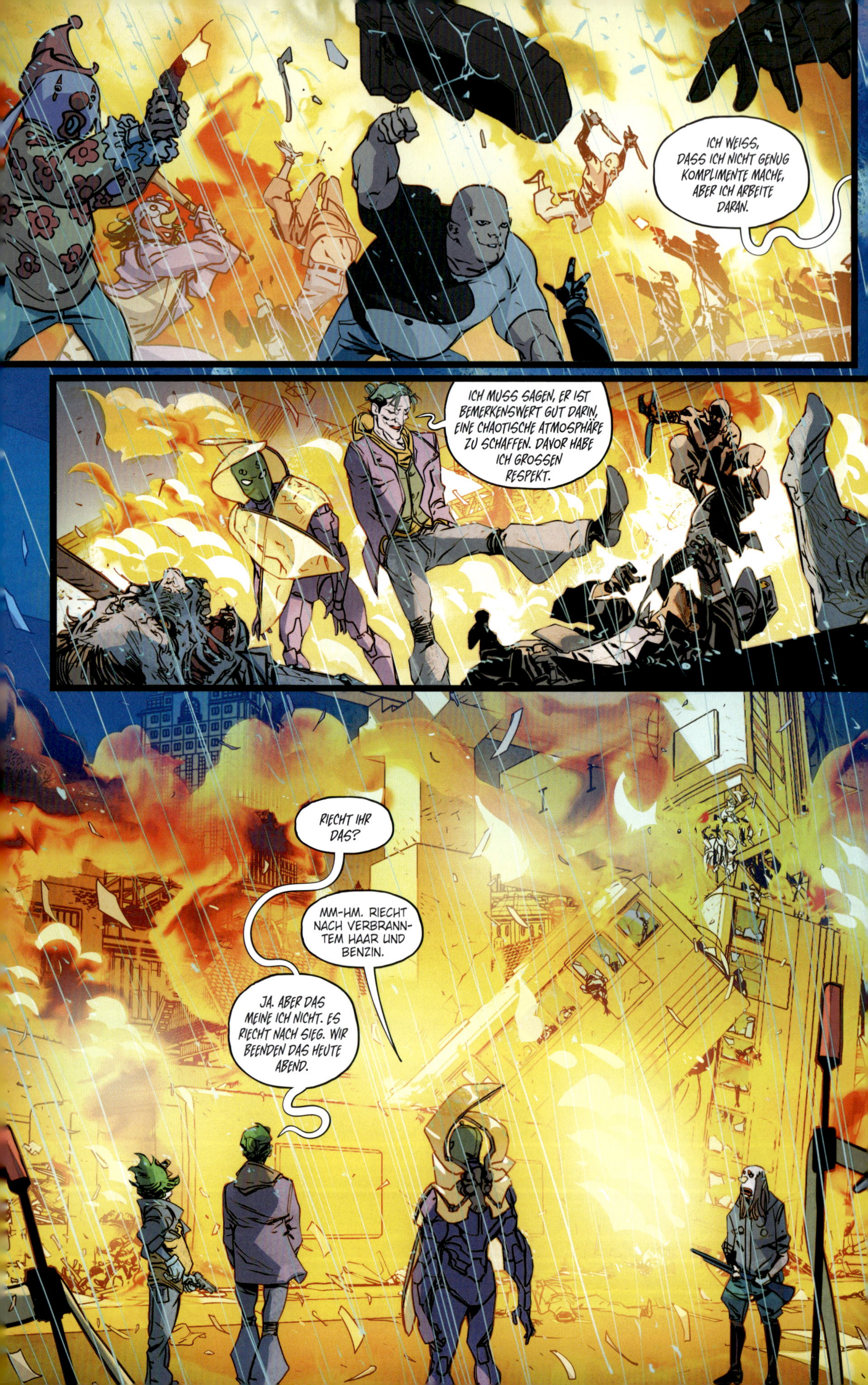
ICH WEISS, DASS ICH NICHT GENUG KOMPLIMENTE MACHE, ABER ICH ARBEITE DARAN.
ICH MUSS SAGEN, ER IST BEMERKENSWERT GUT DARIN, EINE CHAOTISCHE ATMOSPHÄRE ZU SCHAFFEN. DAVOR HABE ICH GROSSEN RESPEKT.
RIECHT IHR DAS?
MM-HM. RIECHT NACH VERBRANN-TEM HAAR UND BENZIN.
JA. ABER DAS MEINE ICH NICHT. ES RIECHT NACH SIEG. WIR BEENDEN DAS HEUTE ABEND.

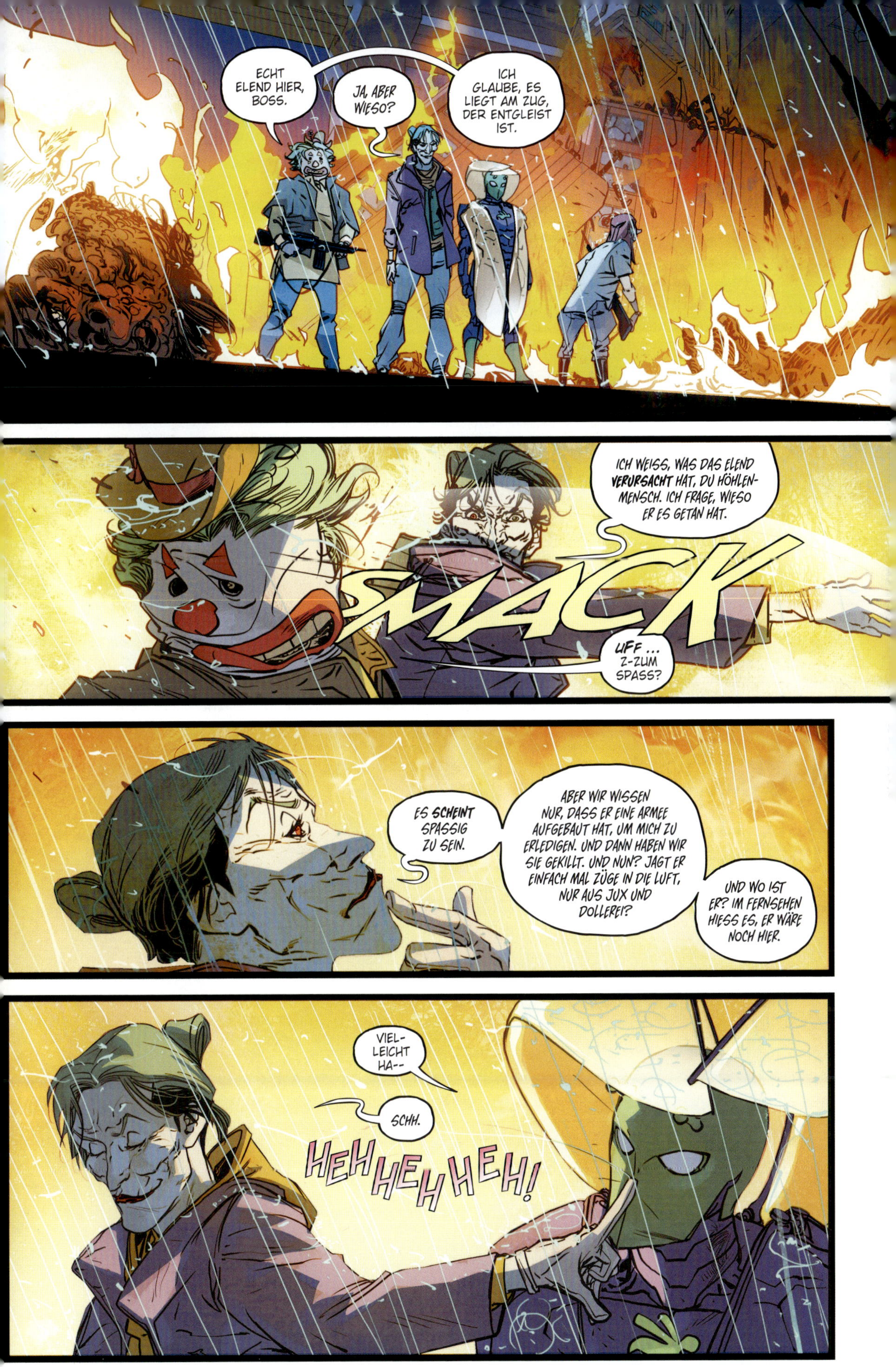

ECHT ELEND HIER, BOSS.
JA, ABER WIESO?
ICH GLAUBE, ES LIEGT AM ZUG, DER ENTGLEIST IST.

ICH WEISS, WAS DAS ELEND **VERURSACHT** HAT, DU HÖHLENMENSCH. ICH FRAGE, WIESO ER ES GETAN HAT.
SMACK
UFF ... Z-ZUM SPASS?

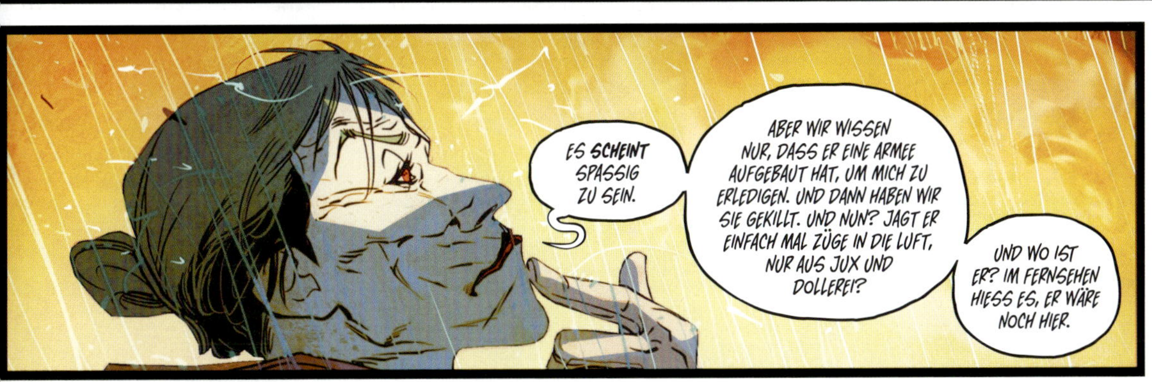

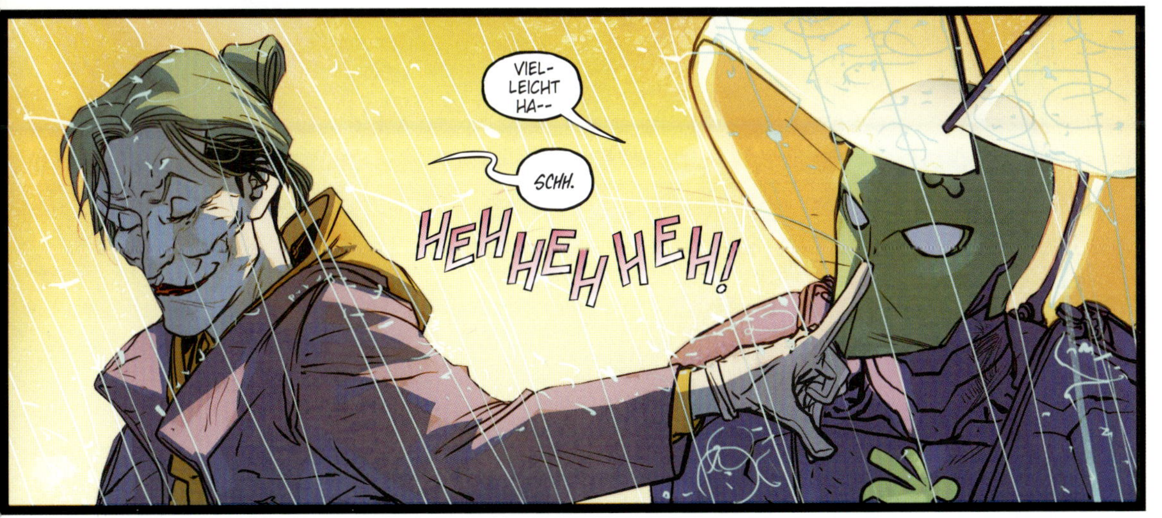

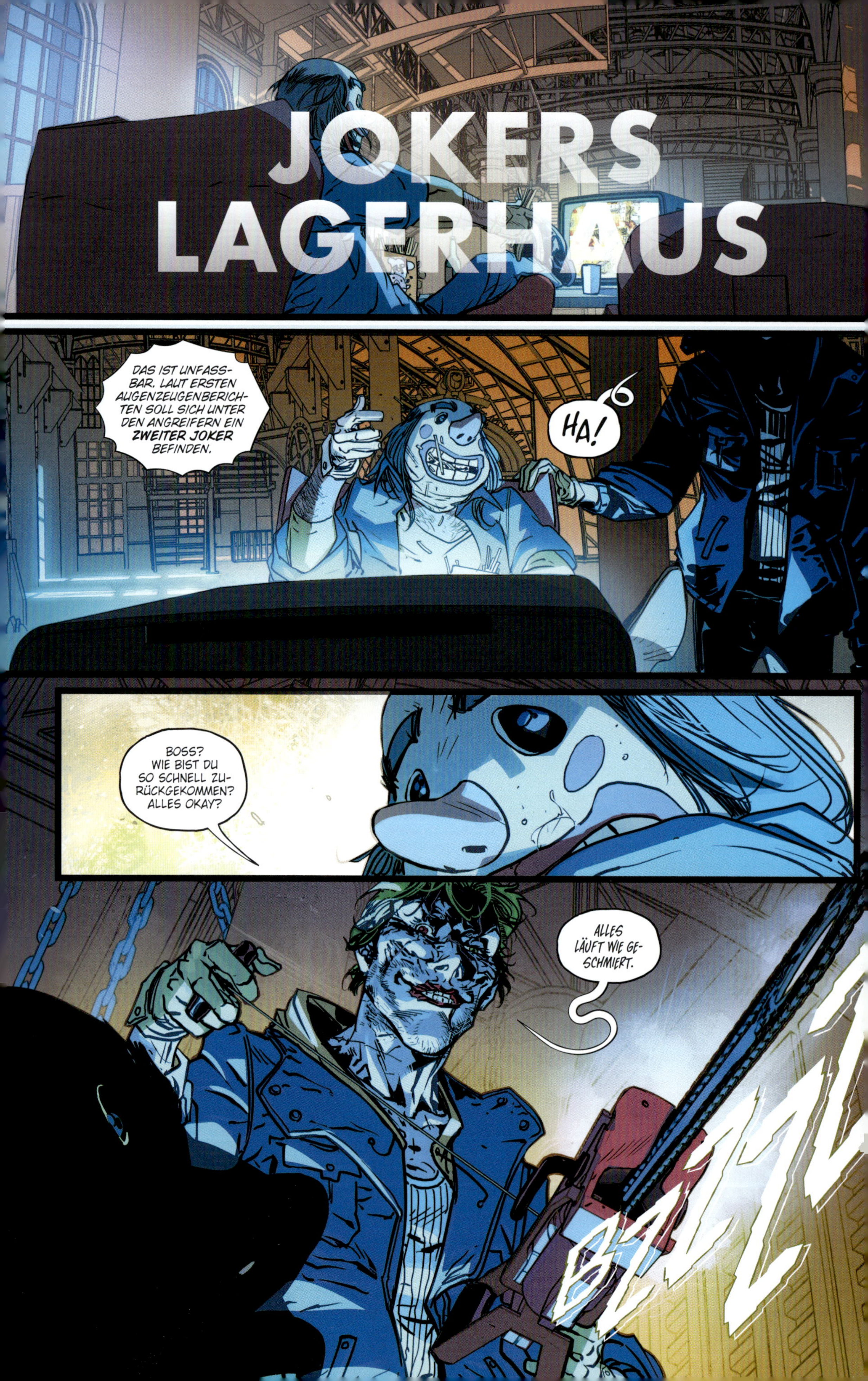

JOKERS LAGERHAUS

DAS IST UNFASSBAR. LAUT ERSTEN AUGENZEUGENBERICHTEN SOLL SICH UNTER DEN ANGREIFERN EIN **ZWEITER JOKER** BEFINDEN.

HA!

BOSS? WIE BIST DU SO SCHNELL ZURÜCKGEKOMMEN? ALLES OKAY?

ALLES LÄUFT WIE GESCHMIERT.

BZZZ

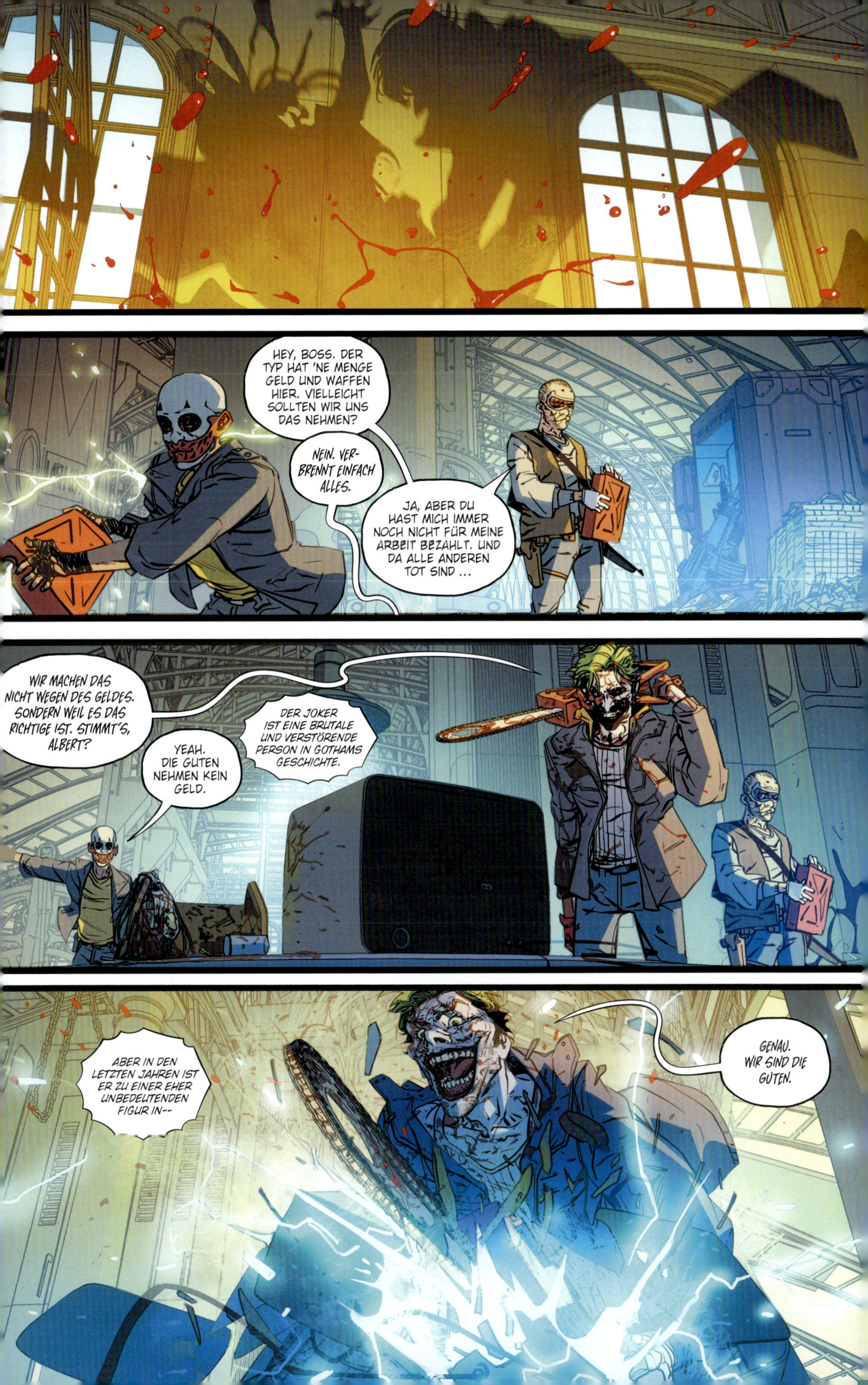

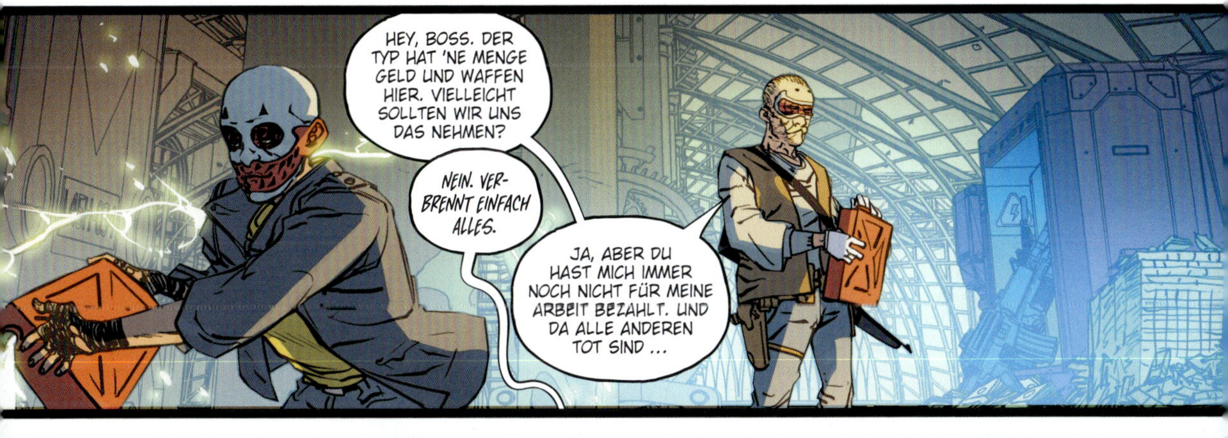
HEY, BOSS. DER TYP HAT 'NE MENGE GELD UND WAFFEN HIER. VIELLEICHT SOLLTEN WIR UNS DAS NEHMEN?
NEIN. VER-BRENNT EINFACH ALLES.
JA, ABER DU HAST MICH IMMER NOCH NICHT FÜR MEINE ARBEIT BEZAHLT. UND DA ALLE ANDEREN TOT SIND …

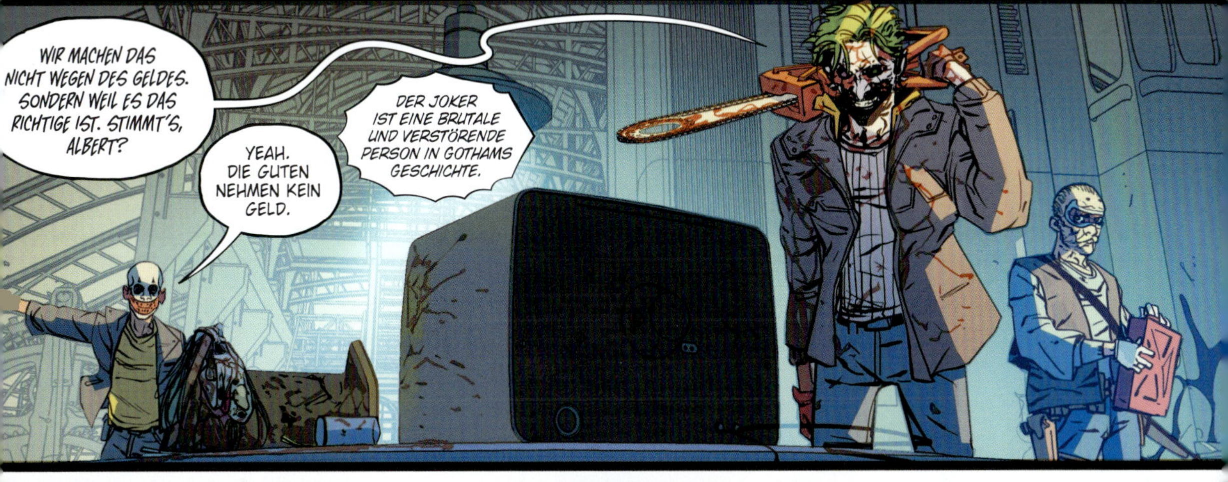
WIR MACHEN DAS NICHT WEGEN DES GELDES. SONDERN WEIL ES DAS RICHTIGE IST. STIMMT'S, ALBERT?
YEAH. DIE GUTEN NEHMEN KEIN GELD.
DER JOKER IST EINE BRUTALE UND VERSTÖRENDE PERSON IN GOTHAMS GESCHICHTE.

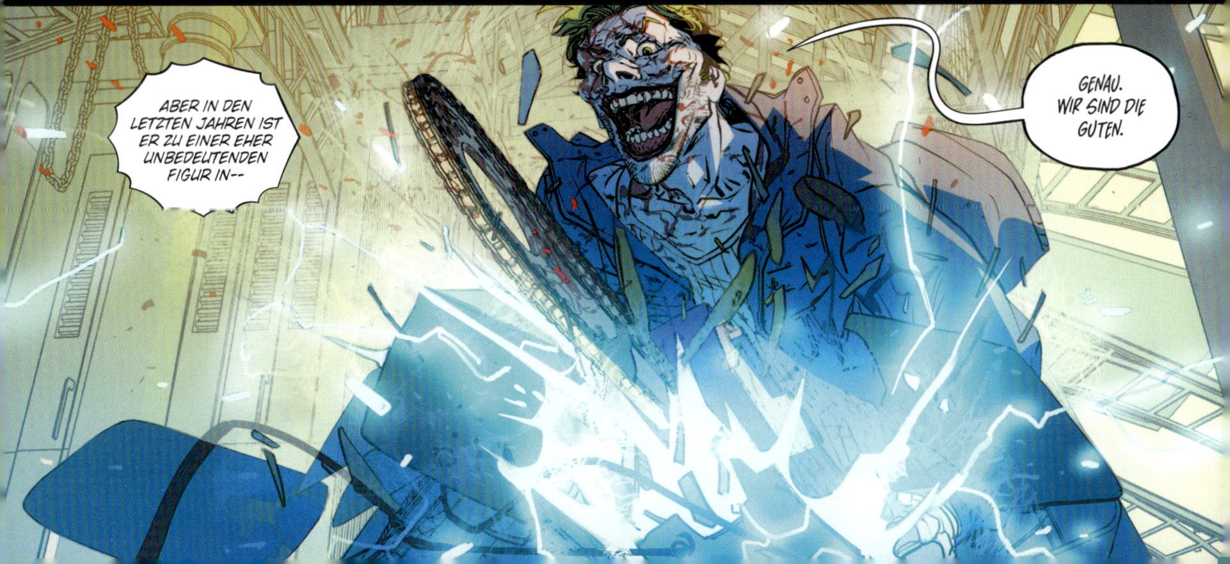
ABER IN DEN LETZTEN JAHREN IST ER ZU EINER EHER UNBEDEUTENDEN FIGUR IN--
GENAU. WIR SIND DIE GUTEN.

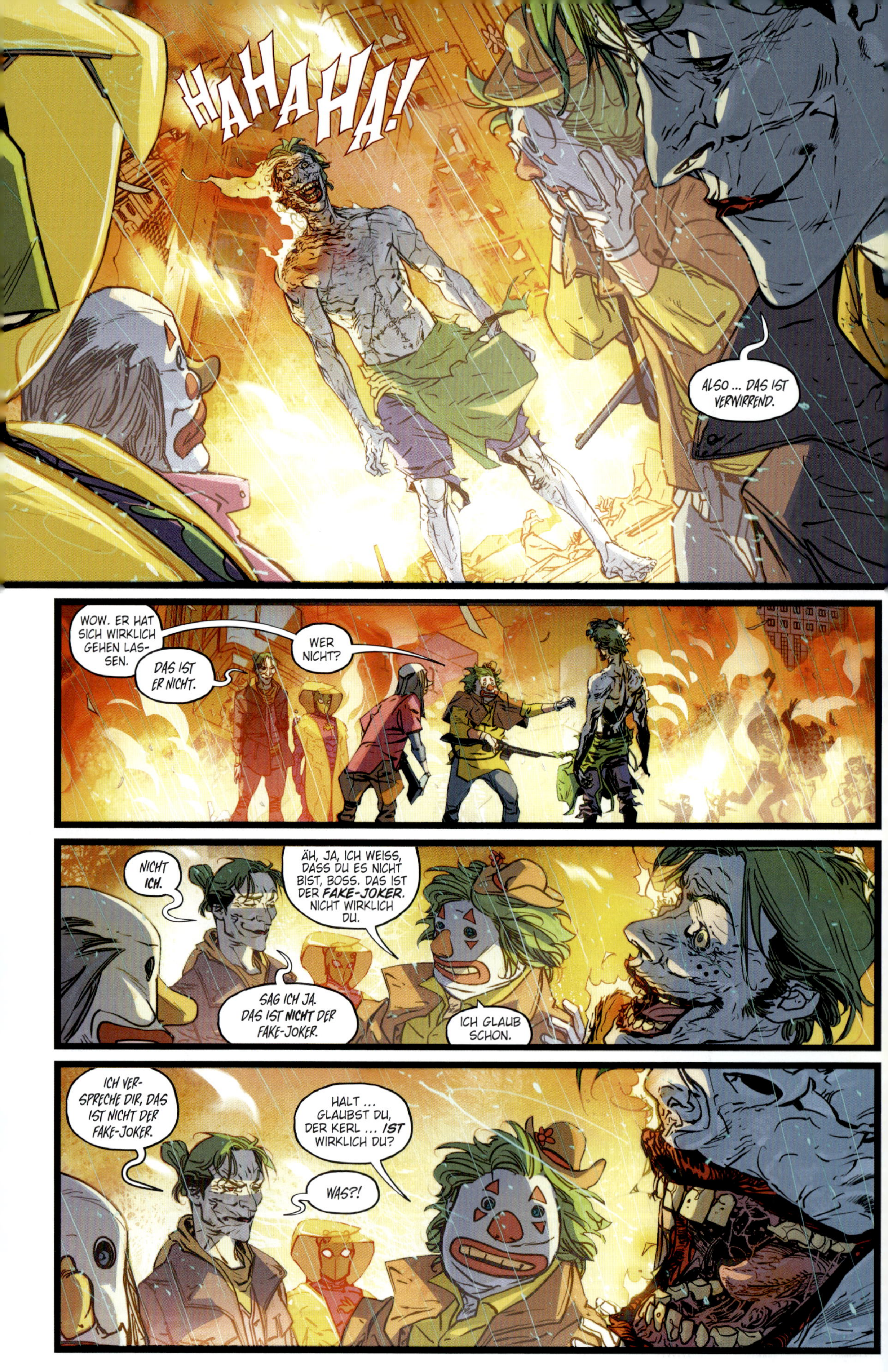

HAHAHA!

ALSO ... DAS IST VERWIRREND.

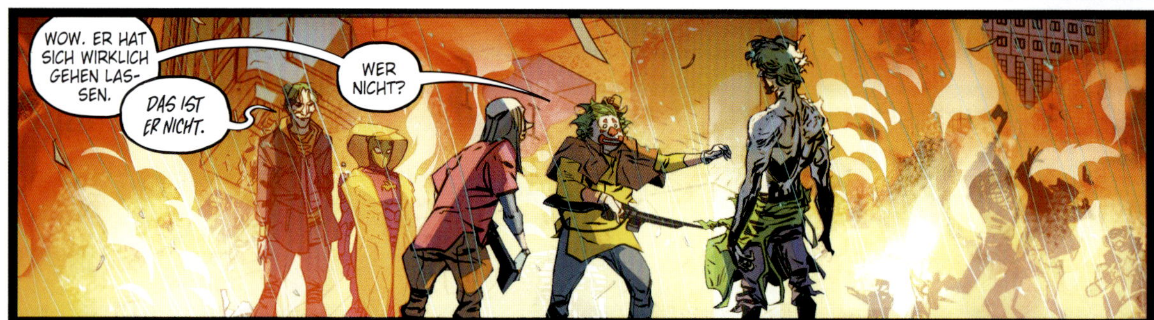

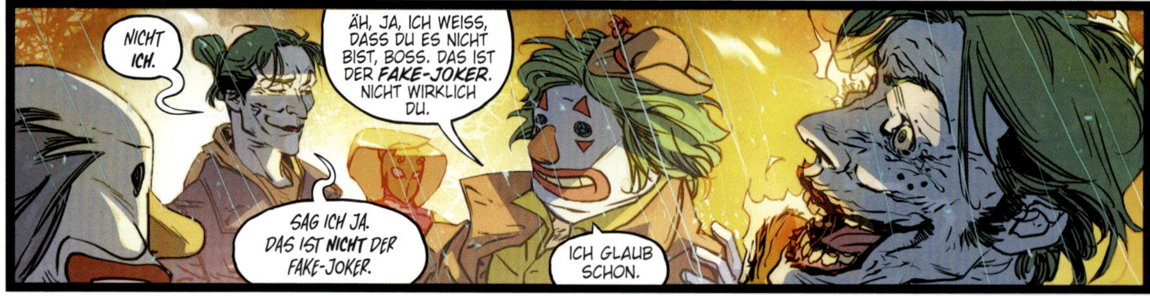

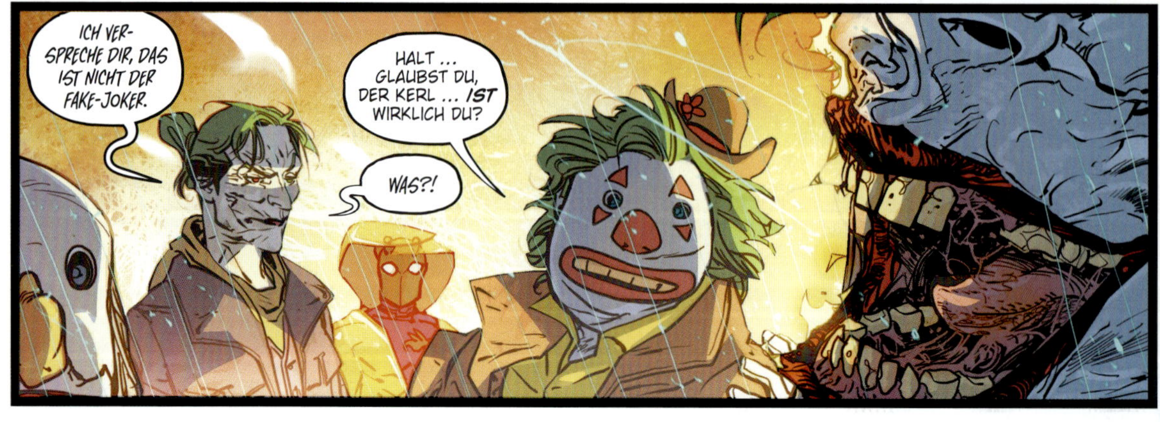

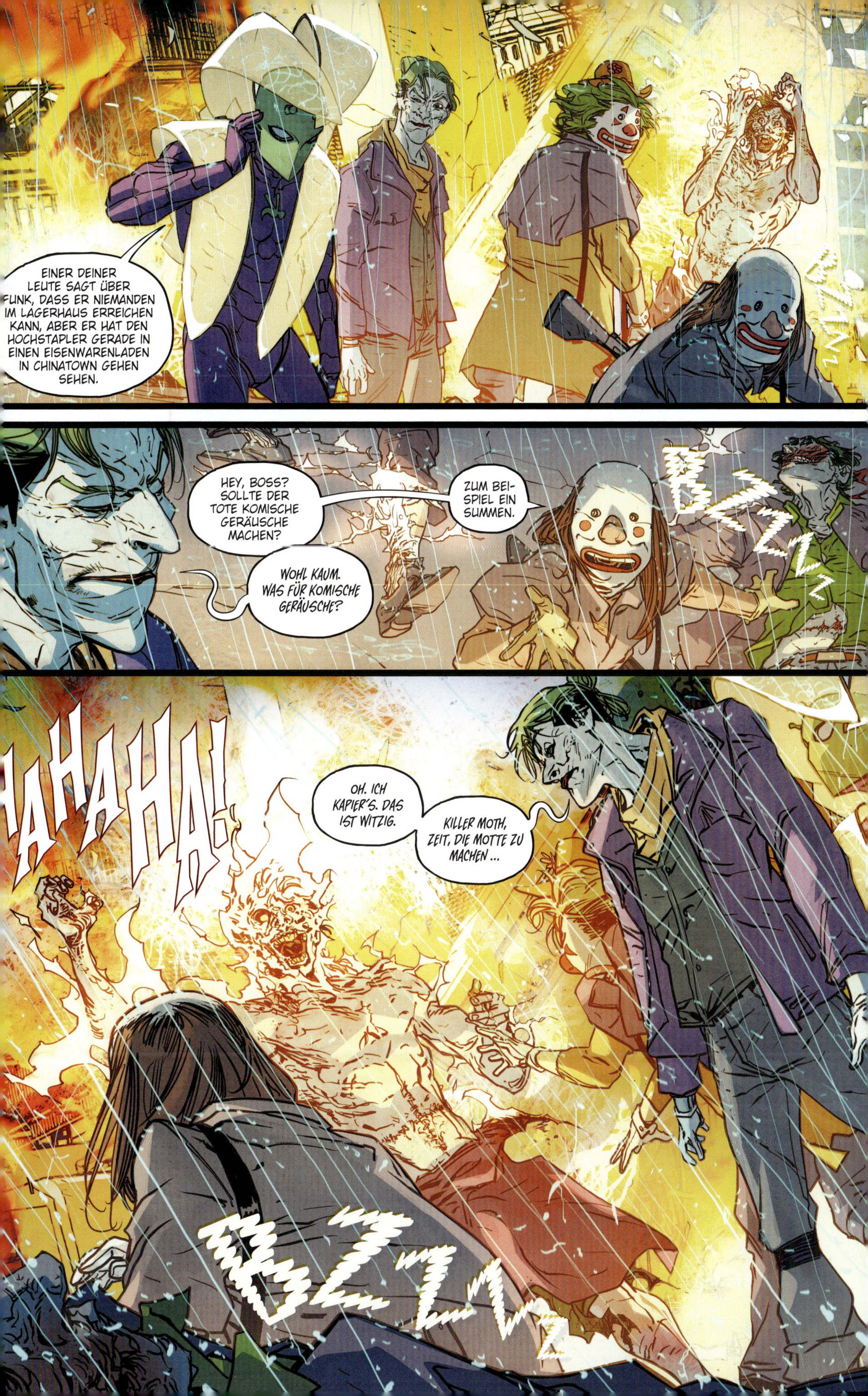
EINER DEINER LEUTE SAGT ÜBER FUNK, DASS ER NIEMANDEN IM LAGERHAUS ERREICHEN KANN, ABER ER HAT DEN HOCHSTAPLER GERADE IN EINEN EISENWARENLADEN IN CHINATOWN GEHEN SEHEN.
HEY, BOSS? SOLLTE DER TOTE KOMISCHE GERÄUSCHE MACHEN?
ZUM BEISPIEL EIN SUMMEN.
WOHL KAUM. WAS FÜR KOMISCHE GERÄUSCHE?
BZZZZZ
HAHAHA!
OH. ICH KAPIER'S. DAS IST WITZIG.
KILLER MOTH, ZEIT, DIE MOTTE ZU MACHEN ...
BZZZZ

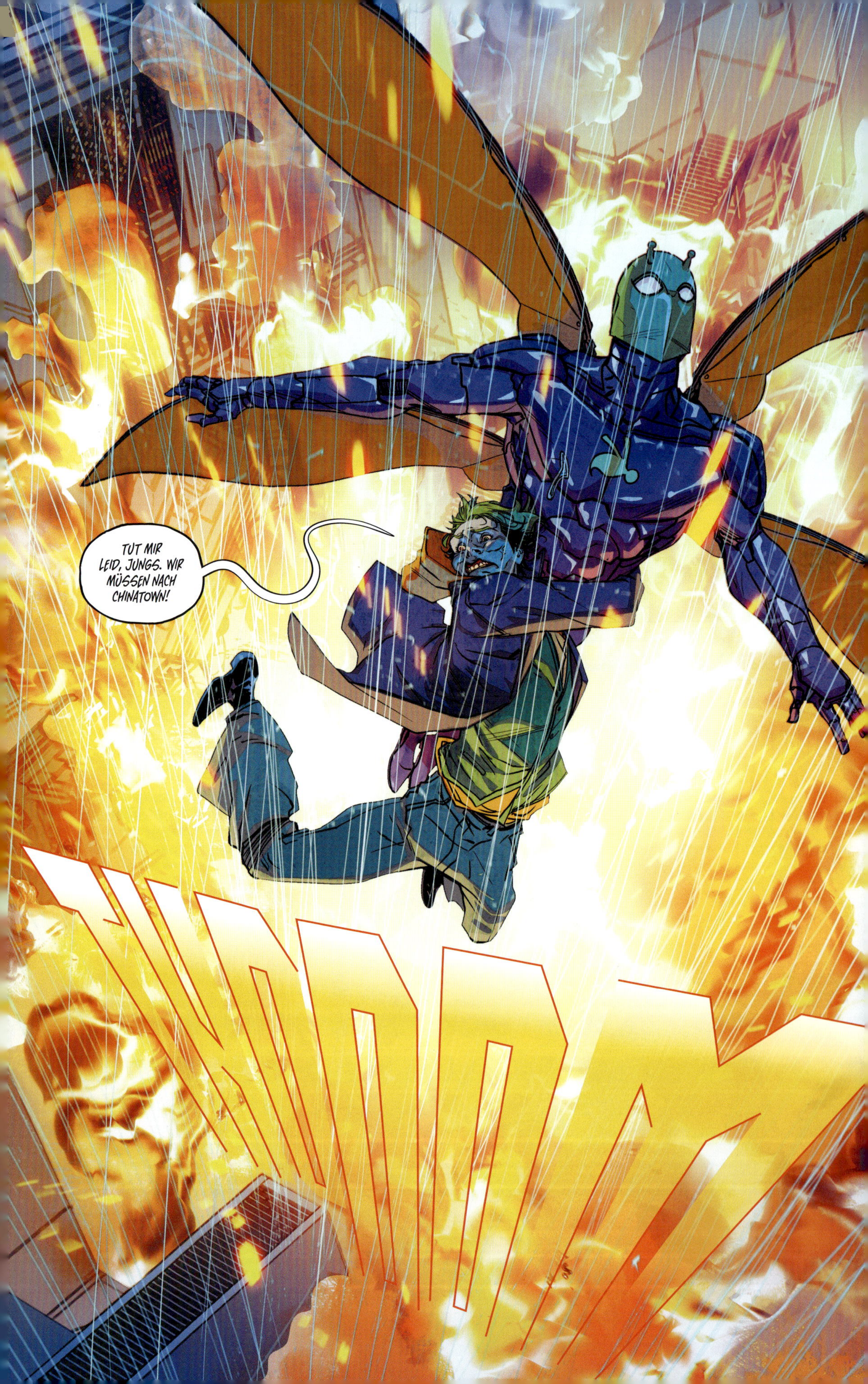
TUT MIR LEID, JUNGS. WIR MÜSSEN NACH CHINATOWN!

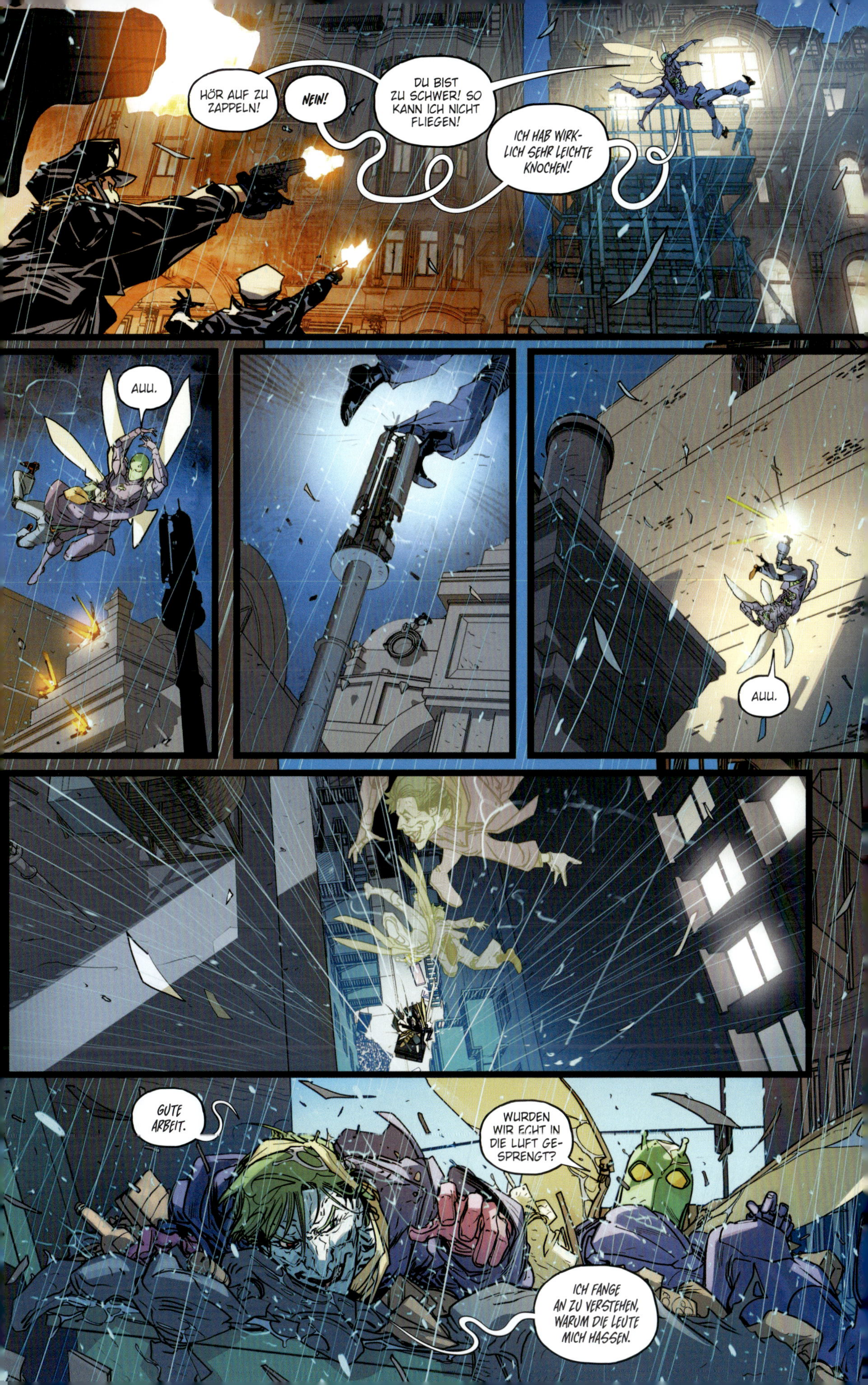
HÖR AUF ZU ZAPPELN!
NEIN!
DU BIST ZU SCHWER! SO KANN ICH NICHT FLIEGEN!
ICH HAB WIRKLICH SEHR LEICHTE KNOCHEN!
AUU.
AUU.
GUTE ARBEIT.
WURDEN WIR ECHT IN DIE LUFT GESPRENGT?
ICH FANGE AN ZU VERSTEHEN, WARUM DIE LEUTE MICH HASSEN.

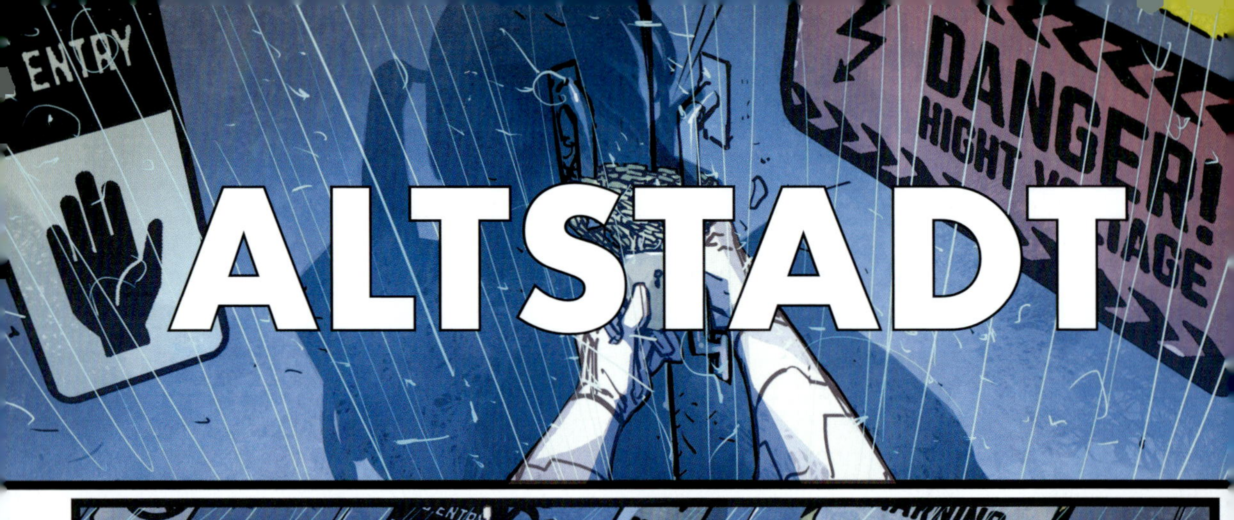
ENTRY
DANGER!
HIGHT VOLTAGE
ALTSTADT

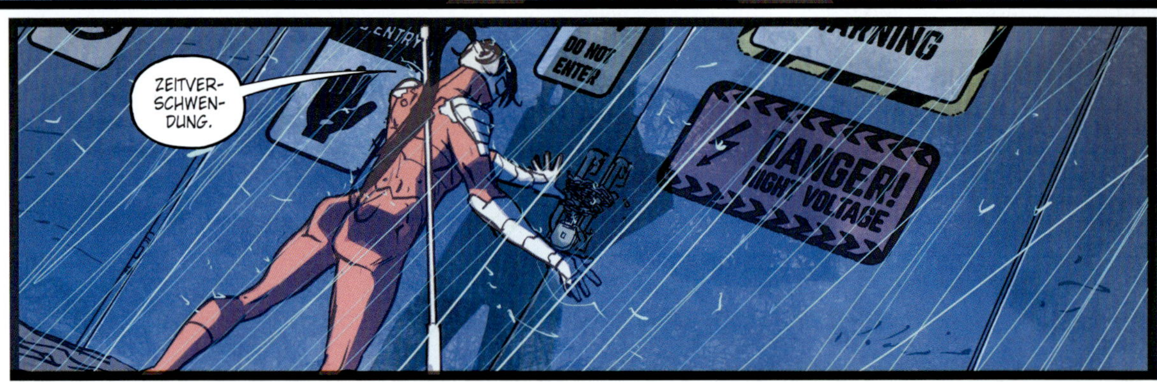
ZEITVER-SCHWEN-DUNG.
ENTRY
DO NOT ENTER
WARNING
DANGER!
HIGHT VOLTAGE

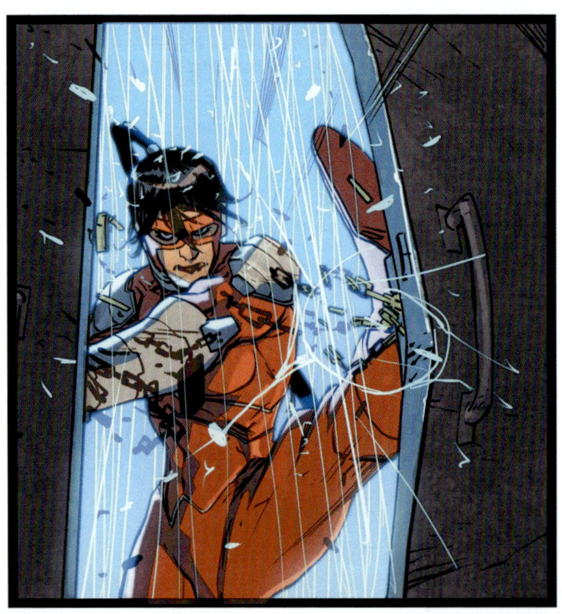

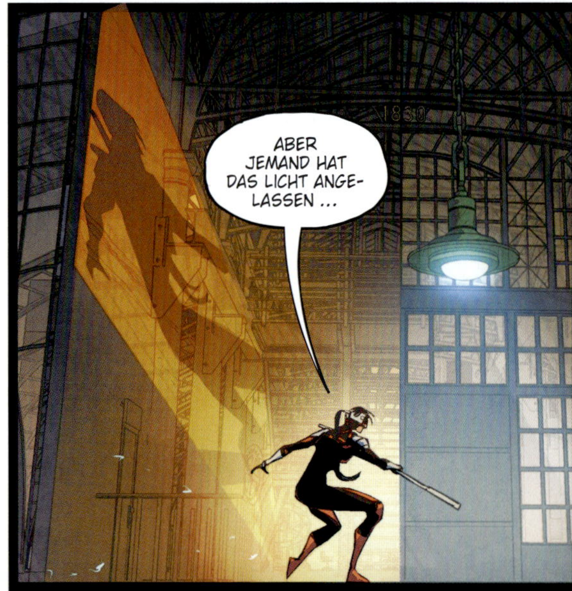
ABER JEMAND HAT DAS LICHT ANGE-LASSEN ...

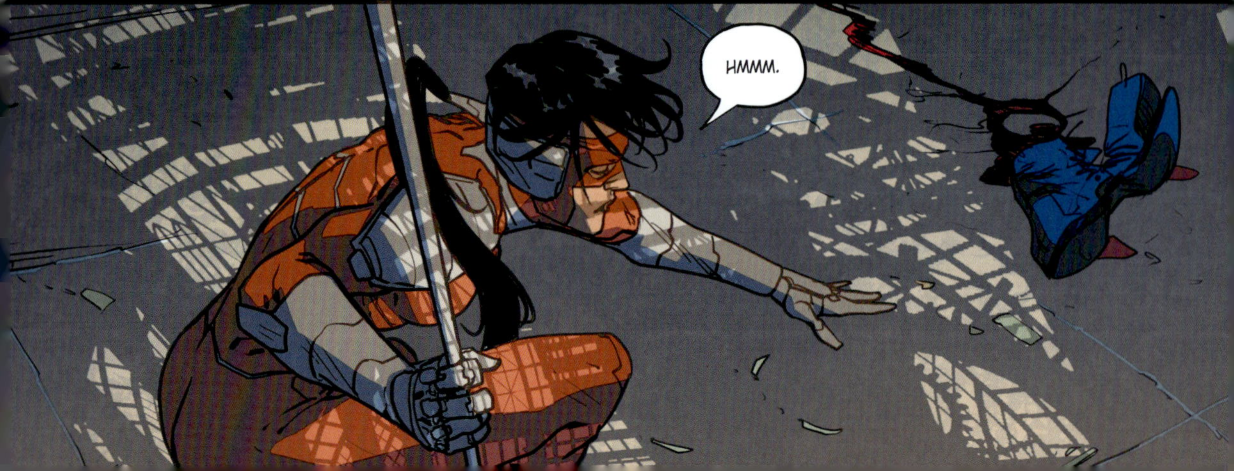
HMMM.

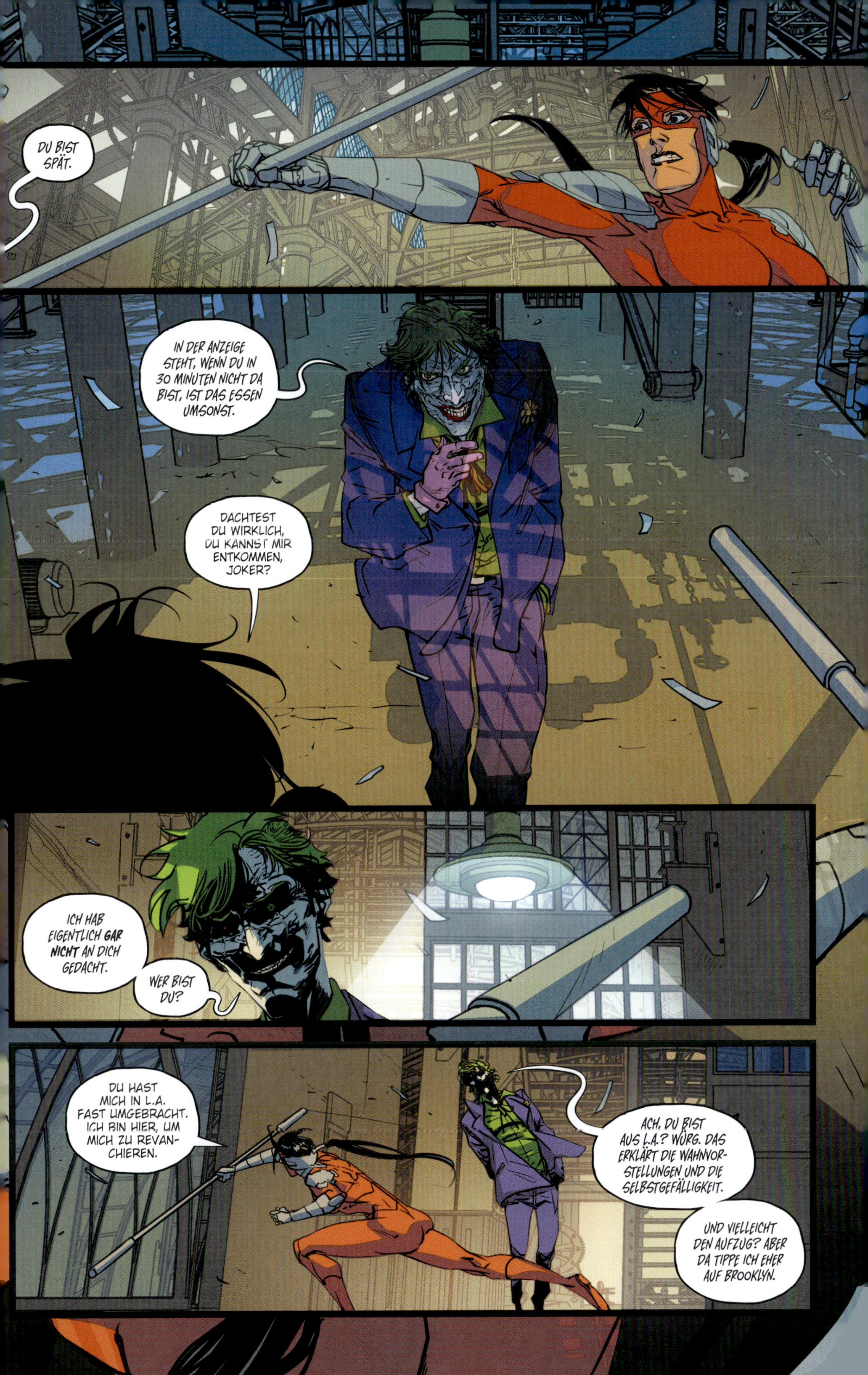
DU BIST SPÄT.
IN DER ANZEIGE STEHT, WENN DU IN 30 MINUTEN NICHT DA BIST, IST DAS ESSEN UMSONST.
DACHTEST DU WIRKLICH, DU KANNST MIR ENTKOMMEN, JOKER?
ICH HAB EIGENTLICH GAR NICHT AN DICH GEDACHT.
WER BIST DU?
DU HAST MICH IN L.A. FAST UMGEBRACHT. ICH BIN HIER, UM MICH ZU REVANCHIEREN.
ACH, DU BIST AUS L.A.? WÜRG. DAS ERKLÄRT DIE WAHNVORSTELLUNGEN UND DIE SELBSTGEFÄLLIGKEIT.
UND VIELLEICHT DEN AUFZUG? ABER DA TIPPE ICH EHER AUF BROOKLYN.

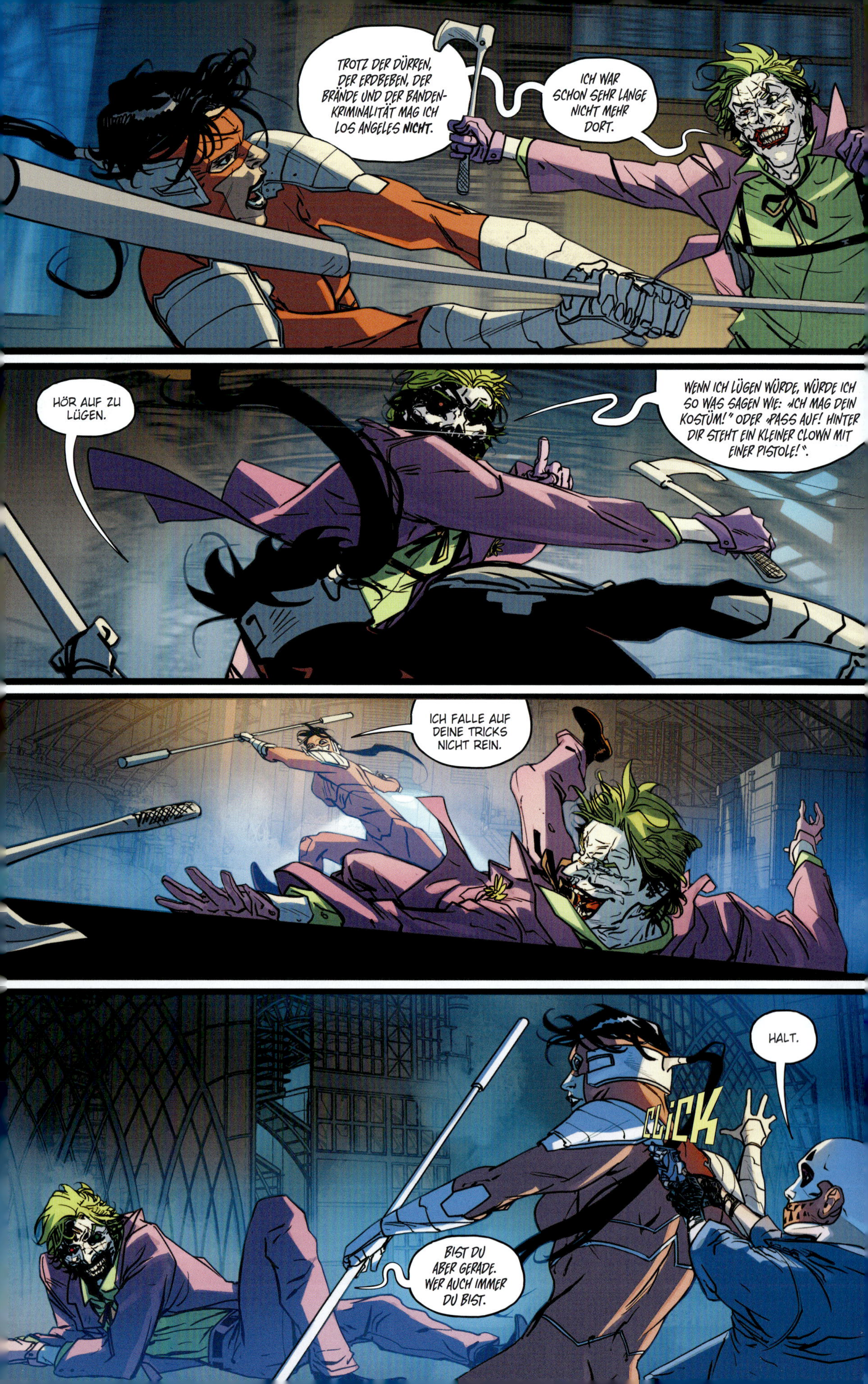

TROTZ DER DÜRREN, DER ERDBEBEN, DER BRÄNDE UND DER BANDEN-KRIMINALITÄT MAG ICH LOS ANGELES **NICHT**.

ICH WAR SCHON SEHR LANGE NICHT MEHR DORT.

HÖR AUF ZU LÜGEN.

WENN ICH LÜGEN WÜRDE, WÜRDE ICH SO WAS SAGEN WIE: »ICH MAG DEIN KOSTÜM!« ODER »PASS AUF! HINTER DIR STEHT EIN KLEINER CLOWN MIT EINER PISTOLE!«.

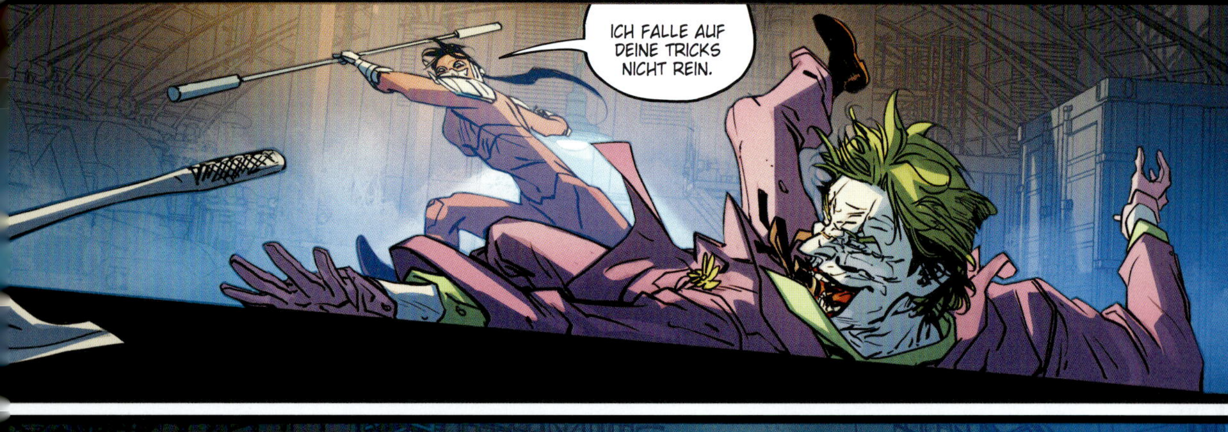

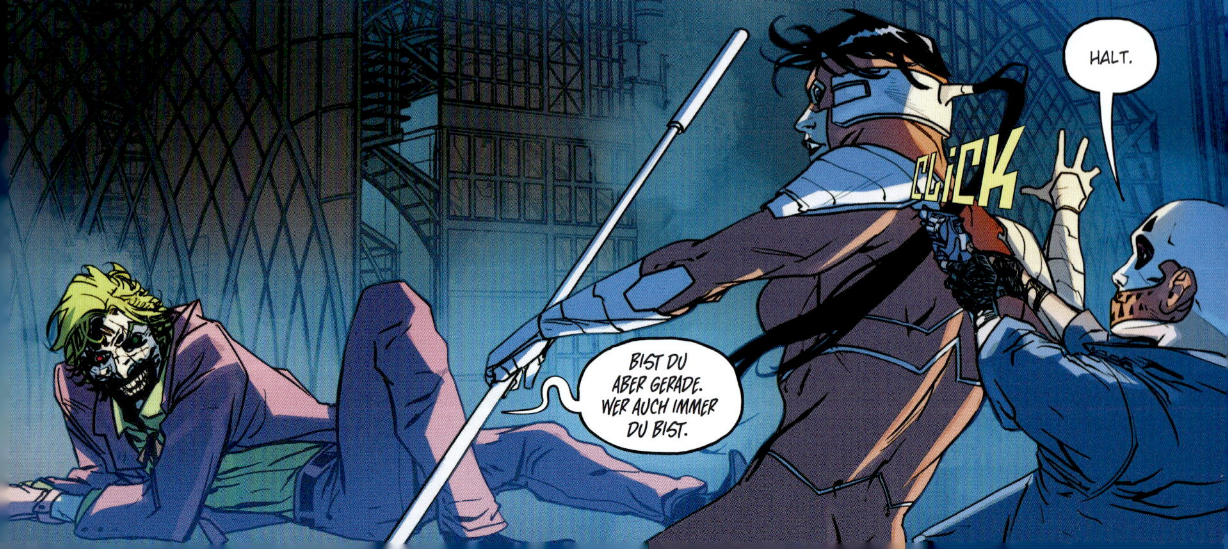

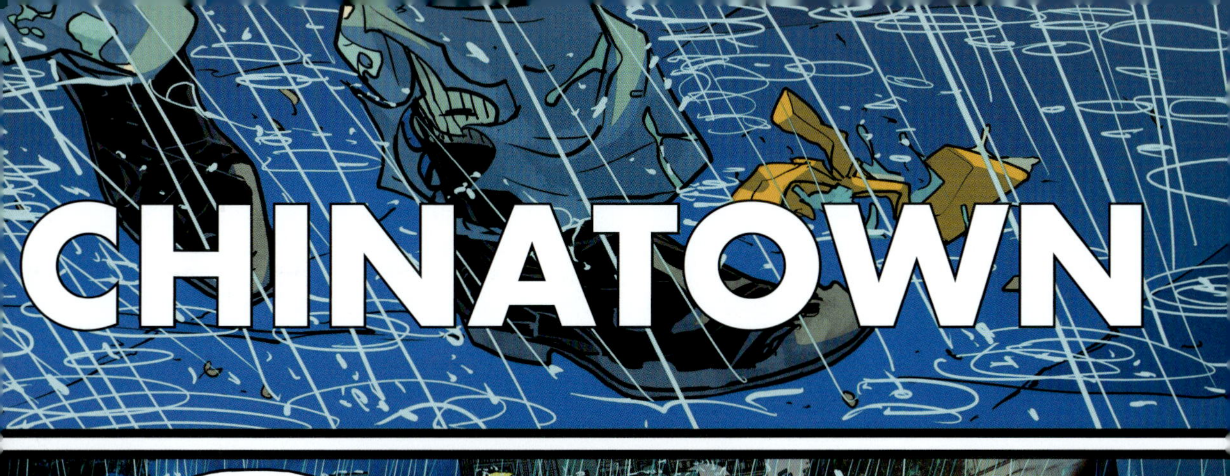
CHINATOWN

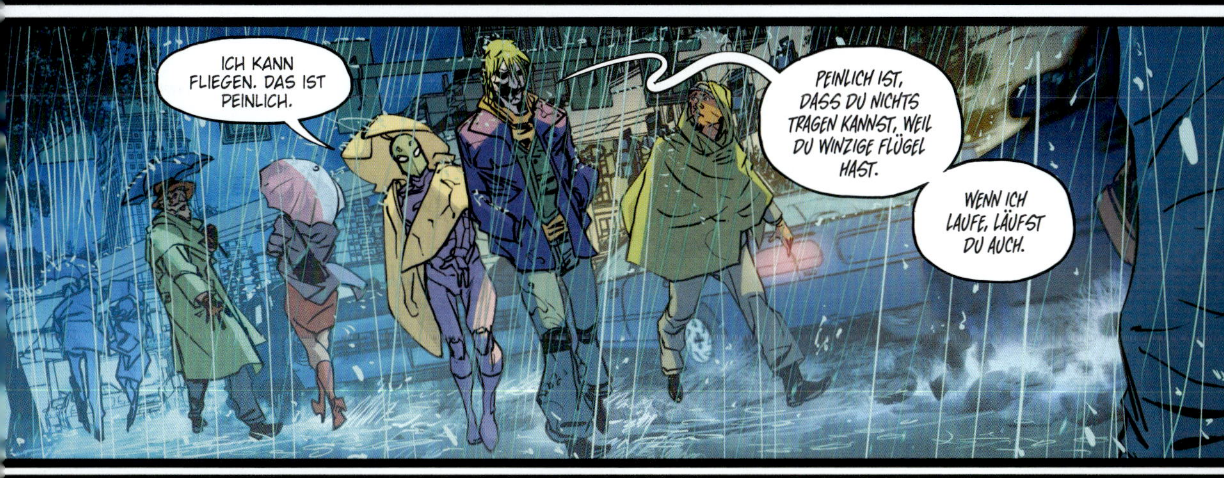
ICH KANN FLIEGEN. DAS IST PEINLICH.
PEINLICH IST, DASS DU NICHTS TRAGEN KANNST, WEIL DU WINZIGE FLÜGEL HAST.
WENN ICH LAUFE, LÄUFST DU AUCH.

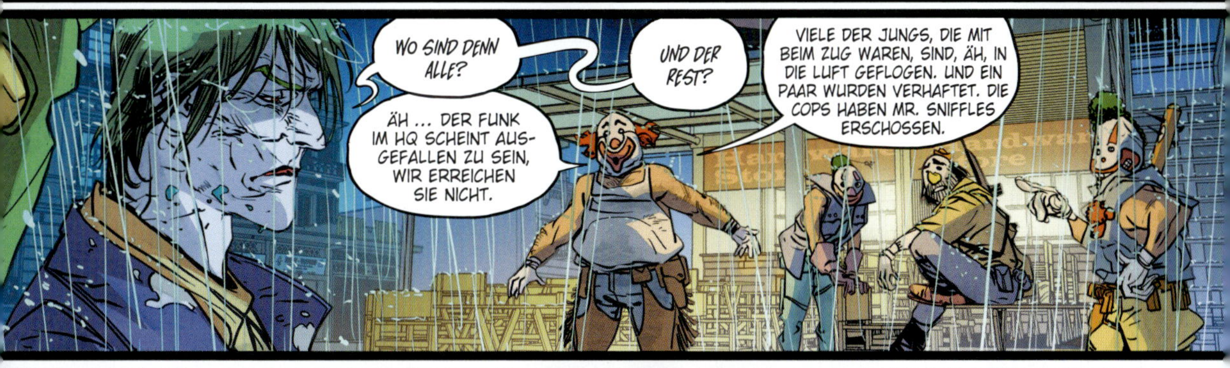
WO SIND DENN ALLE?
ÄH ... DER FUNK IM HQ SCHEINT AUSGEFALLEN ZU SEIN, WIR ERREICHEN SIE NICHT.
UND DER REST?
VIELE DER JUNGS, DIE MIT BEIM ZUG WAREN, SIND, ÄH, IN DIE LUFT GEFLOGEN. UND EIN PAAR WURDEN VERHAFTET. DIE COPS HABEN MR. SNIFFLES ERSCHOSSEN.

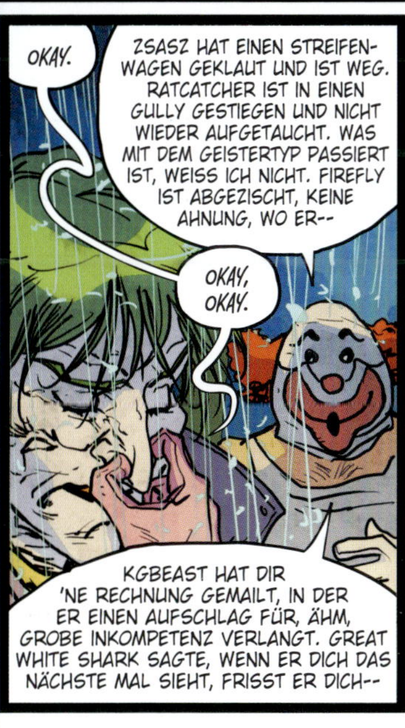
OKAY.
ZSASZ HAT EINEN STREIFENWAGEN GEKLAUT UND IST WEG. RATCATCHER IST IN EINEN GULLY GESTIEGEN UND NICHT WIEDER AUFGETAUCHT. WAS MIT DEM GEISTERTYP PASSIERT IST, WEISS ICH NICHT. FIREFLY IST ABGEZISCHT, KEINE AHNUNG, WO ER--
OKAY, OKAY.
KGBEAST HAT DIR 'NE RECHNUNG GEMAILT, IN DER ER EINEN AUFSCHLAG FÜR, ÄHM, GROBE INKOMPETENZ VERLANGT. GREAT WHITE SHARK SAGTE, WENN ER DICH DAS NÄCHSTE MAL SIEHT, FRISST ER DICH--

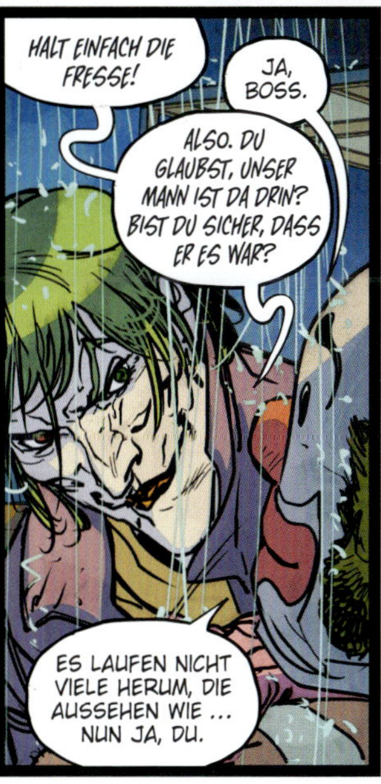
HALT EINFACH DIE FRESSE!
JA, BOSS.
ALSO. DU GLAUBST, UNSER MANN IST DA DRIN? BIST DU SICHER, DASS ER ES WAR?
ES LAUFEN NICHT VIELE HERUM, DIE AUSSEHEN WIE ... NUN JA, DU.

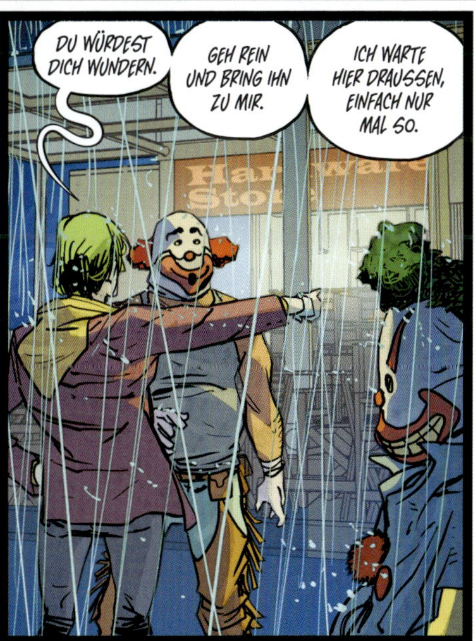
DU WÜRDEST DICH WUNDERN.
GEH REIN UND BRING IHN ZU MIR.
ICH WARTE HIER DRAUSSEN, EINFACH NUR MAL SO.

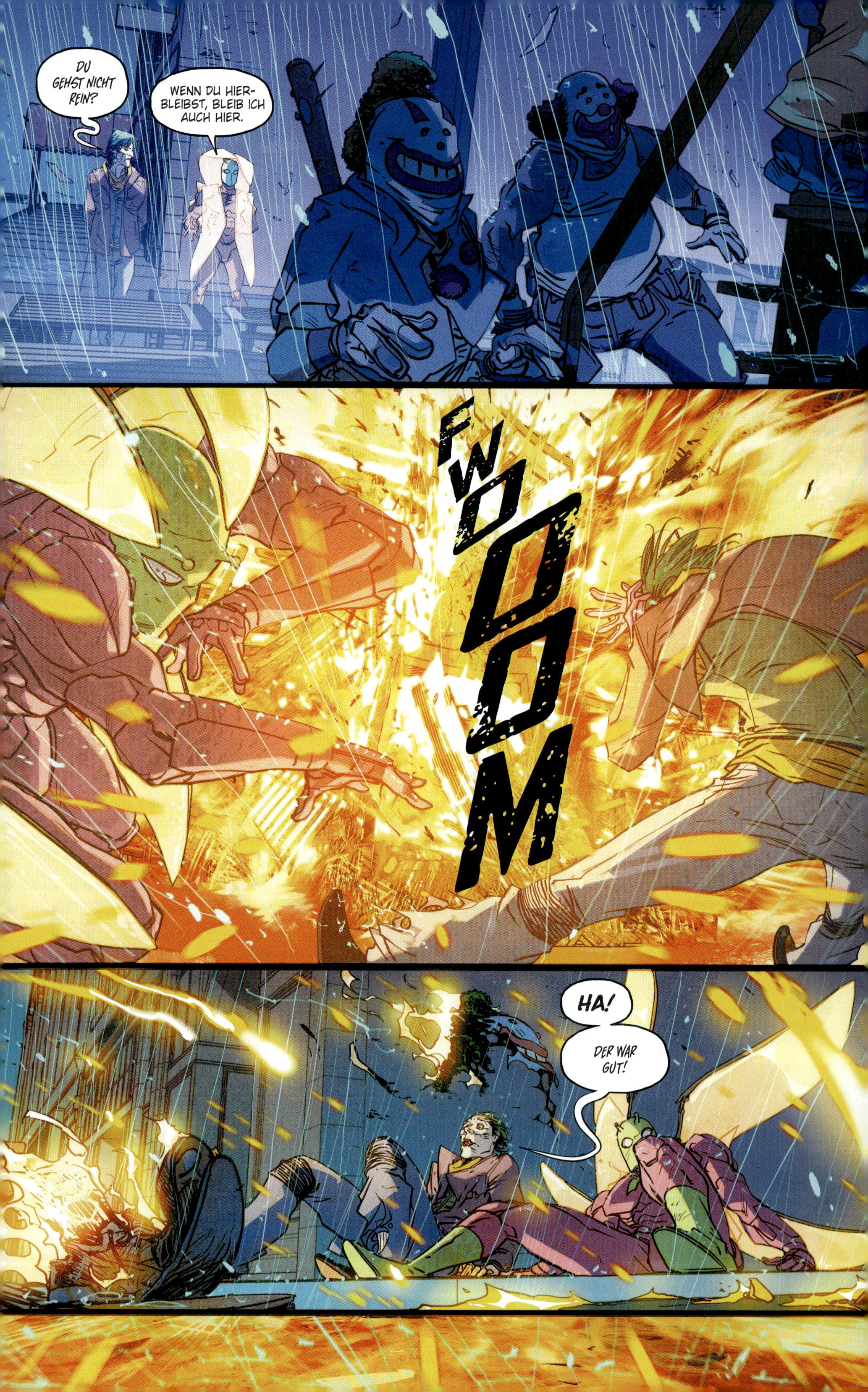
DU GEHST NICHT REIN?
WENN DU HIER-BLEIBST, BLEIB ICH AUCH HIER.
FWOOOM
HA!
DER WAR GUT!

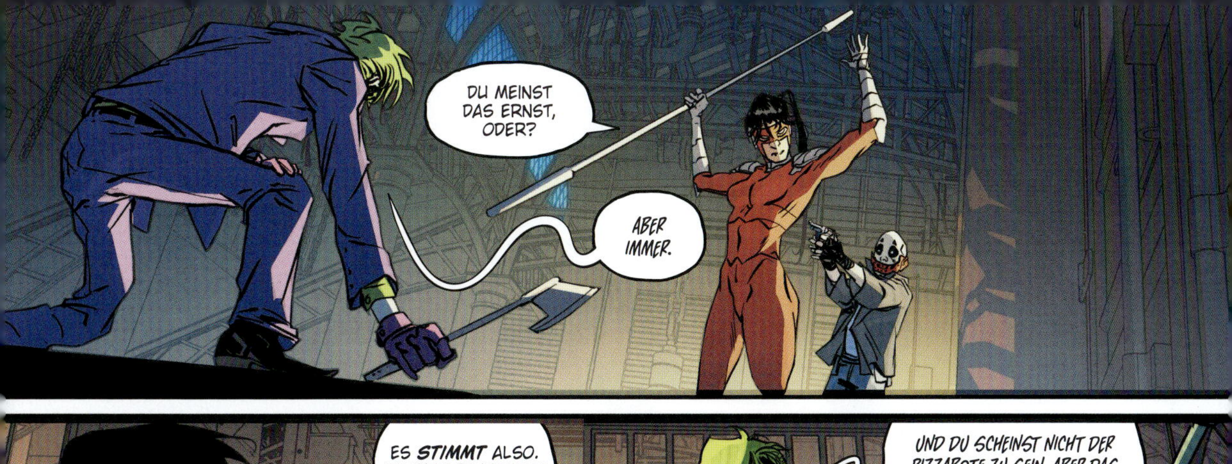
DU MEINST DAS ERNST, ODER?
ABER IMMER.

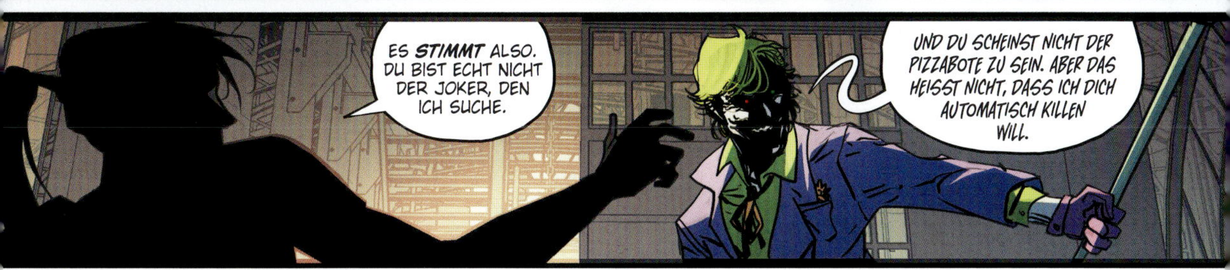
ES STIMMT ALSO. DU BIST ECHT NICHT DER JOKER, DEN ICH SUCHE.
UND DU SCHEINST NICHT DER PIZZABOTE ZU SEIN. ABER DAS HEISST NICHT, DASS ICH DICH AUTOMATISCH KILLEN WILL.

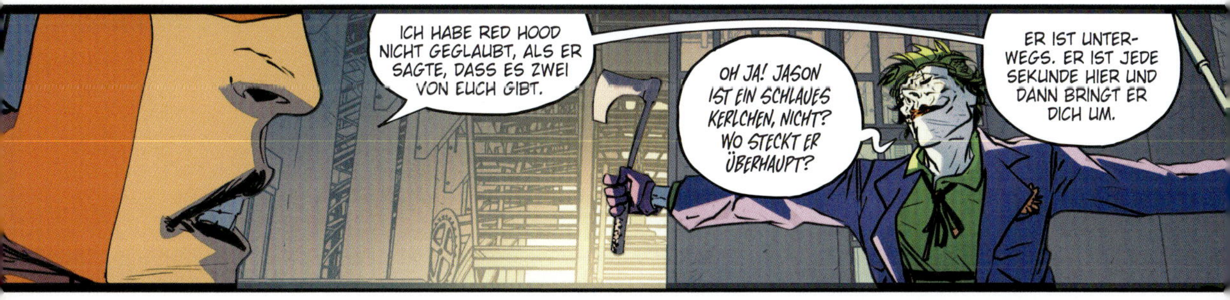
ICH HABE RED HOOD NICHT GEGLAUBT, ALS ER SAGTE, DASS ES ZWEI VON EUCH GIBT.
OH JA! JASON IST EIN SCHLAUES KERLCHEN, NICHT? WO STECKT ER ÜBERHAUPT?
ER IST UNTER-WEGS. ER IST JEDE SEKUNDE HIER UND DANN BRINGT ER DICH UM.

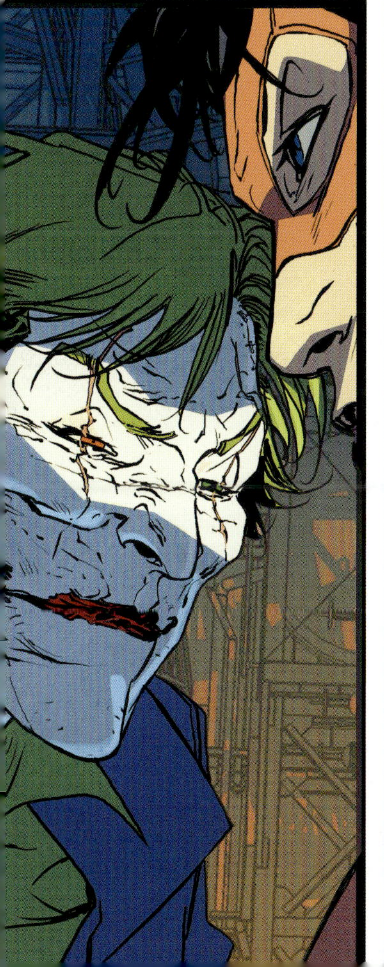

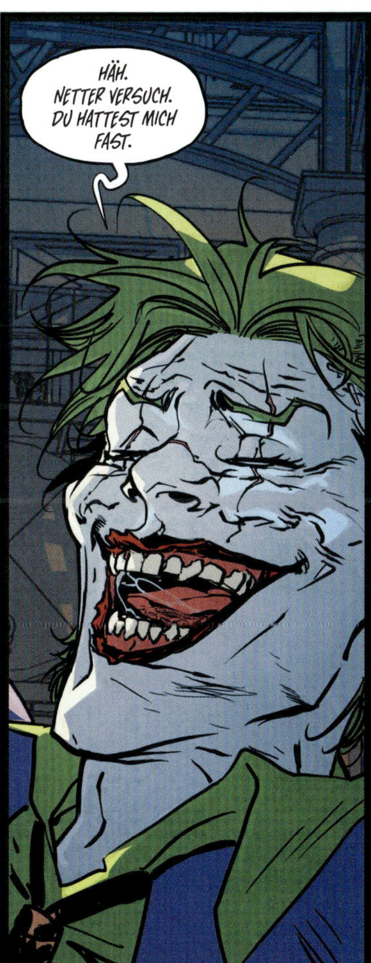
HÄH. NETTER VERSUCH. DU HATTEST MICH FAST.

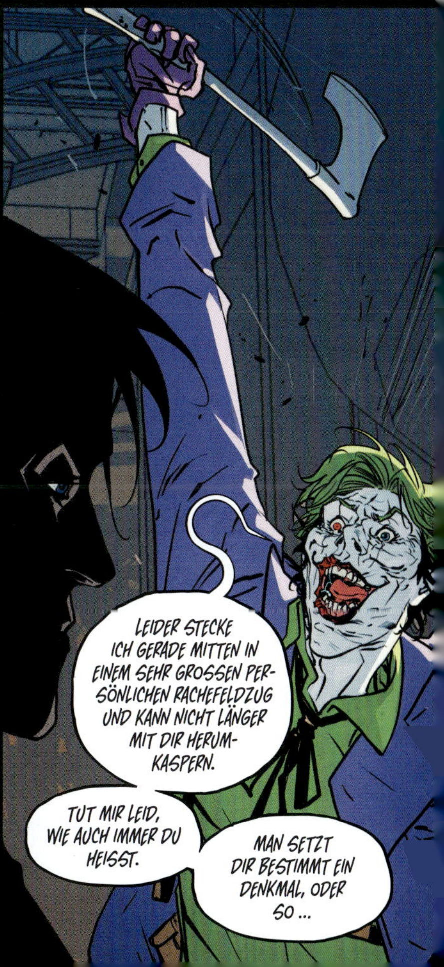
LEIDER STECKE ICH GERADE MITTEN IN EINEM SEHR GROSSEN PER-SÖNLICHEN RACHEFELDZUG UND KANN NICHT LÄNGER MIT DIR HERUM-KASPERN.
TUT MIR LEID, WIE AUCH IMMER DU HEISST.
MAN SETZT DIR BESTIMMT EIN DENKMAL, ODER SO ...

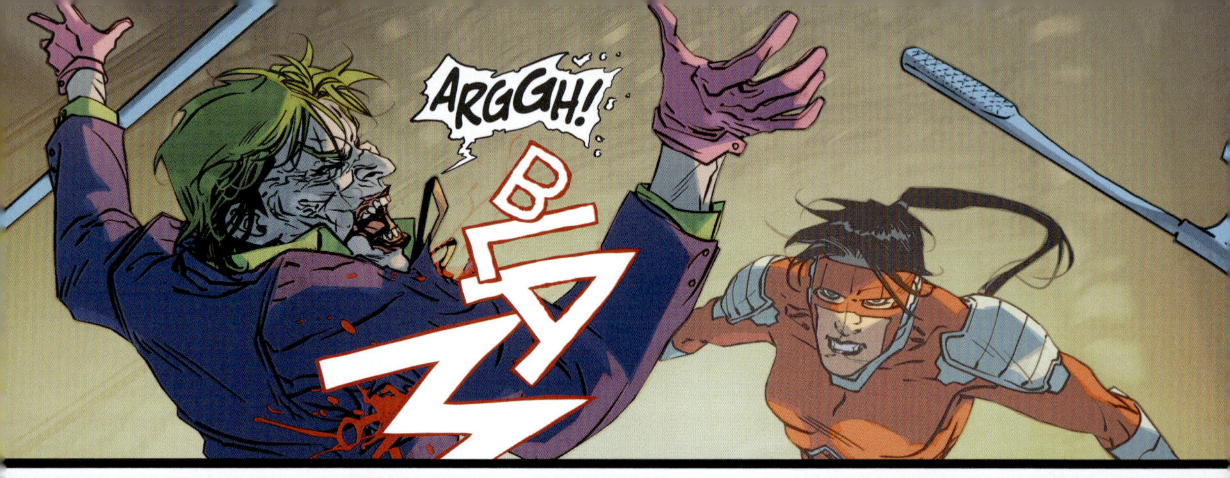
ARGGH!
BLAM
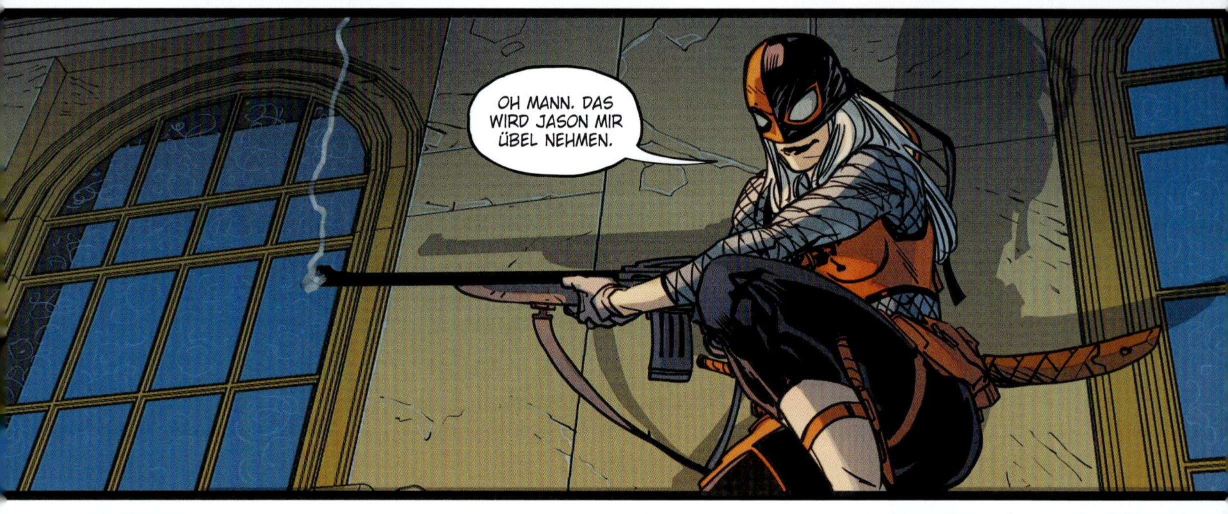
OH MANN. DAS WIRD JASON MIR ÜBEL NEHMEN.
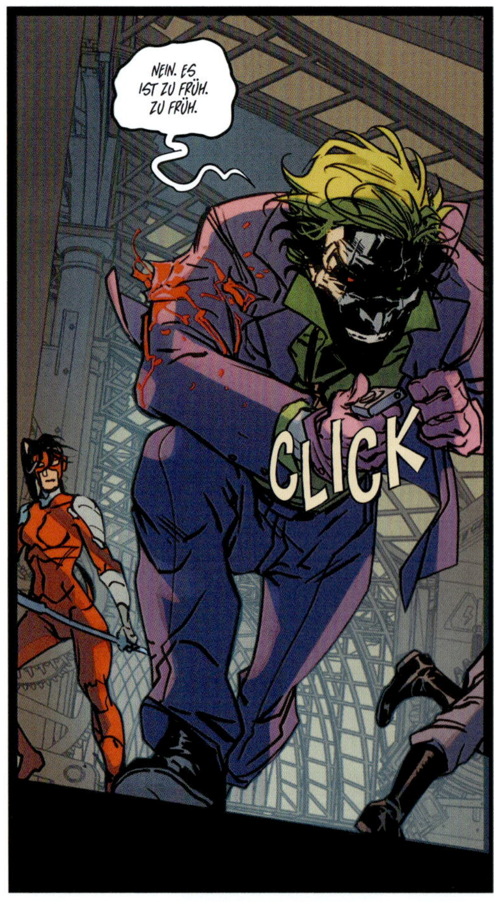
NEIN. ES IST ZU FRÜH. ZU FRÜH.
CLICK
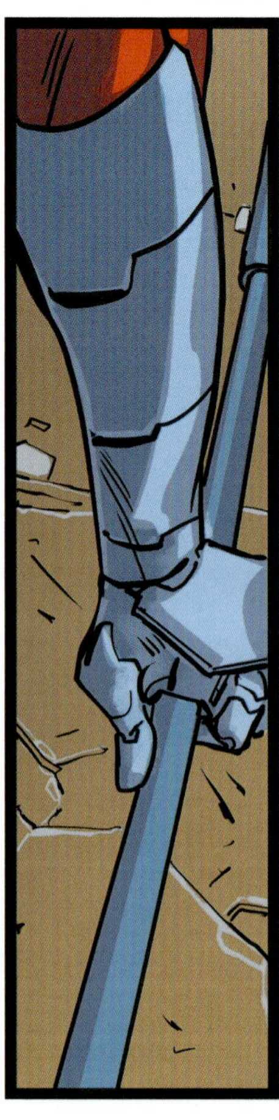
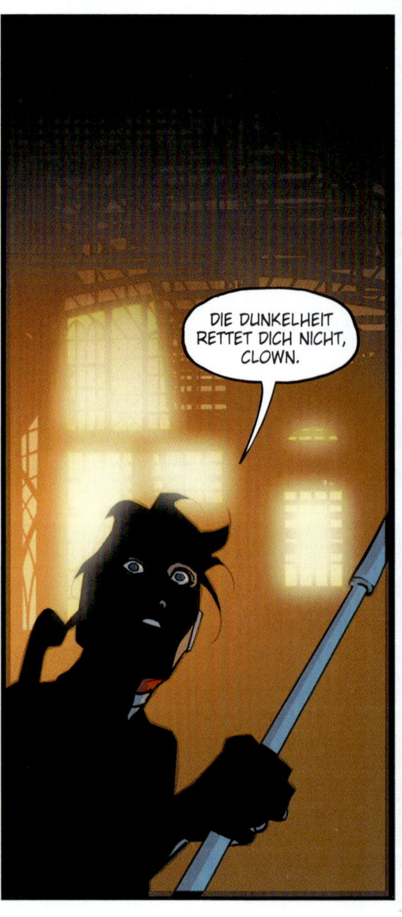
DIE DUNKELHEIT RETTET DICH NICHT, CLOWN.

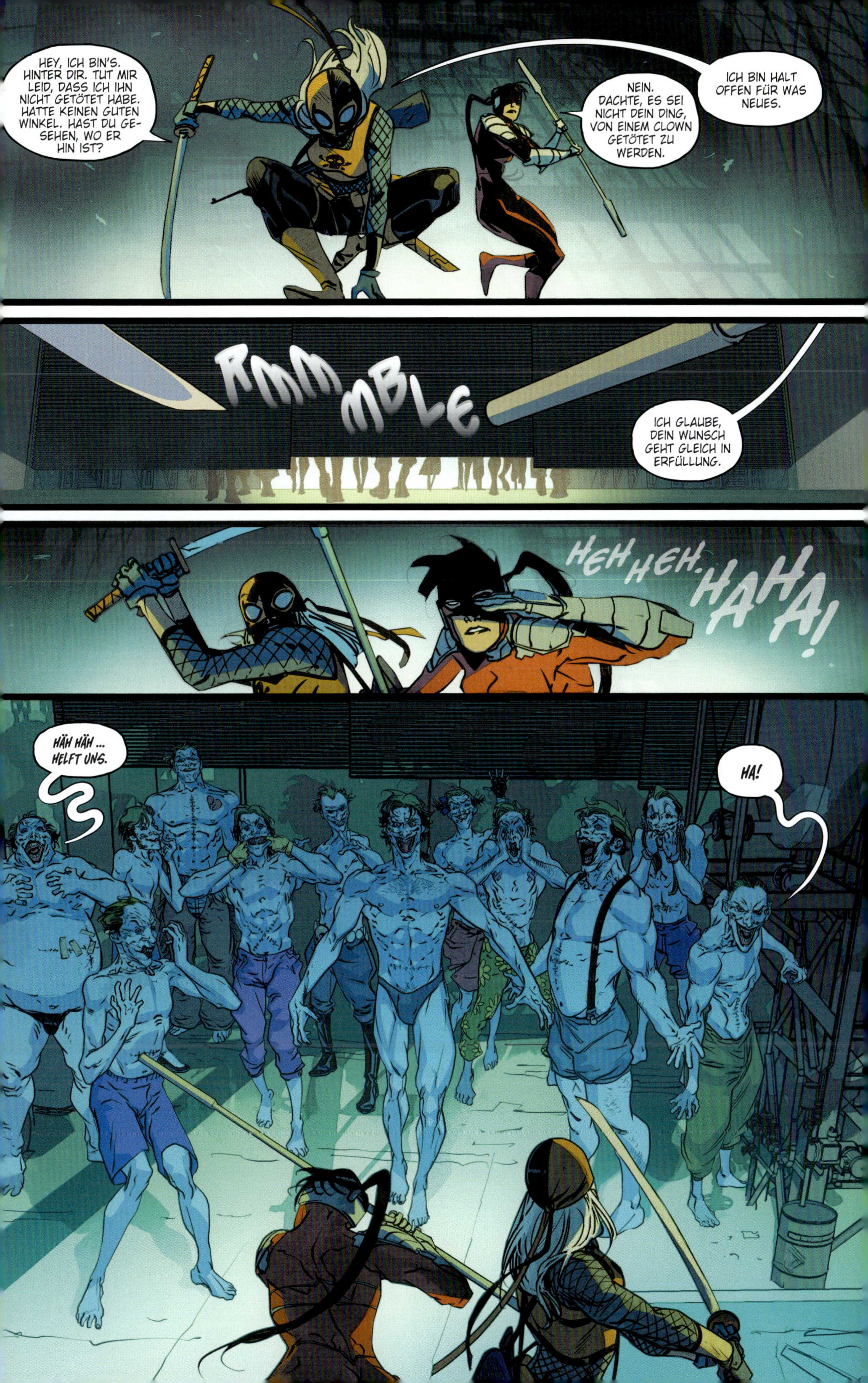

HEY, ICH BIN'S. HINTER DIR. TUT MIR LEID, DASS ICH IHN NICHT GETÖTET HABE. HATTE KEINEN GUTEN WINKEL. HAST DU GESEHEN, WO ER HIN IST?

NEIN. DACHTE, ES SEI NICHT DEIN DING, VON EINEM CLOWN GETÖTET ZU WERDEN.

ICH BIN HALT OFFEN FÜR WAS NEUES.

RMMMBLE

ICH GLAUBE, DEIN WUNSCH GEHT GLEICH IN ERFÜLLUNG.

HEH HEH. HAHA!

HÄH HÄH ... HELFT UNS.

HA!

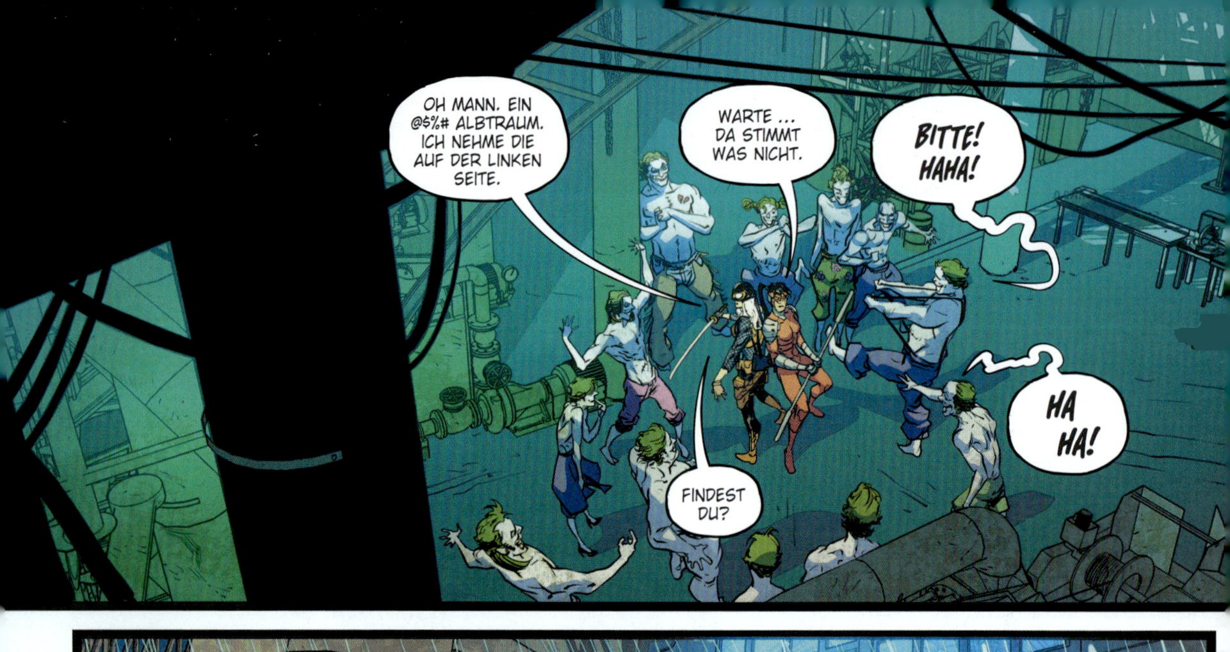
OH MANN. EIN @$%# ALBTRAUM. ICH NEHME DIE AUF DER LINKEN SEITE.
WARTE ... DA STIMMT WAS NICHT.
BITTE! HAHA!
FINDEST DU?
HA HA!

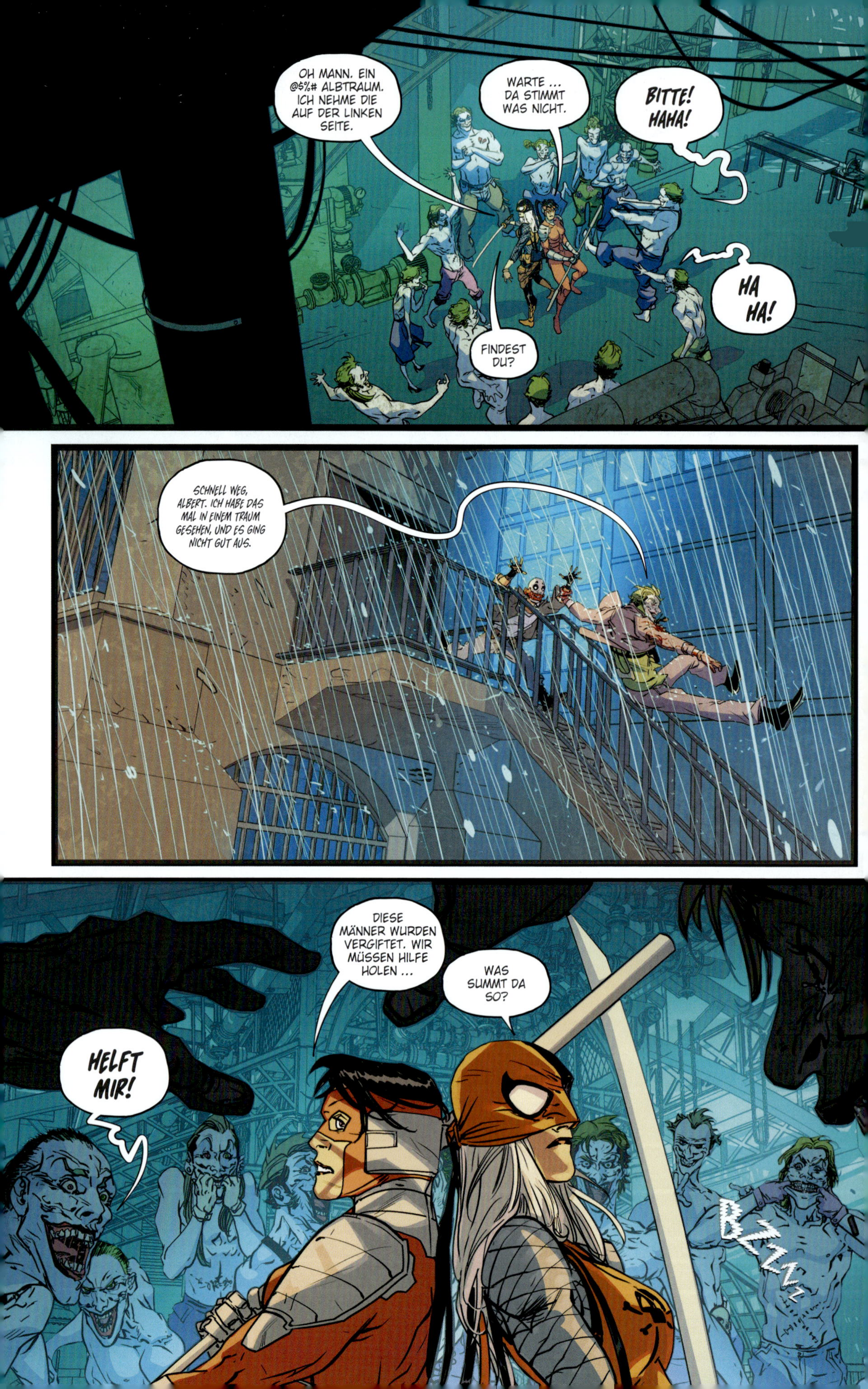

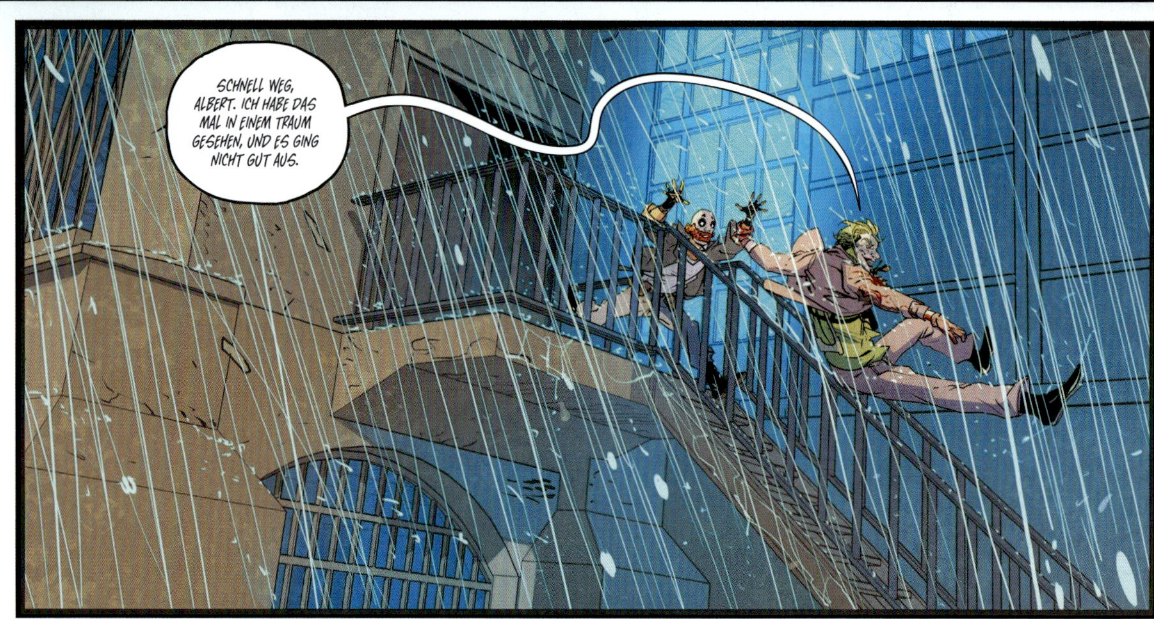
SCHNELL WEG, ALBERT. ICH HABE DAS MAL IN EINEM TRAUM GESEHEN, UND ES GING NICHT GUT AUS.

DIESE MÄNNER WURDEN VERGIFTET. WIR MÜSSEN HILFE HOLEN ...
WAS SUMMT DA SO?
HELFT MIR!
BZZZZ

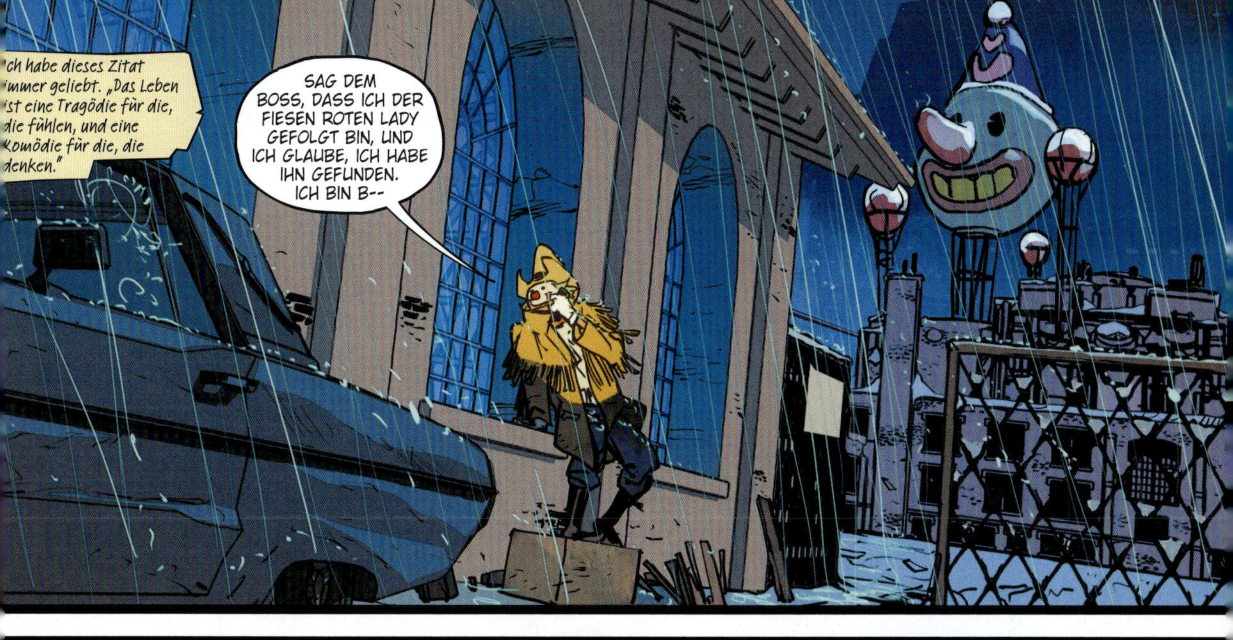
ch habe dieses Zitat immer geliebt. „Das Leben ist eine Tragödie für die, die fühlen, und eine Komödie für die, die denken."
SAG DEM BOSS, DASS ICH DER FIESEN ROTEN LADY GEFOLGT BIN, UND ICH GLAUBE, ICH HABE IHN GEFUNDEN. ICH BIN B--

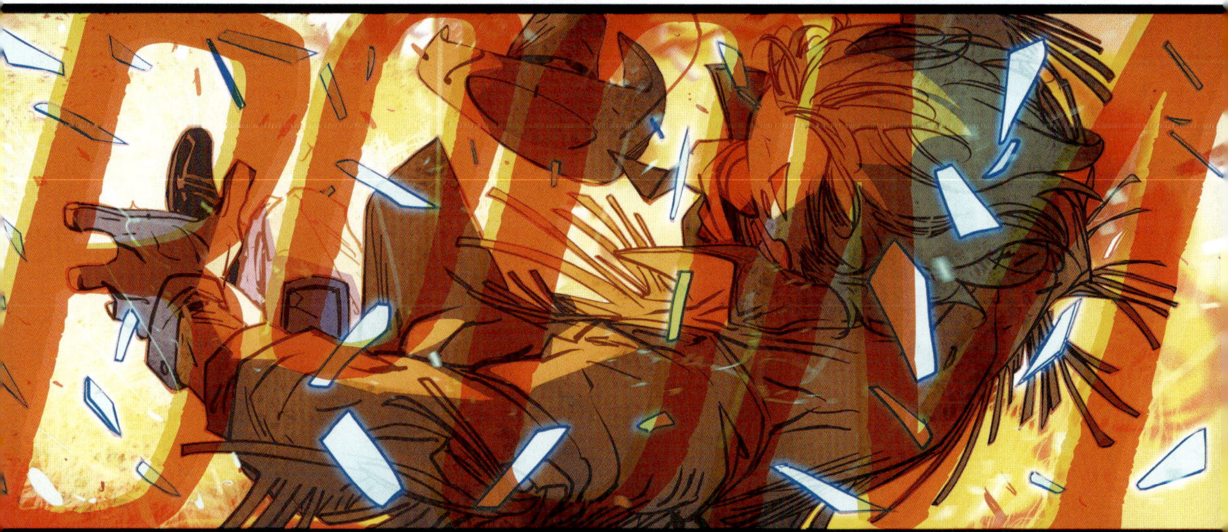

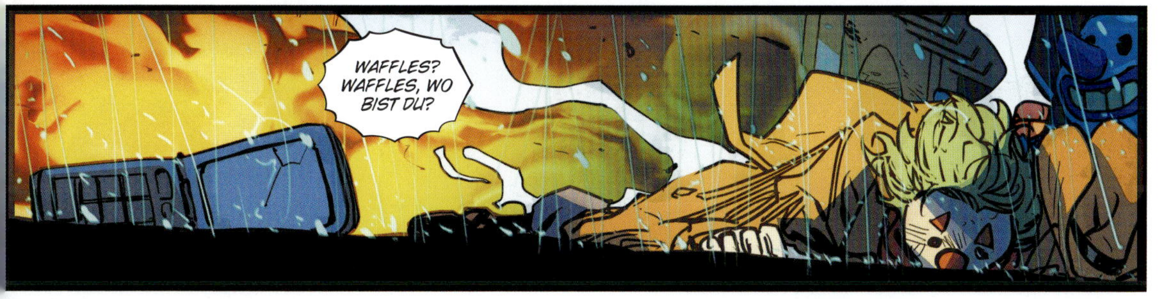
WAFFLES? WAFFLES, WO BIST DU?

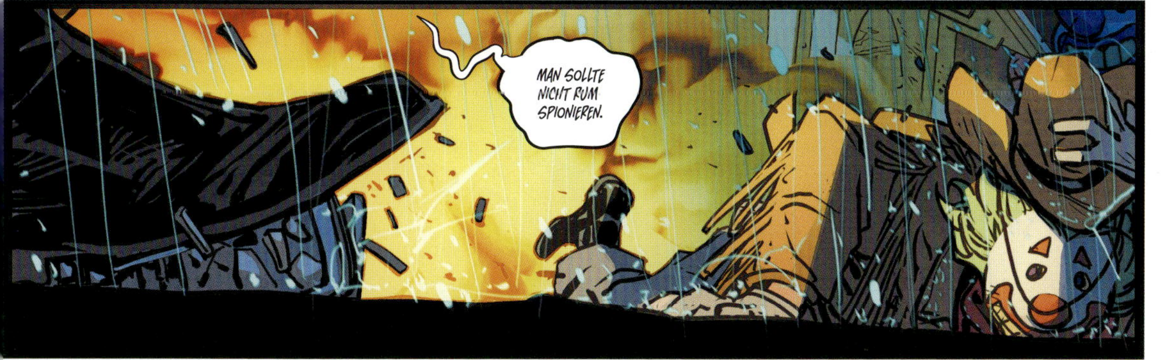
MAN SOLLTE NICHT RUM SPIONIEREN.

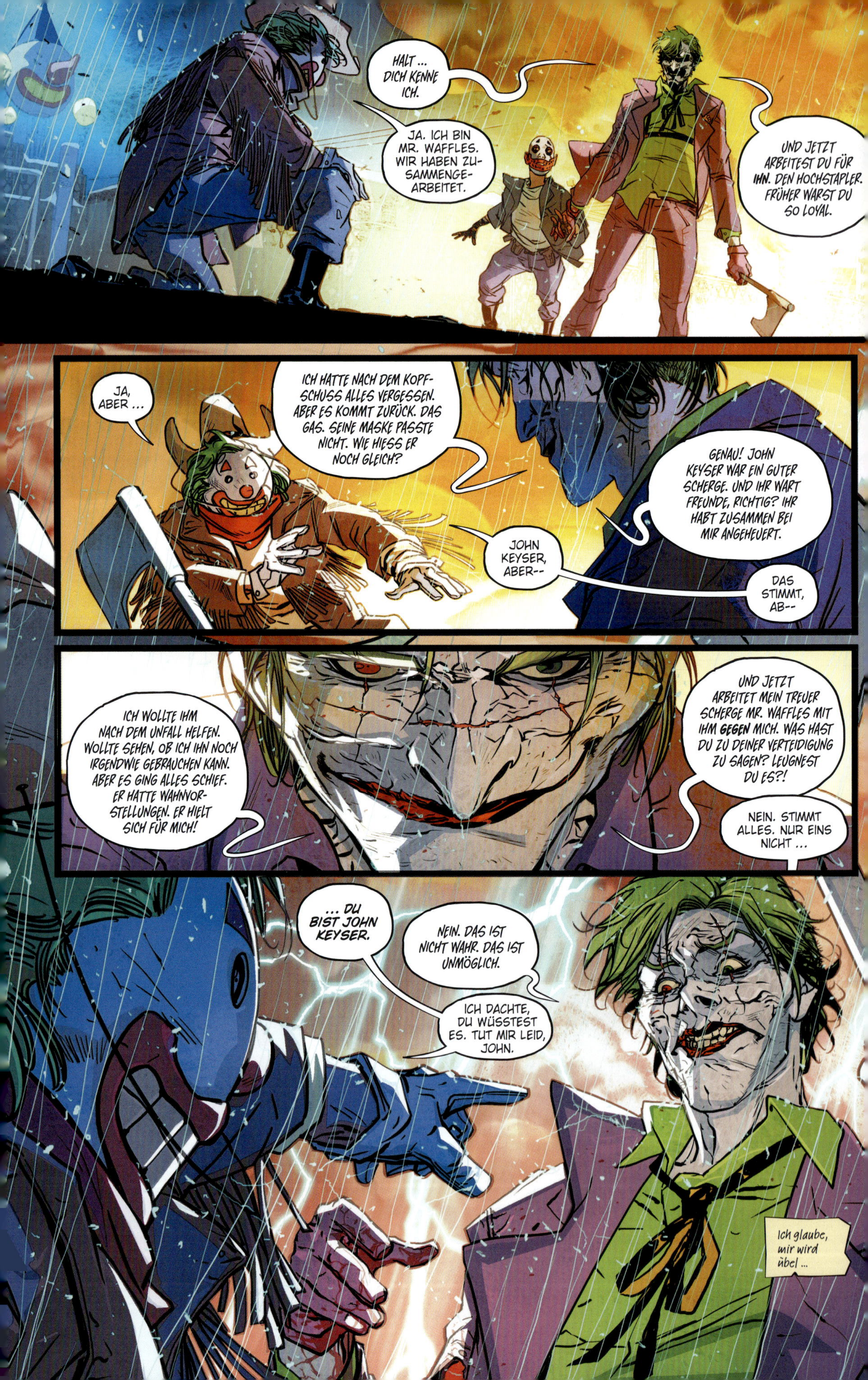
HALT ... DICH KENNE ICH.
JA. ICH BIN MR. WAFFLES. WIR HABEN ZUSAMMENGEARBEITET.
UND JETZT ARBEITEST DU FÜR IHN. DEN HOCHSTAPLER. FRÜHER WARST DU SO LOYAL.
JA, ABER ...
ICH HATTE NACH DEM KOPFSCHUSS ALLES VERGESSEN. ABER ES KOMMT ZURÜCK. DAS GAS. SEINE MASKE PASSTE NICHT. WIE HIESS ER NOCH GLEICH?
GENAU! JOHN KEYSER WAR EIN GUTER SCHERGE. UND IHR WART FREUNDE, RICHTIG? IHR HABT ZUSAMMEN BEI MIR ANGEHEUERT.
JOHN KEYSER, ABER--
DAS STIMMT, AB--
ICH WOLLTE IHM NACH DEM UNFALL HELFEN. WOLLTE SEHEN, OB ICH IHN NOCH IRGENDWIE GEBRAUCHEN KANN. ABER ES GING ALLES SCHIEF. ER HATTE WAHNVORSTELLUNGEN. ER HIELT SICH FÜR MICH!
UND JETZT ARBEITET MEIN TREUER SCHERGE MR. WAFFLES MIT IHM GEGEN MICH. WAS HAST DU ZU DEINER VERTEIDIGUNG ZU SAGEN? LEUGNEST DU ES?!
NEIN. STIMMT ALLES. NUR EINS NICHT ...
... DU BIST JOHN KEYSER.
NEIN. DAS IST NICHT WAHR. DAS IST UNMÖGLICH.
ICH DACHTE, DU WÜSSTEST ES. TUT MIR LEID, JOHN.
Ich glaube, mir wird übel ...

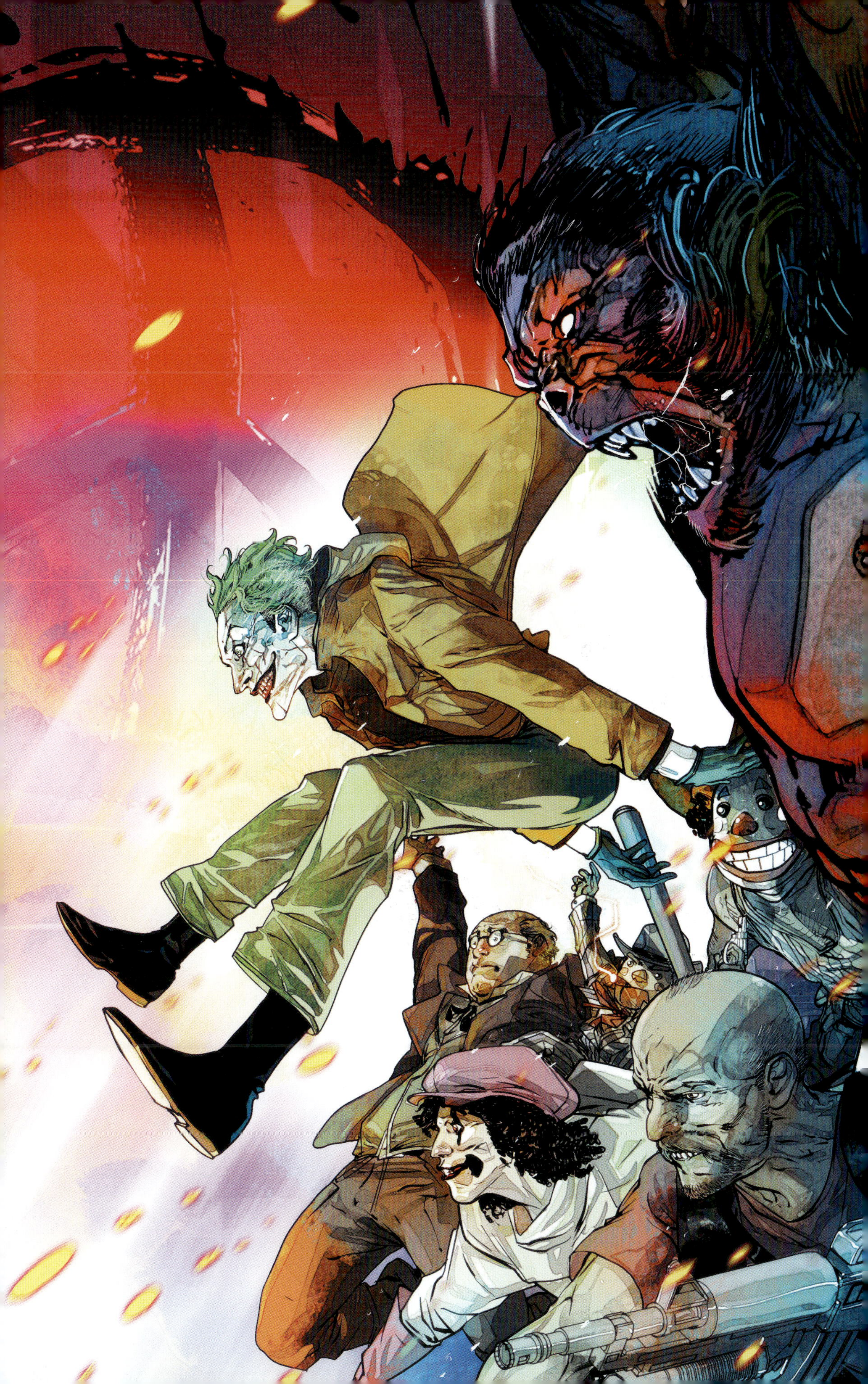

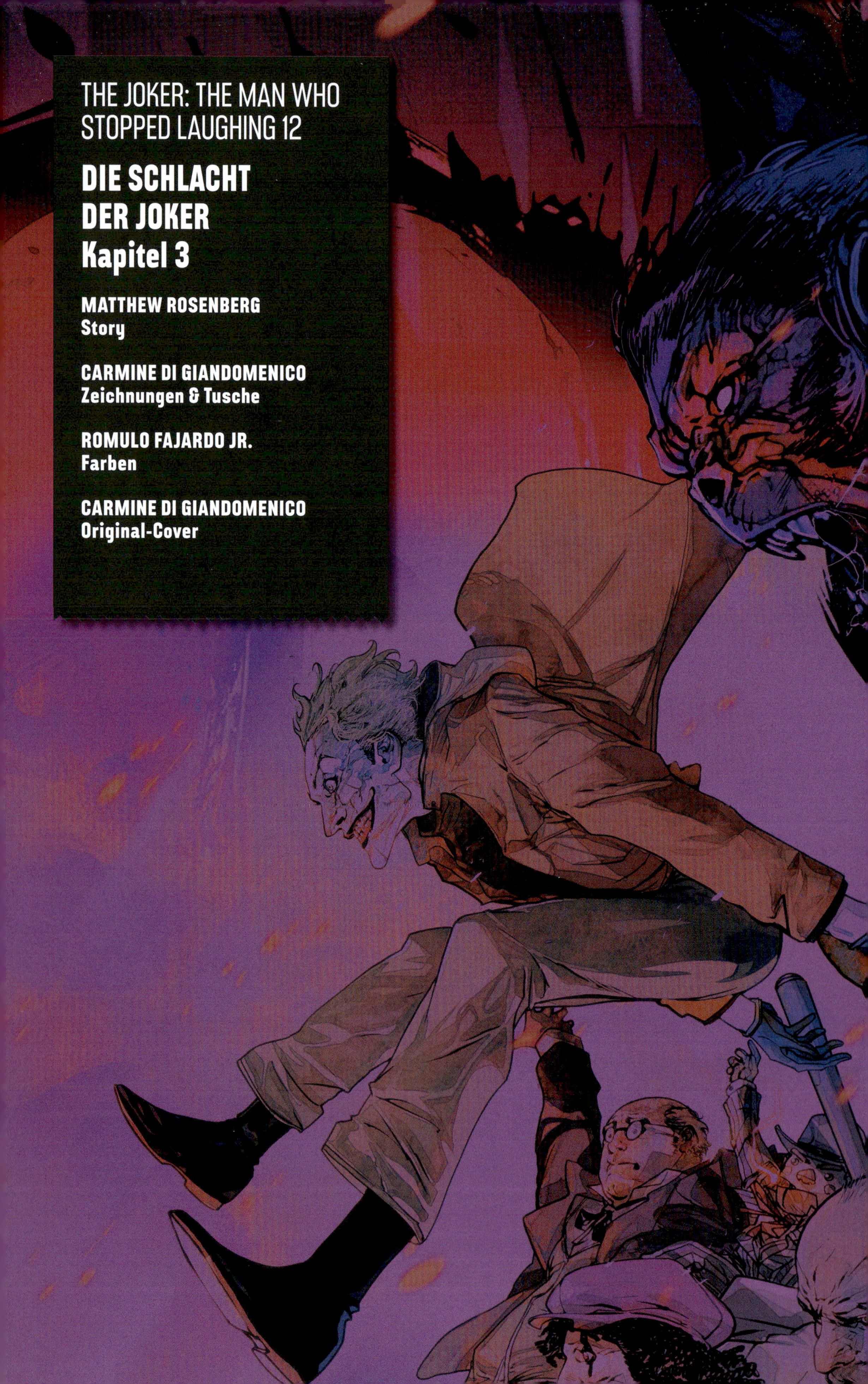
THE JOKER: THE MAN WHO STOPPED LAUGHING 12
DIE SCHLACHT DER JOKER Kapitel 3
MATTHEW ROSENBERG
Story
CARMINE DI GIANDOMENICO
Zeichnungen & Tusche
ROMULO FAJARDO JR.
Farben
CARMINE DI GIANDOMENICO
Original-Cover

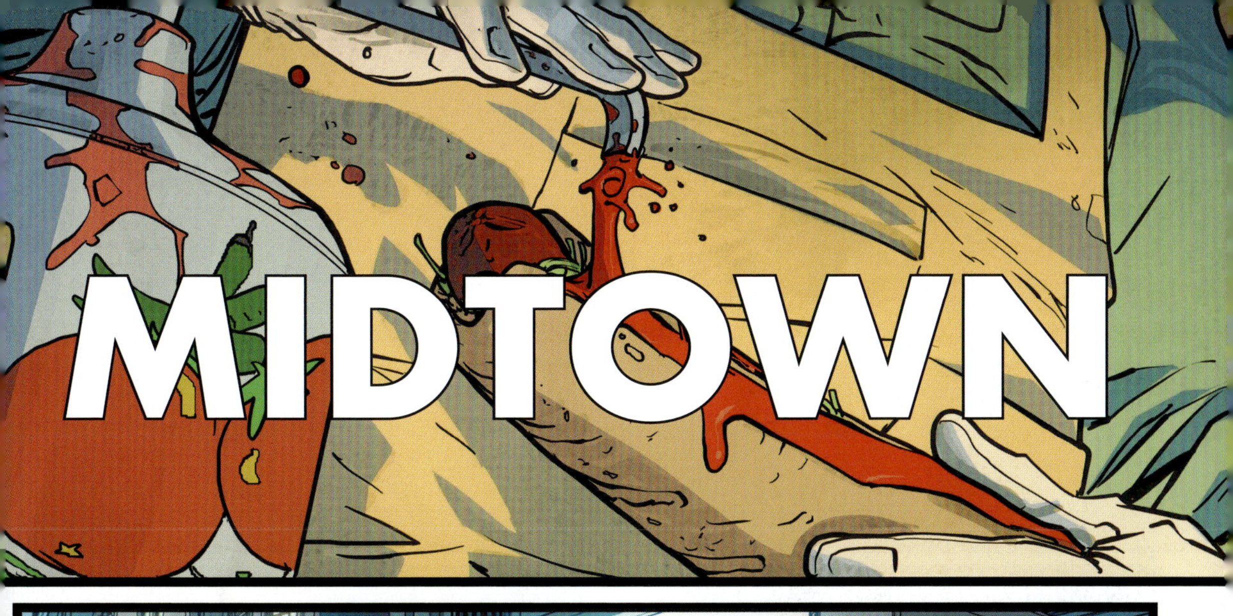
MIDTOWN

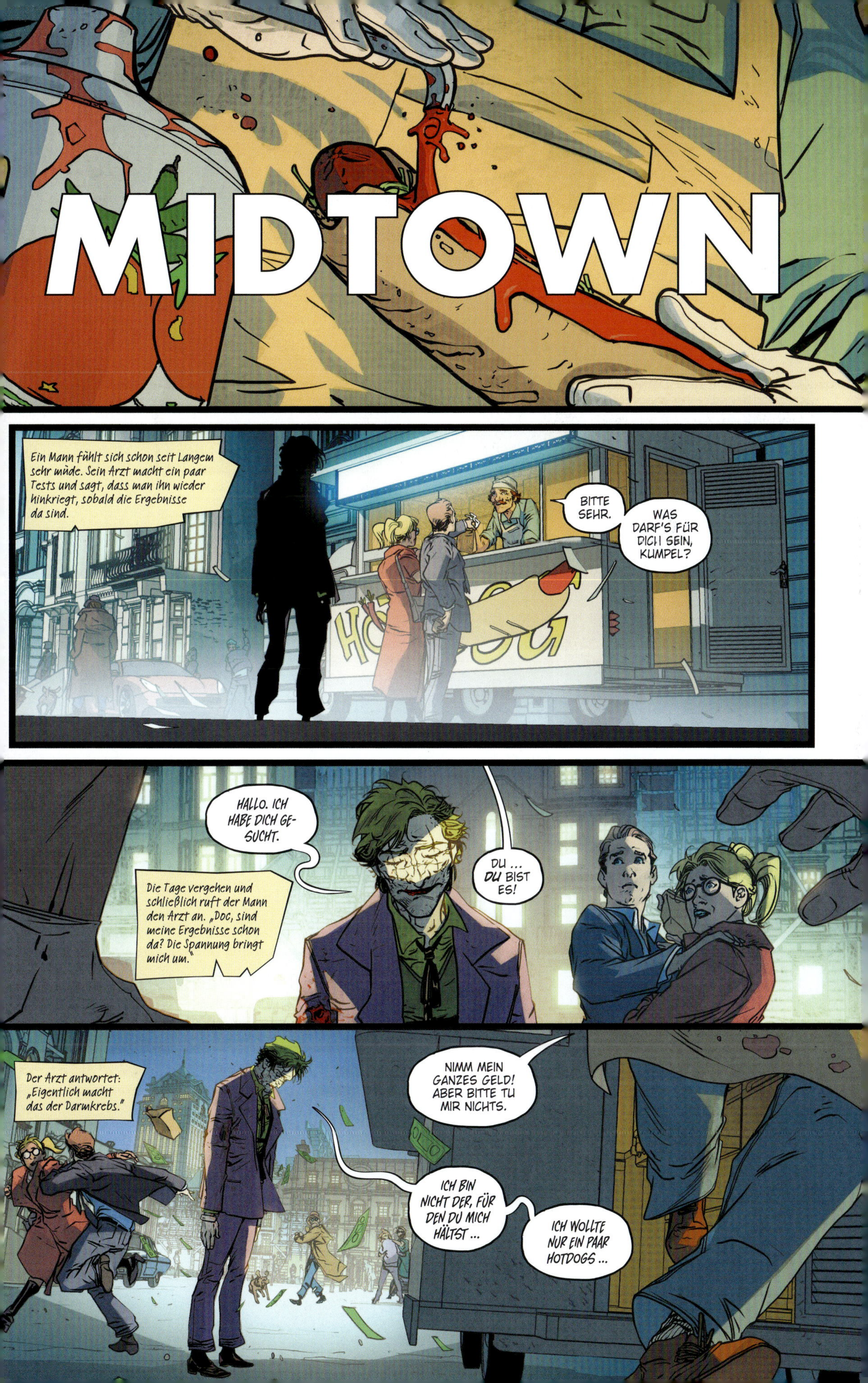

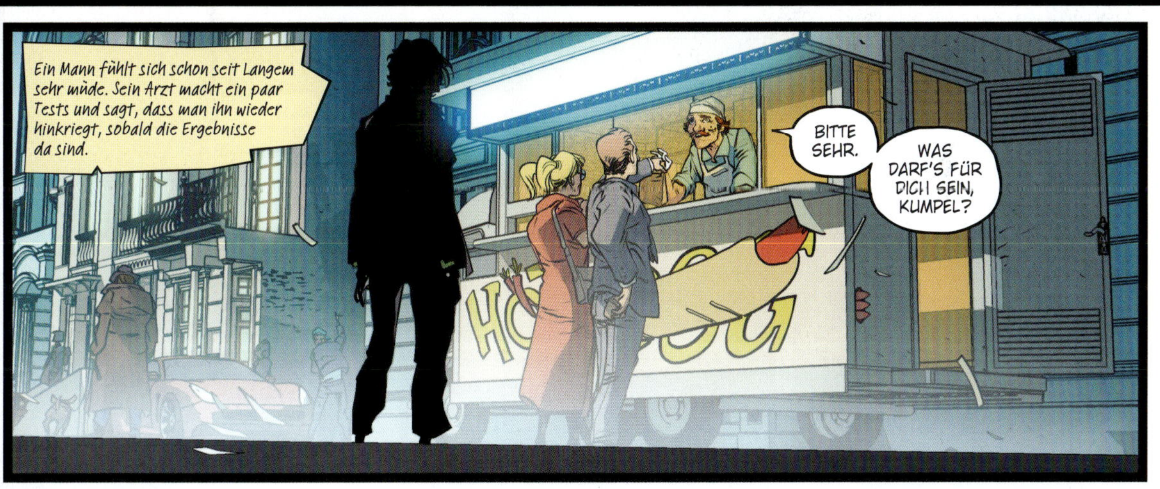
Ein Mann fühlt sich schon seit Langem sehr müde. Sein Arzt macht ein paar Tests und sagt, dass man ihn wieder hinkriegt, sobald die Ergebnisse da sind.
BITTE SEHR.
WAS DARF'S FÜR DICH SEIN, KUMPEL?

HALLO. ICH HABE DICH GESUCHT.
DU ... DU BIST ES!
Die Tage vergehen und schließlich ruft der Mann den Arzt an. „Doc, sind meine Ergebnisse schon da? Die Spannung bringt mich um."

Der Arzt antwortet: „Eigentlich macht das der Darmkrebs."
NIMM MEIN GANZES GELD! ABER BITTE TU MIR NICHTS.
ICH BIN NICHT DER, FÜR DEN DU MICH HÄLTST ...
ICH WOLLTE NUR EIN PAAR HOTDOGS ...

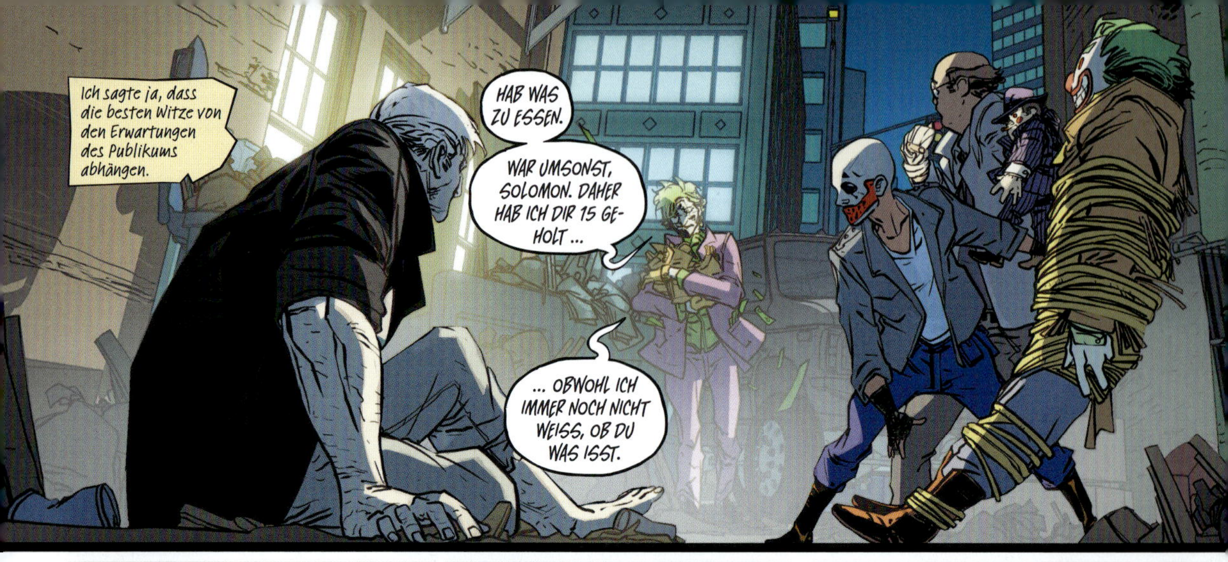
Ich sagte ja, dass die besten Witze von den Erwartungen des Publikums abhängen.
HAB WAS ZU ESSEN.
WAR UMSONST, SOLOMON. DAHER HAB ICH DIR 15 GEHOLT ...
... OBWOHL ICH IMMER NOCH NICHT WEISS, OB DU WAS ISST.

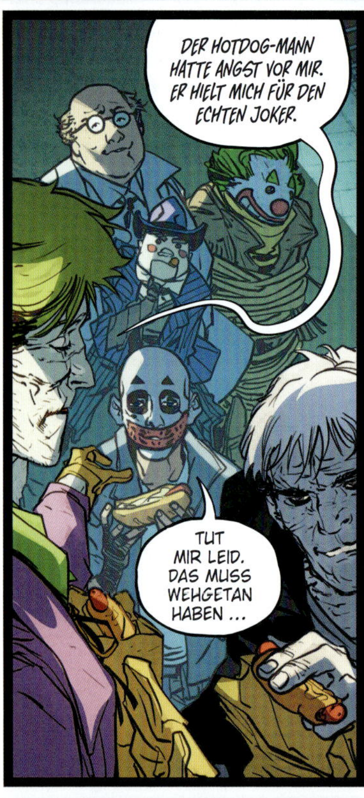
DER HOTDOG-MANN HATTE ANGST VOR MIR. ER HIELT MICH FÜR DEN ECHTEN JOKER.
TUT MIR LEID. DAS MUSS WEHGETAN HABEN ...

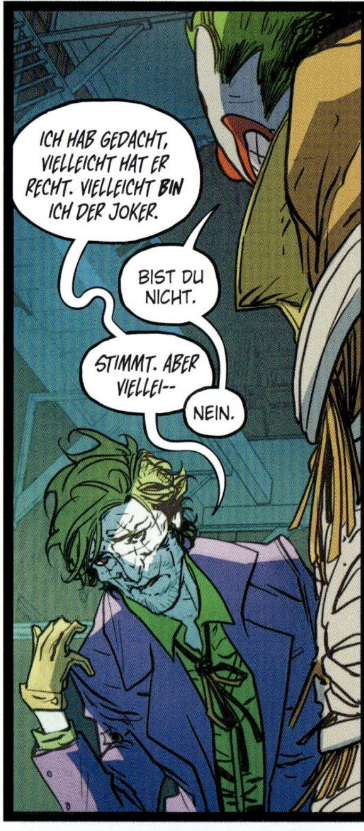
ICH HAB GEDACHT, VIELLEICHT HAT ER RECHT. VIELLEICHT BIN ICH DER JOKER.
BIST DU NICHT.
STIMMT. ABER VIELLEI--
NEIN.

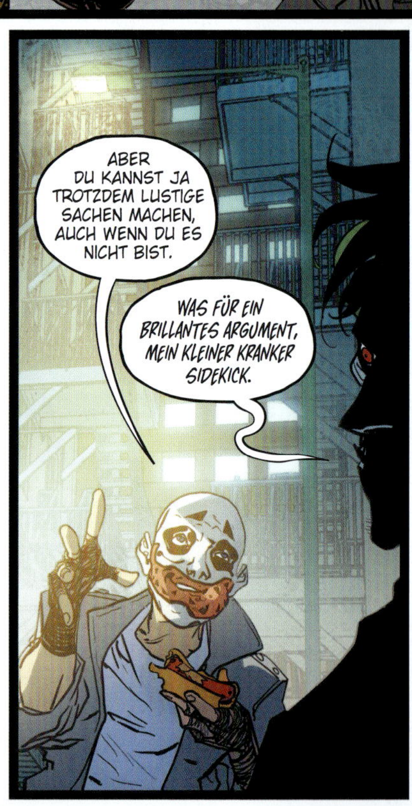
ABER DU KANNST JA TROTZDEM LUSTIGE SACHEN MACHEN, AUCH WENN DU ES NICHT BIST.
WAS FÜR EIN BRILLANTES ARGUMENT, MEIN KLEINER KRANKER SIDEKICK.

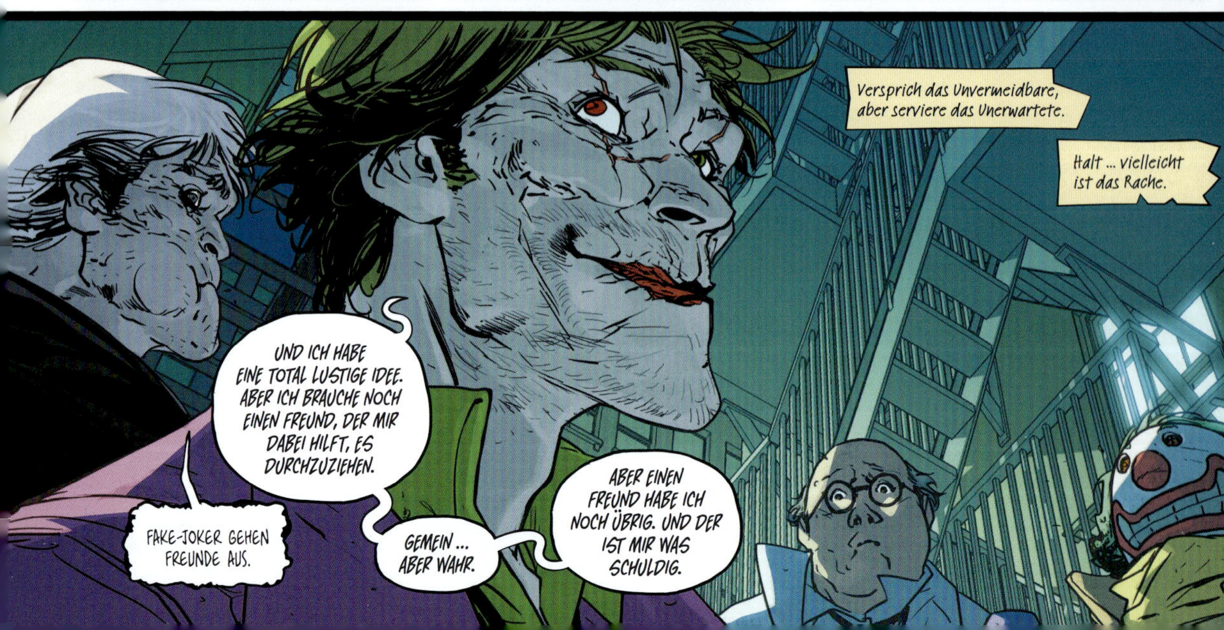
Versprich das Unvermeidbare, aber serviere das Unerwartete.
Halt ... vielleicht ist das Rache.
UND ICH HABE EINE TOTAL LUSTIGE IDEE. ABER ICH BRAUCHE NOCH EINEN FREUND, DER MIR DABEI HILFT, ES DURCHZUZIEHEN.
FAKE-JOKER GEHEN FREUNDE AUS.
GEMEIN ... ABER WAHR.
ABER EINEN FREUND HABE ICH NOCH ÜBRIG. UND DER IST MIR WAS SCHULDIG.

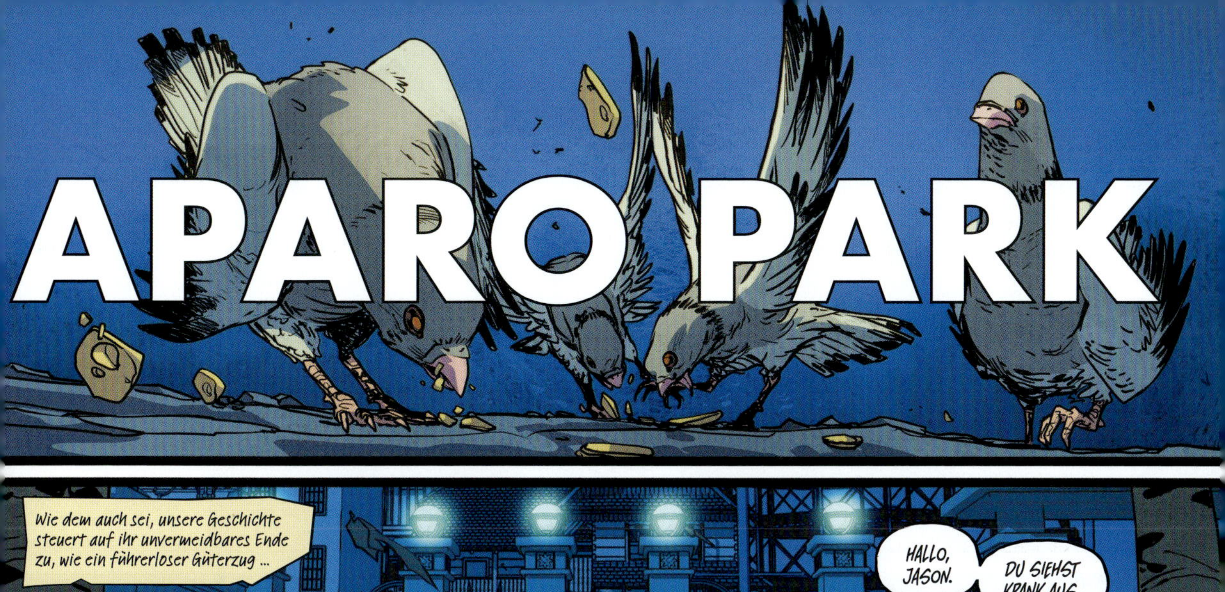
APARO PARK

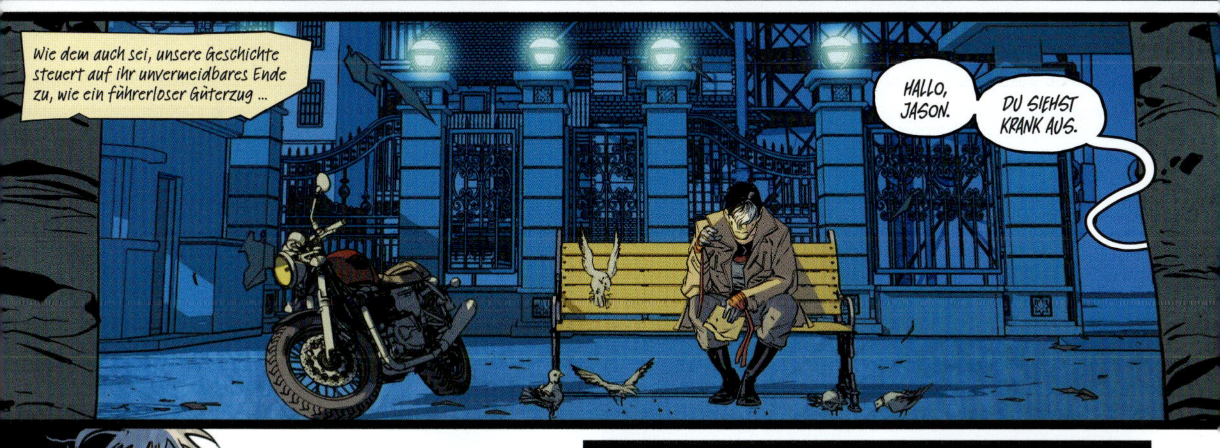
Wie dem auch sei, unsere Geschichte steuert auf ihr unvermeidbares Ende zu, wie ein führerloser Güterzug ...
HALLO, JASON.
DU SIEHST KRANK AUS.

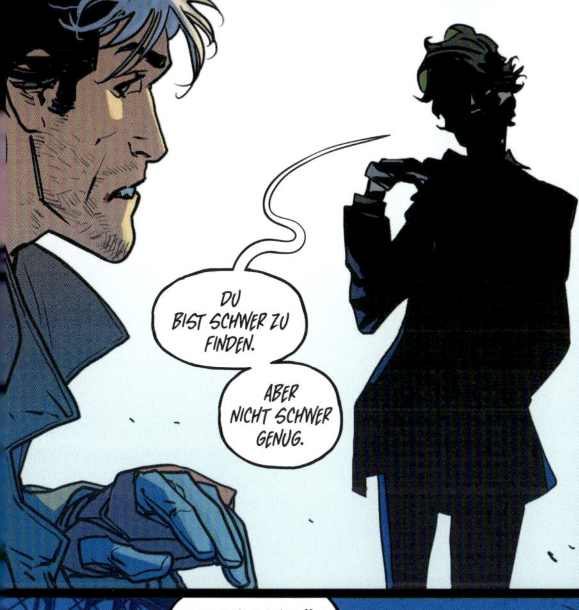
DU BIST SCHWER ZU FINDEN.
ABER NICHT SCHWER GENUG.

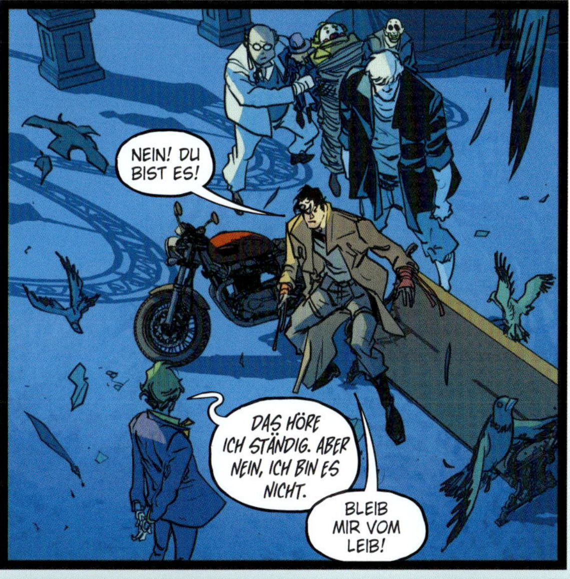
NEIN! DU BIST ES!
DAS HÖRE ICH STÄNDIG. ABER NEIN, ICH BIN ES NICHT.
BLEIB MIR VOM LEIB!

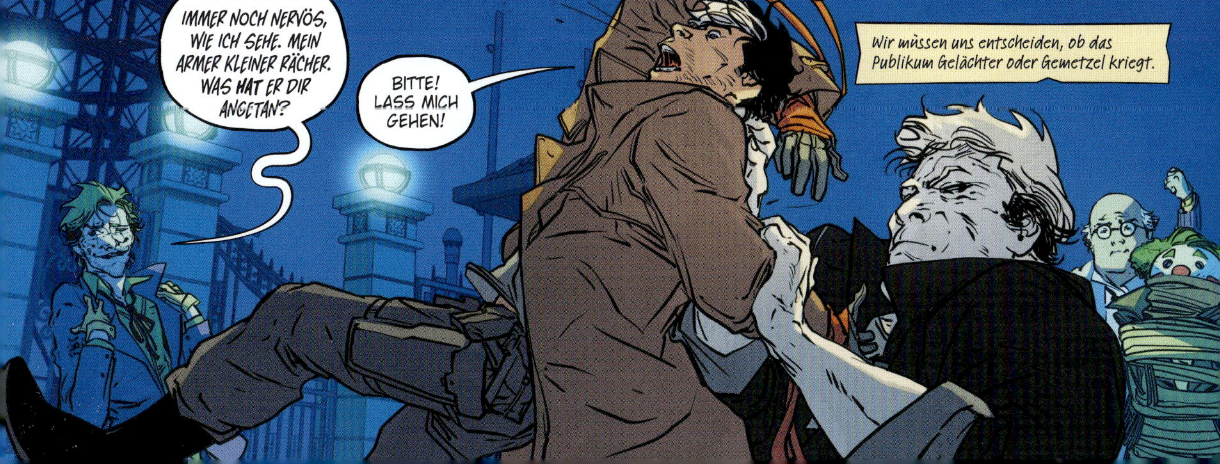
IMMER NOCH NERVÖS, WIE ICH SEHE. MEIN ARMER KLEINER RÄCHER. WAS HAT ER DIR ANGETAN?
BITTE! LASS MICH GEHEN!
Wir müssen uns entscheiden, ob das Publikum Gelächter oder Gemetzel kriegt.

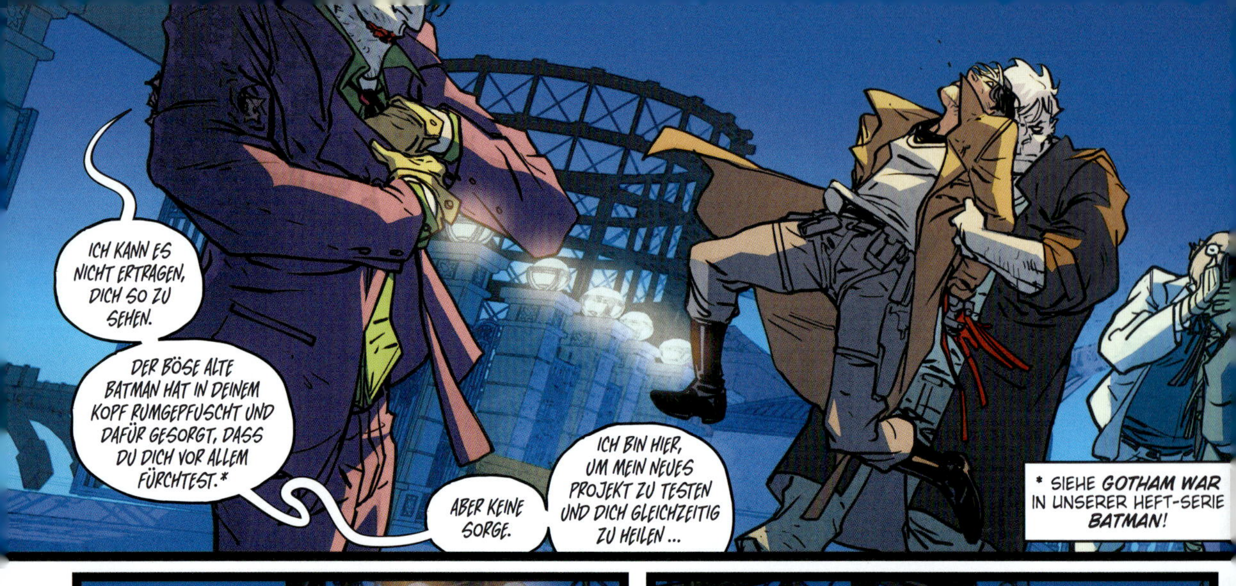
ICH KANN ES NICHT ERTRAGEN, DICH SO ZU SEHEN.
DER BÖSE ALTE BATMAN HAT IN DEINEM KOPF RUMGEPFUSCHT UND DAFÜR GESORGT, DASS DU DICH VOR ALLEM FÜRCHTEST.*
ABER KEINE SORGE.
ICH BIN HIER, UM MEIN NEUES PROJEKT ZU TESTEN UND DICH GLEICHZEITIG ZU HEILEN ...
* SIEHE GOTHAM WAR IN UNSERER HEFT-SERIE BATMAN!

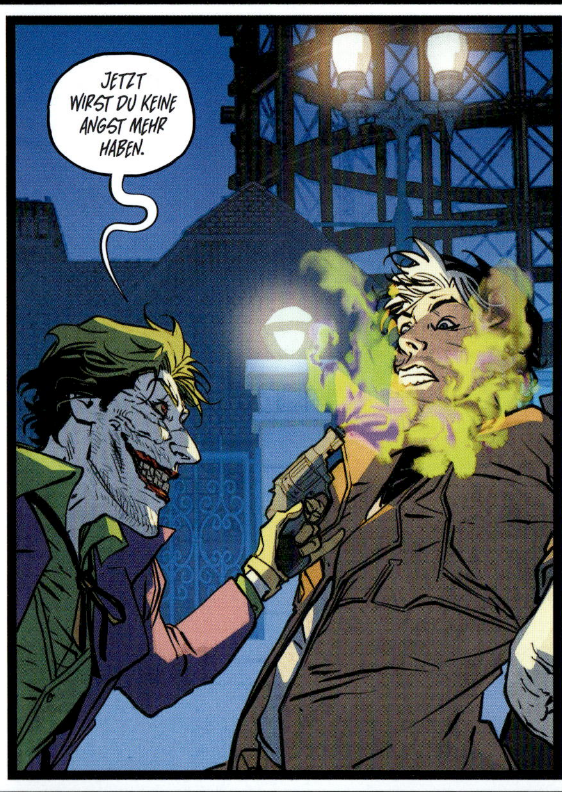
JETZT WIRST DU KEINE ANGST MEHR HABEN.

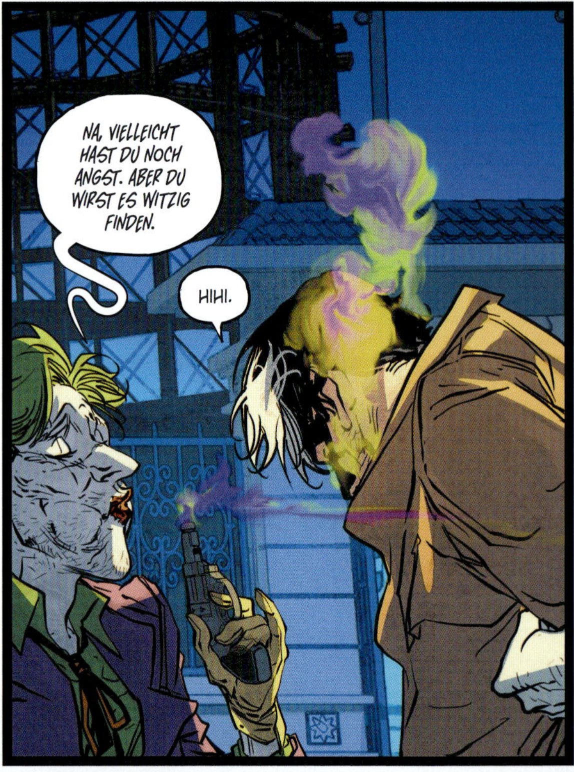
NA, VIELLEICHT HAST DU NOCH ANGST. ABER DU WIRST ES WITZIG FINDEN.
HIHI.

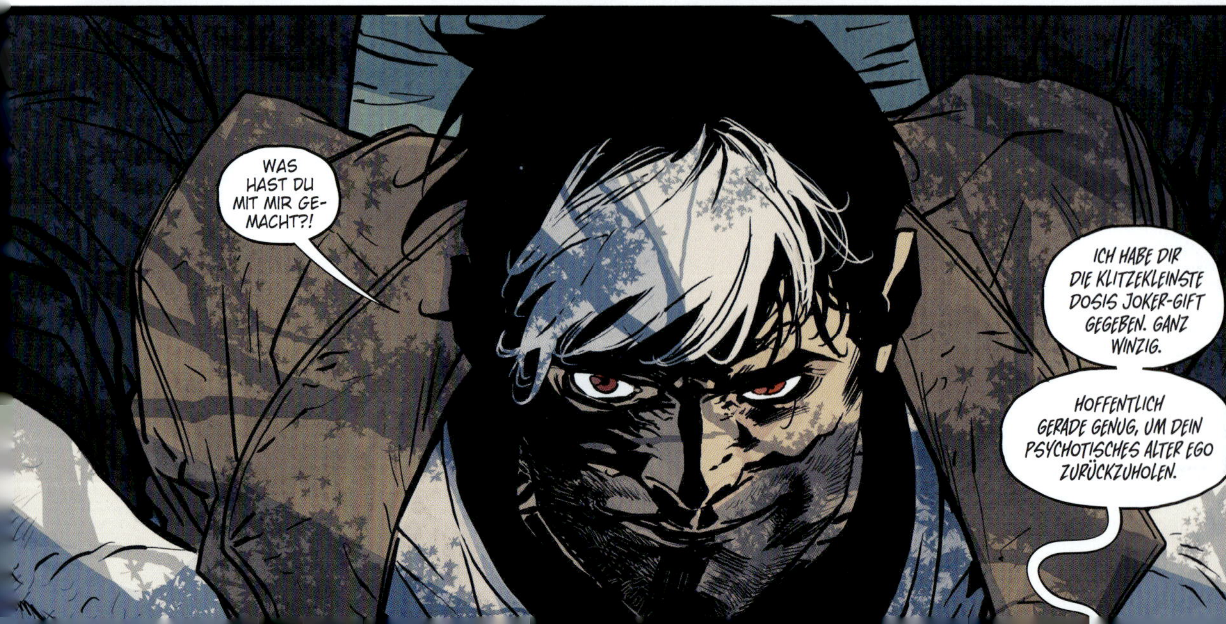
WAS HAST DU MIT MIR GE-MACHT?!
ICH HABE DIR DIE KLITZEKLEINSTE DOSIS JOKER-GIFT GEGEBEN. GANZ WINZIG.
HOFFENTLICH GERADE GENUG, UM DEIN PSYCHOTISCHES ALTER EGO ZURÜCKZUHOLEN.

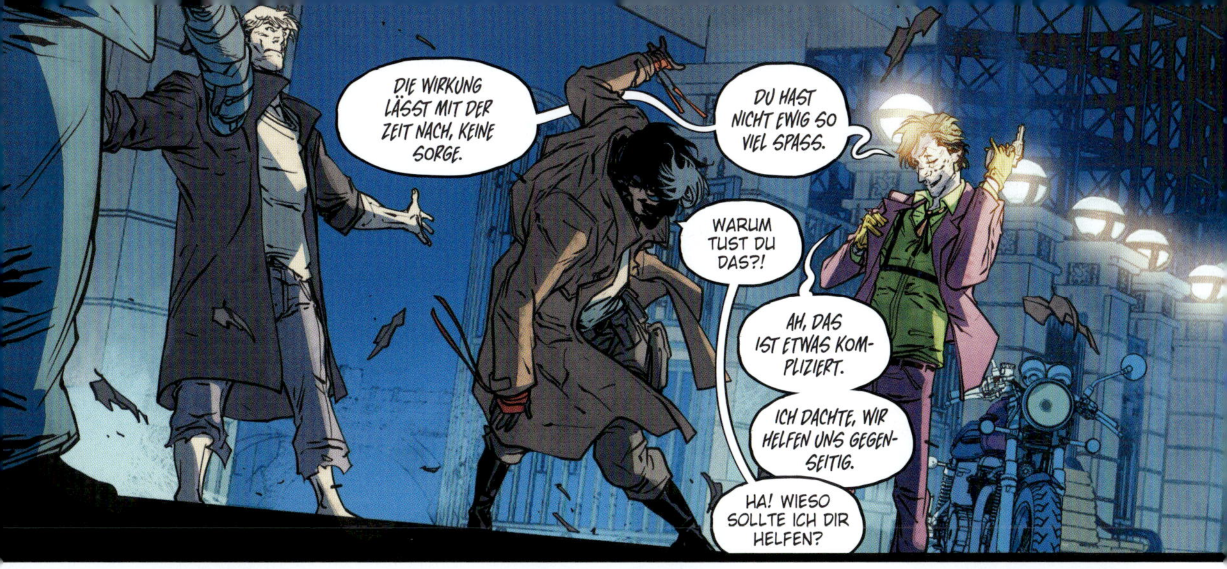
DIE WIRKUNG LÄSST MIT DER ZEIT NACH, KEINE SORGE.
DU HAST NICHT EWIG SO VIEL SPASS.
WARUM TUST DU DAS?!
AH, DAS IST ETWAS KOMPLIZIERT.
ICH DACHTE, WIR HELFEN UNS GEGENSEITIG.
HA! WIESO SOLLTE ICH DIR HELFEN?

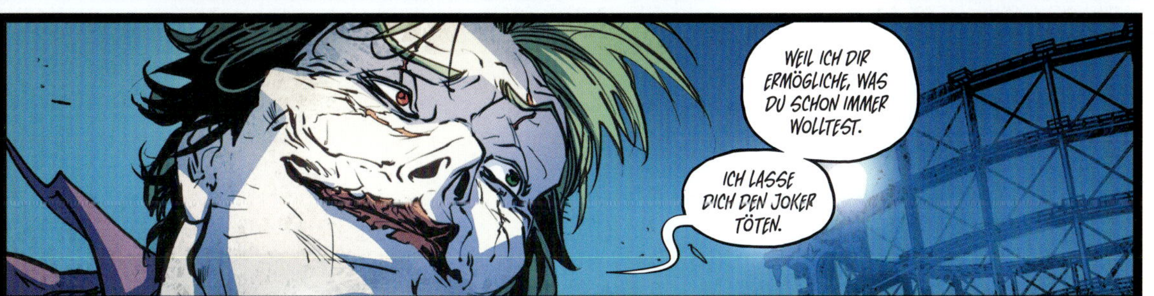
WEIL ICH DIR ERMÖGLICHE, WAS DU SCHON IMMER WOLLTEST.
ICH LASSE DICH DEN JOKER TÖTEN.

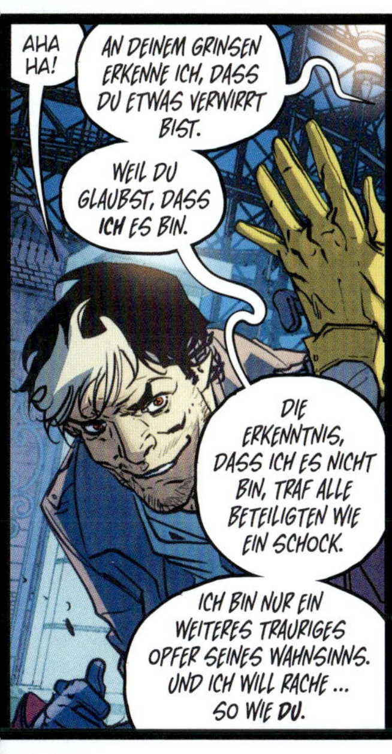
AHA HA!
AN DEINEM GRINSEN ERKENNE ICH, DASS DU ETWAS VERWIRRT BIST.
WEIL DU GLAUBST, DASS **ICH** ES BIN.
DIE ERKENNTNIS, DASS ICH ES NICHT BIN, TRAF ALLE BETEILIGTEN WIE EIN SCHOCK.
ICH BIN NUR EIN WEITERES TRAURIGES OPFER SEINES WAHNSINNS. UND ICH WILL RACHE ... SO WIE **DU**.

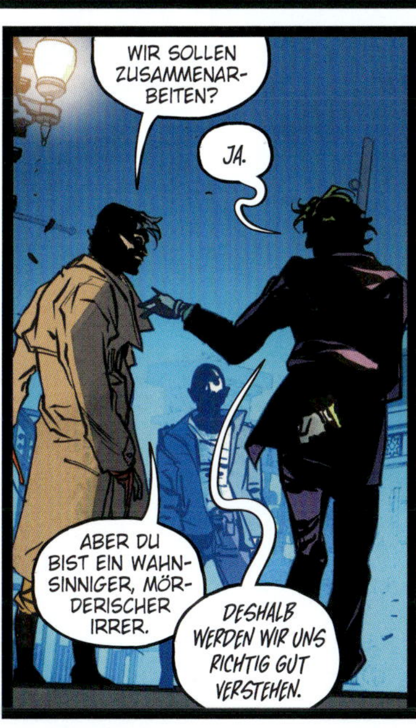
WIR SOLLEN ZUSAMMENARBEITEN?
JA.
ABER DU BIST EIN WAHNSINNIGER, MÖRDERISCHER IRRER.
DESHALB WERDEN WIR UNS RICHTIG GUT VERSTEHEN.

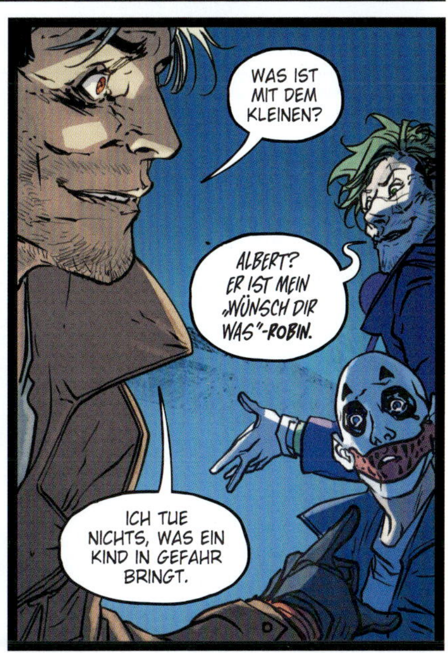
WAS IST MIT DEM KLEINEN?
ALBERT? ER IST MEIN „WÜNSCH DIR WAS"-**ROBIN**.
ICH TUE NICHTS, WAS EIN KIND IN GEFAHR BRINGT.

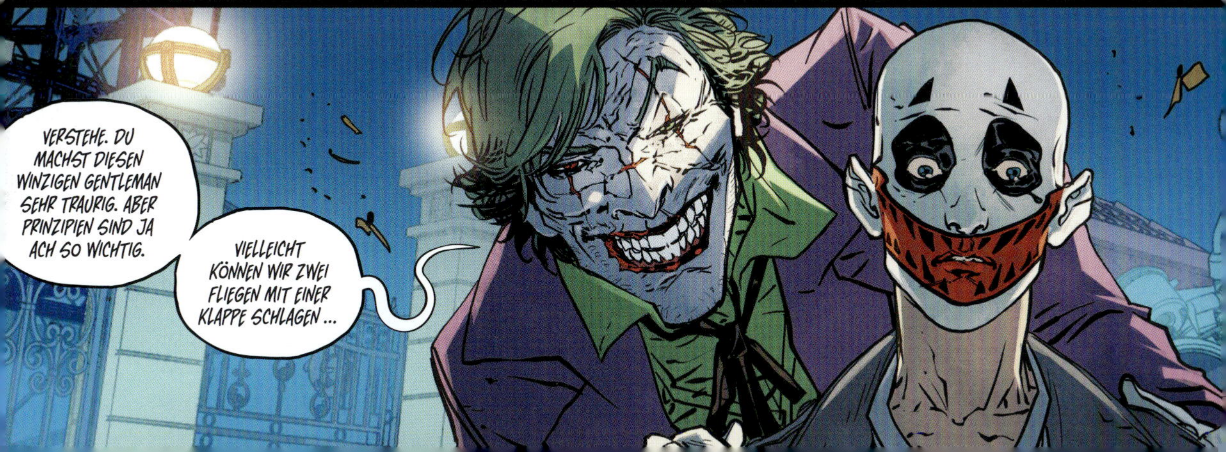
VERSTEHE. DU MACHST DIESEN WINZIGEN GENTLEMAN SEHR TRAURIG. ABER PRINZIPIEN SIND JA ACH SO WICHTIG.
VIELLEICHT KÖNNEN WIR ZWEI FLIEGEN MIT EINER KLAPPE SCHLAGEN ...

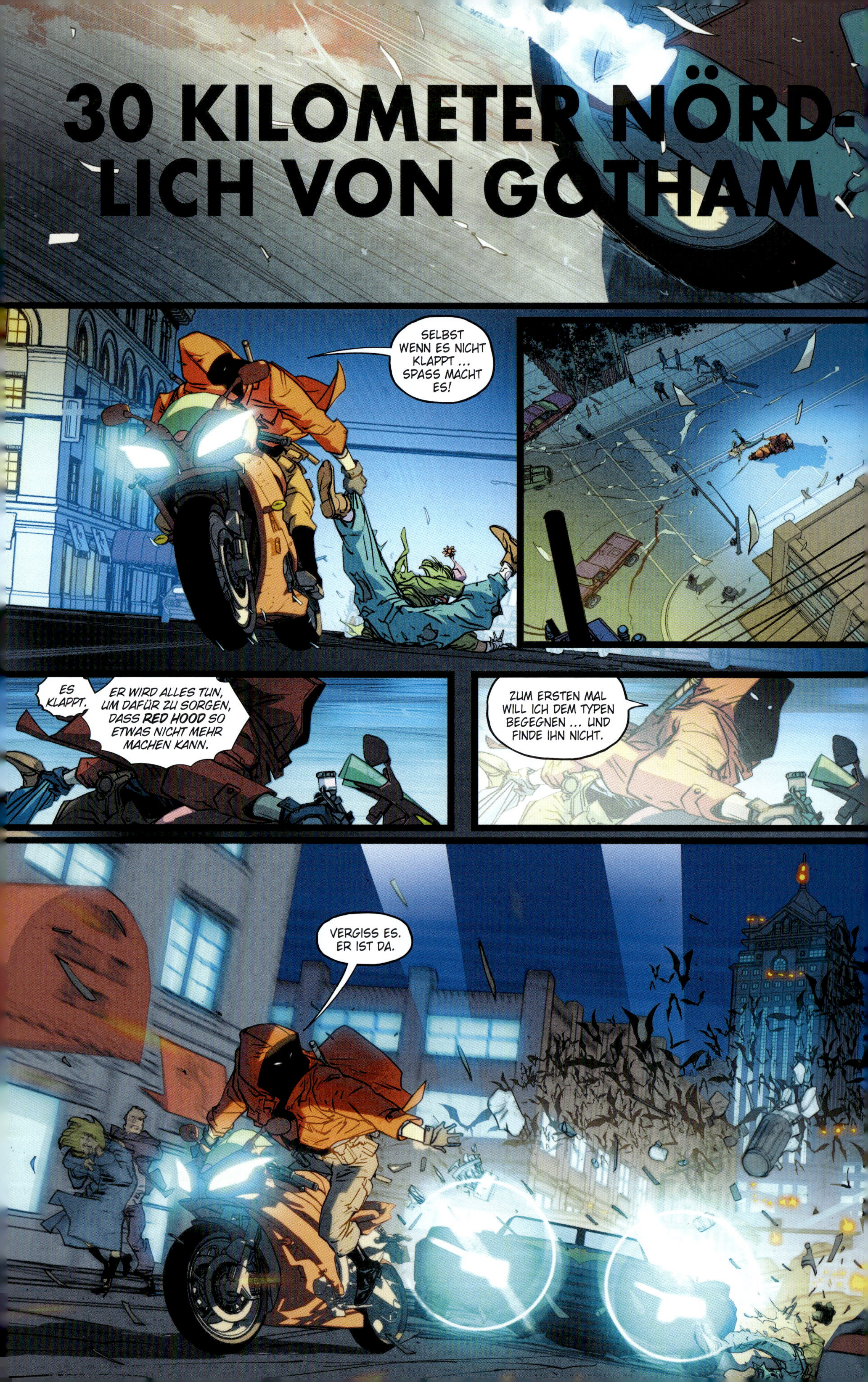

30 KILOMETER NÖRD-
LICH VON GOTHAM

SELBST WENN ES NICHT KLAPPT ... SPASS MACHT ES!

ES KLAPPT.

ER WIRD ALLES TUN, UM DAFÜR ZU SORGEN, DASS **RED HOOD** SO ETWAS NICHT MEHR MACHEN KANN.

ZUM ERSTEN MAL WILL ICH DEM TYPEN BEGEGNEN ... UND FINDE IHN NICHT.

VERGISS ES. ER IST DA.

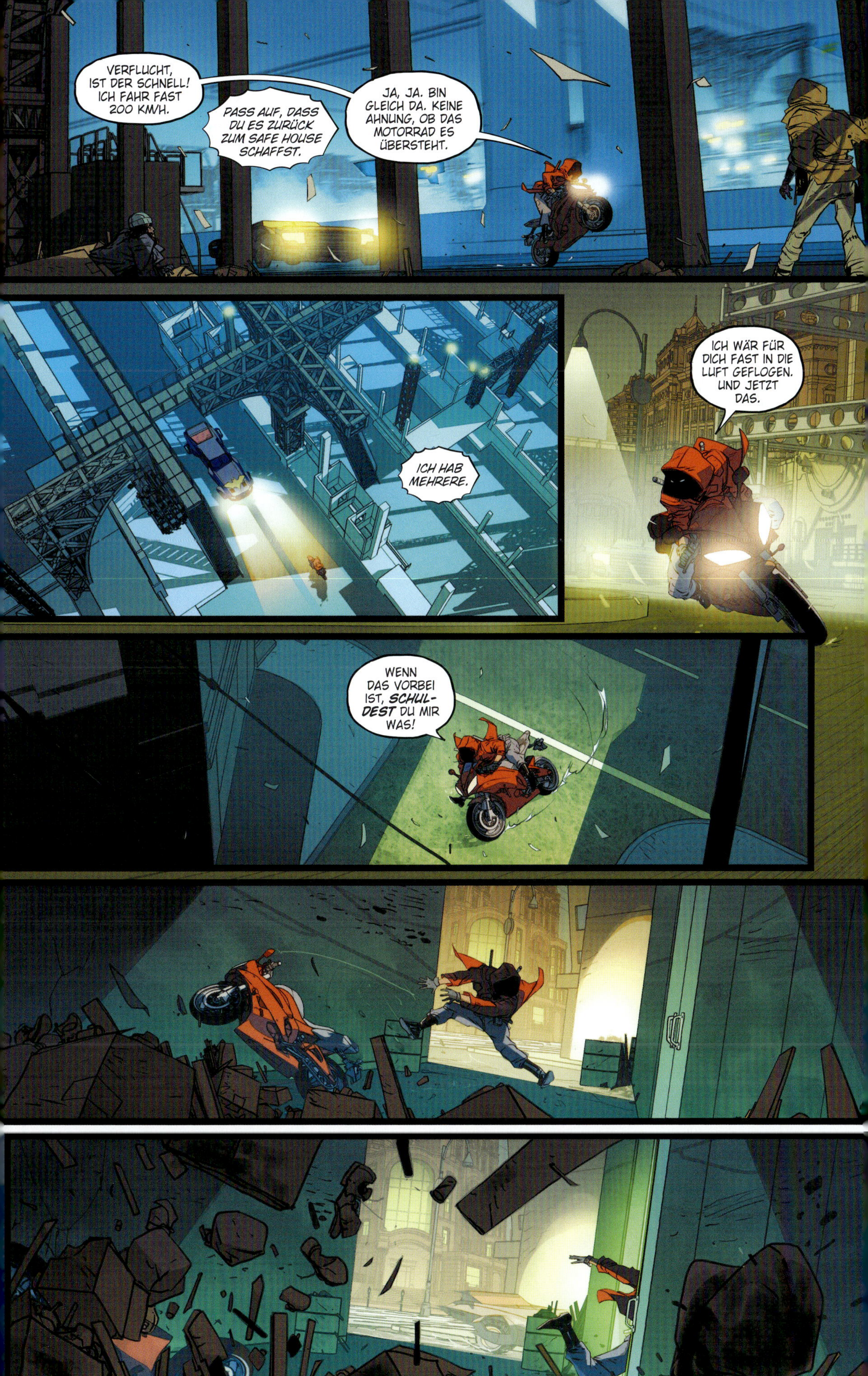

VERFLUCHT, IST DER SCHNELL! ICH FAHR FAST 200 KM/H.
PASS AUF, DASS DU ES ZURÜCK ZUM SAFE HOUSE SCHAFFST.
JA, JA. BIN GLEICH DA. KEINE AHNUNG, OB DAS MOTORRAD ES ÜBERSTEHT.
ICH HAB MEHRERE.
ICH WÄR FÜR DICH FAST IN DIE LUFT GEFLOGEN. UND JETZT DAS.
WENN DAS VORBEI IST, SCHULDEST DU MIR WAS!

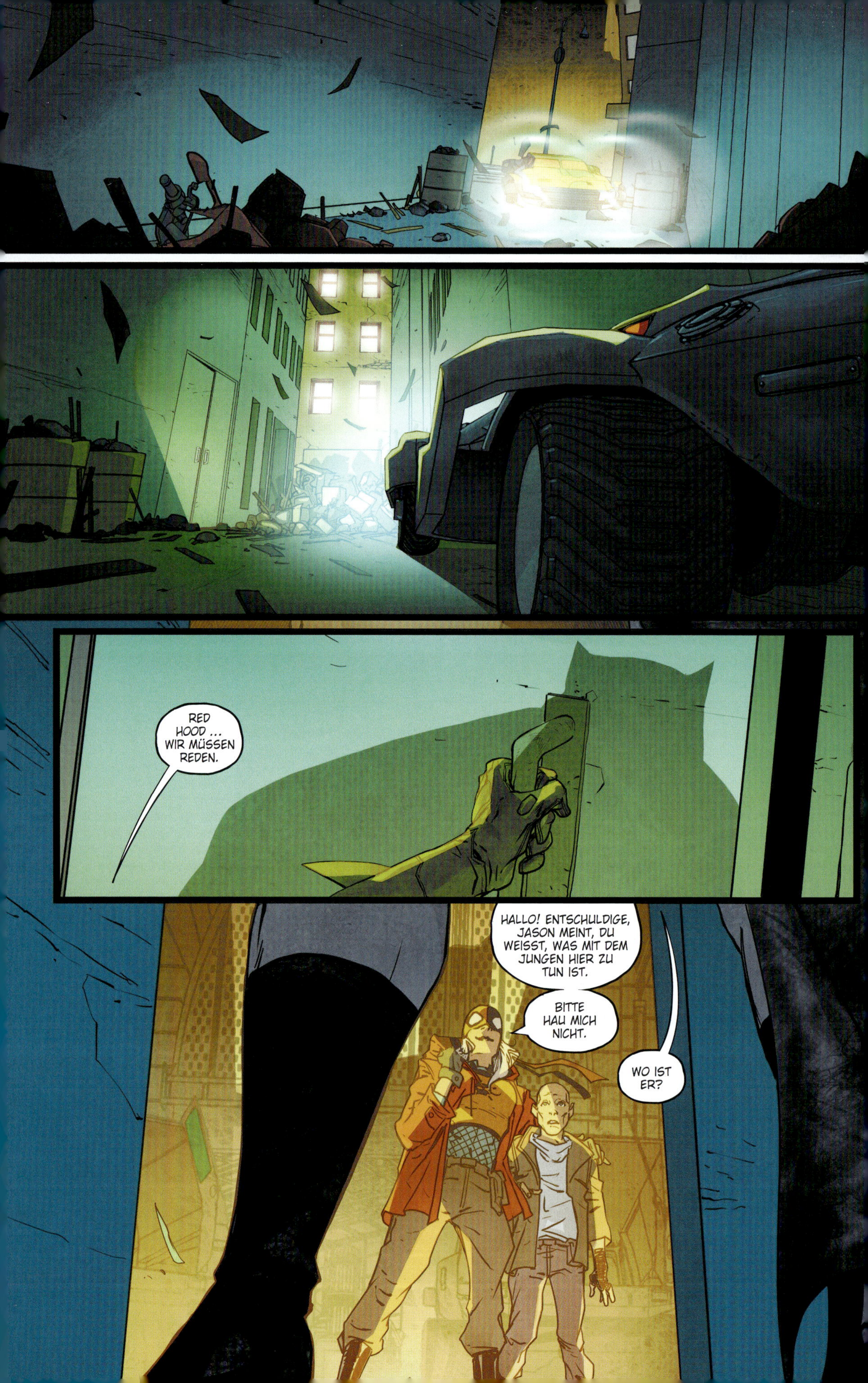

RED HOOD ... WIR MÜSSEN REDEN.
HALLO! ENTSCHULDIGE, JASON MEINT, DU WEISST, WAS MIT DEM JUNGEN HIER ZU TUN IST.
BITTE HAU MICH NICHT.
WO IST ER?

55 KILOMETER SÜDLICH VON GOTHAM

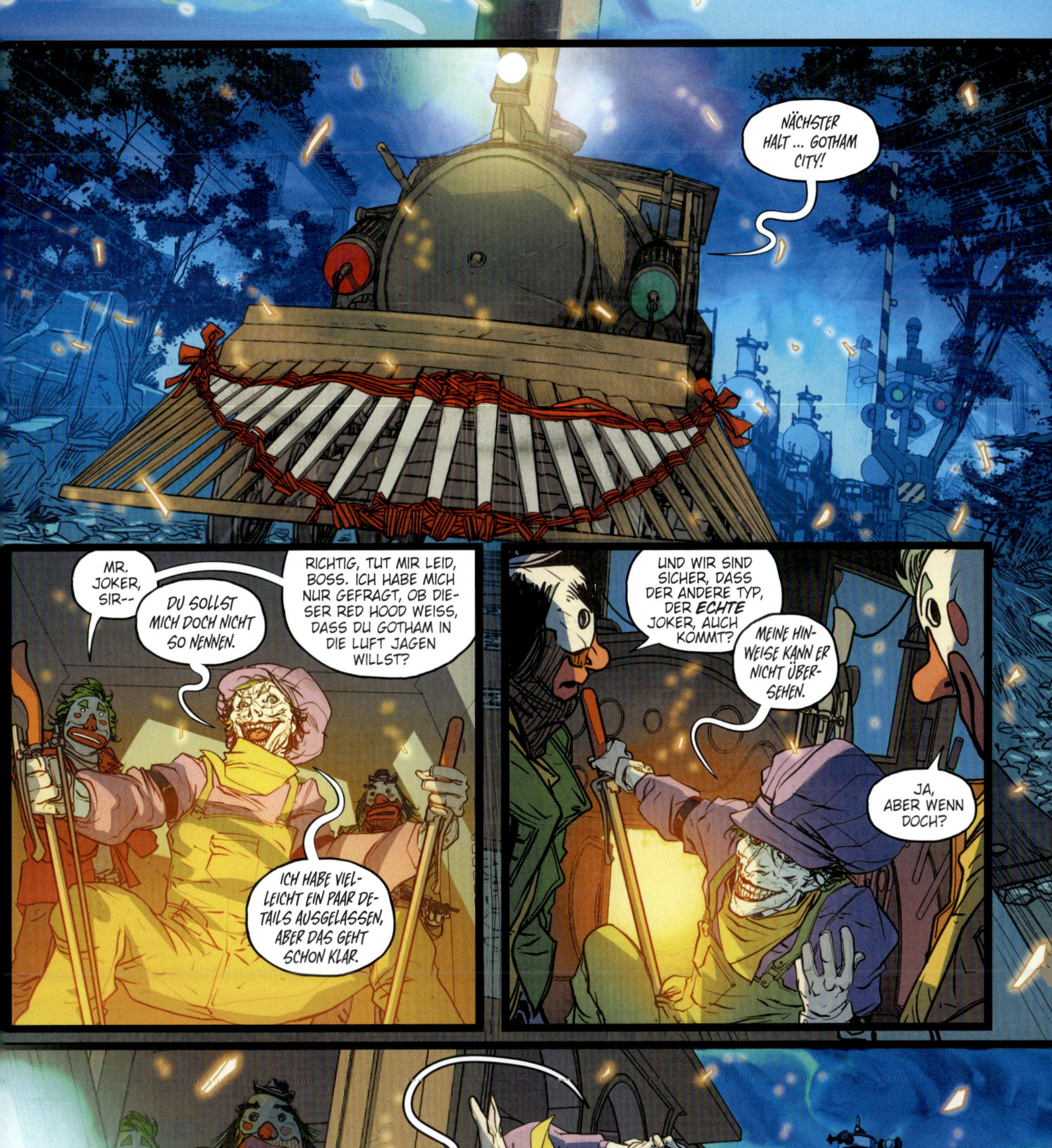

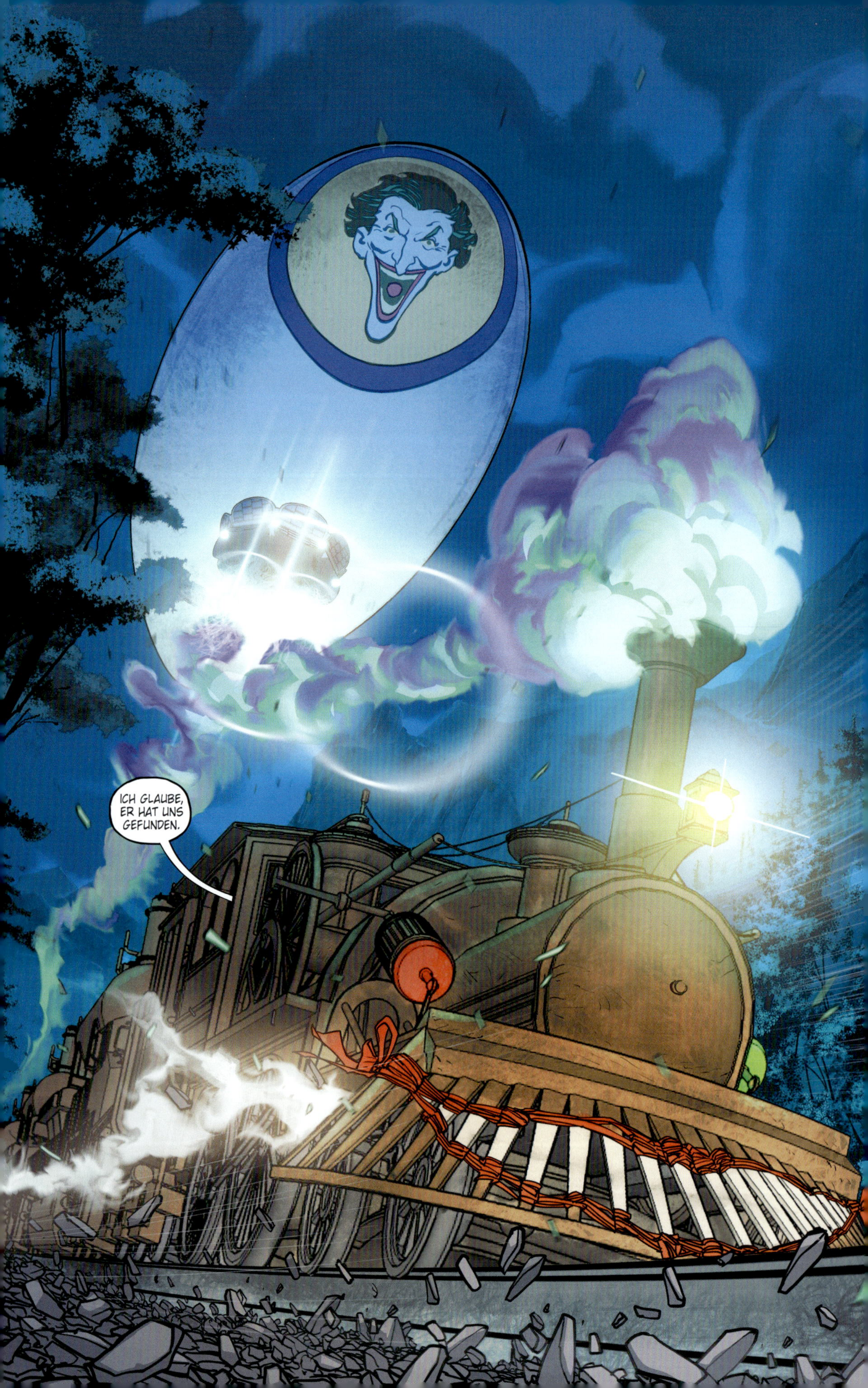
ICH GLAUBE, ER HAT UNS GEFUNDEN.

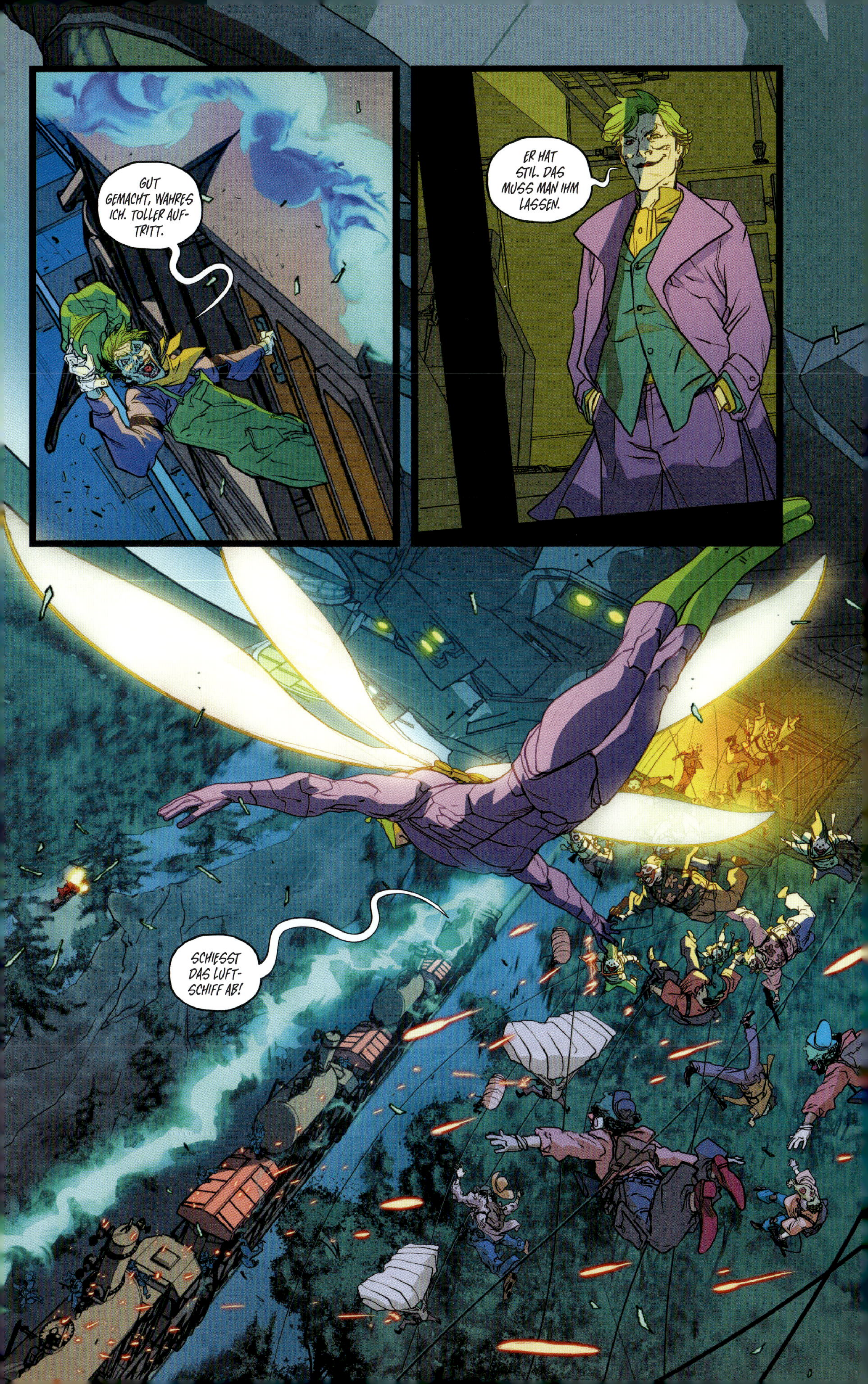
GUT GEMACHT, WAHRES ICH. TOLLER AUFTRITT.
ER HAT STIL. DAS MUSS MAN IHM LASSEN.
SCHIESST DAS LUFTSCHIFF AB!

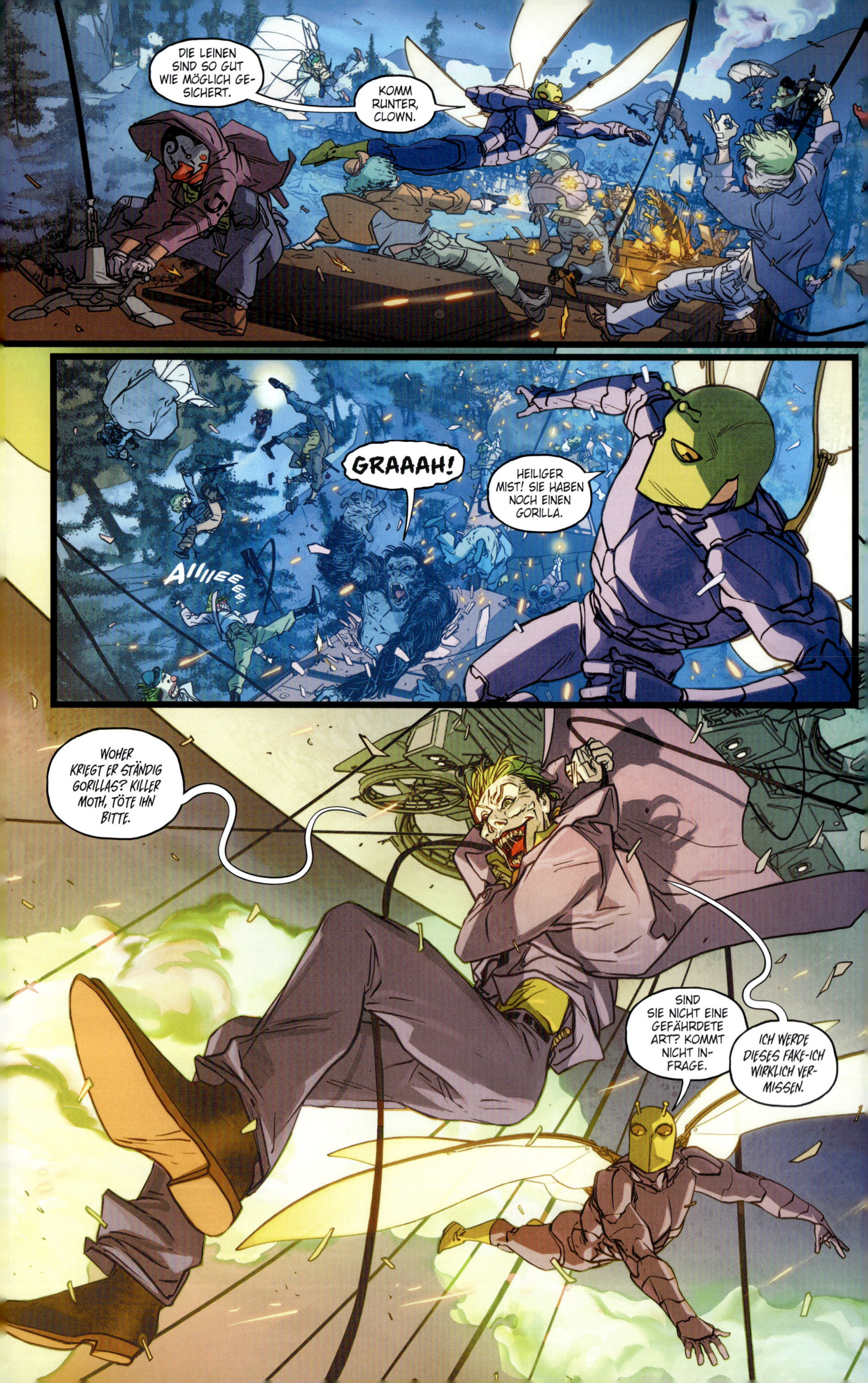

DIE LEINEN SIND SO GUT WIE MÖGLICH GE-SICHERT.
KOMM RUNTER, CLOWN.
GRAAAH!
HEILIGER MIST! SIE HABEN NOCH EINEN GORILLA.
AIIIIEEEE!
WOHER KRIEGT ER STÄNDIG GORILLAS? KILLER MOTH, TÖTE IHN BITTE.
SIND SIE NICHT EINE GEFÄHRDETE ART? KOMMT NICHT IN-FRAGE.
ICH WERDE DIESES FAKE-ICH WIRKLICH VER-MISSEN.

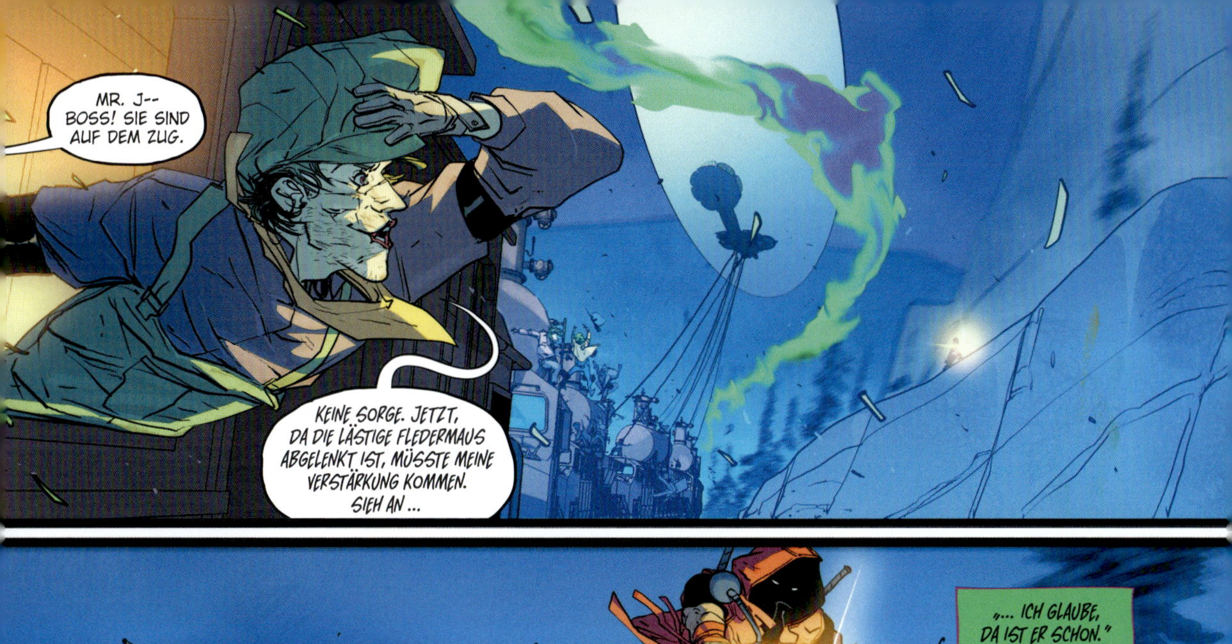
MR. J--
BOSS! SIE SIND
AUF DEM ZUG.
KEINE SORGE. JETZT,
DA DIE LÄSTIGE FLEDERMAUS
ABGELENKT IST, MÜSSTE MEINE
VERSTÄRKUNG KOMMEN.
SIEH AN ...

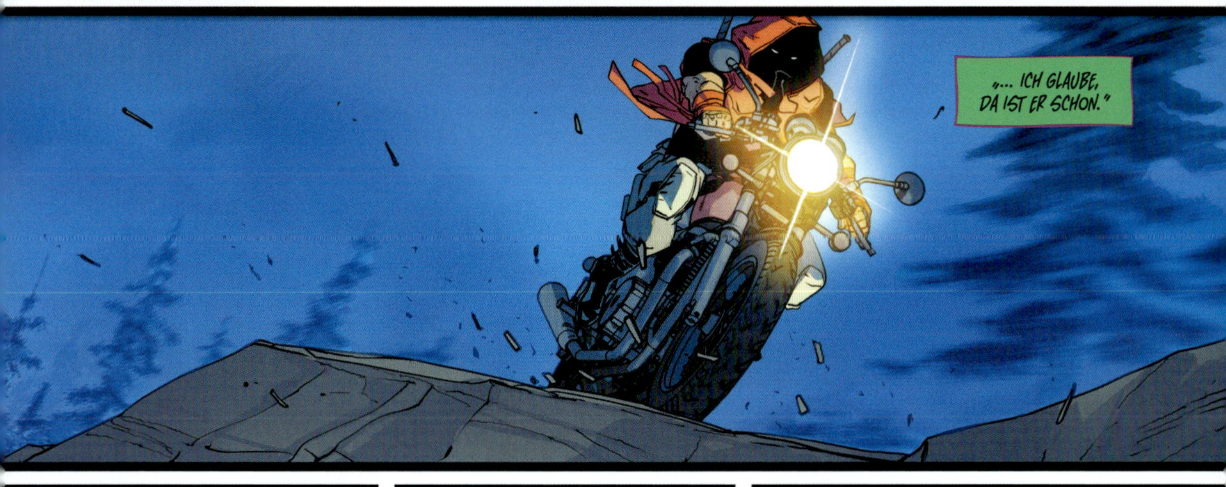
„... ICH GLAUBE,
DA IST ER SCHON."

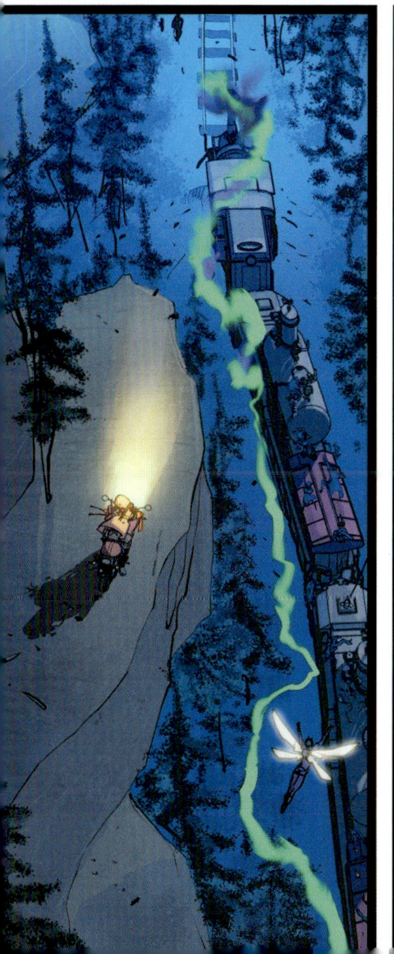

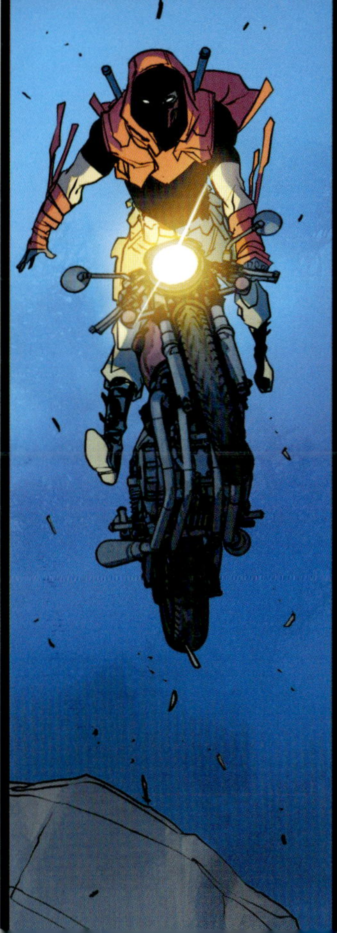

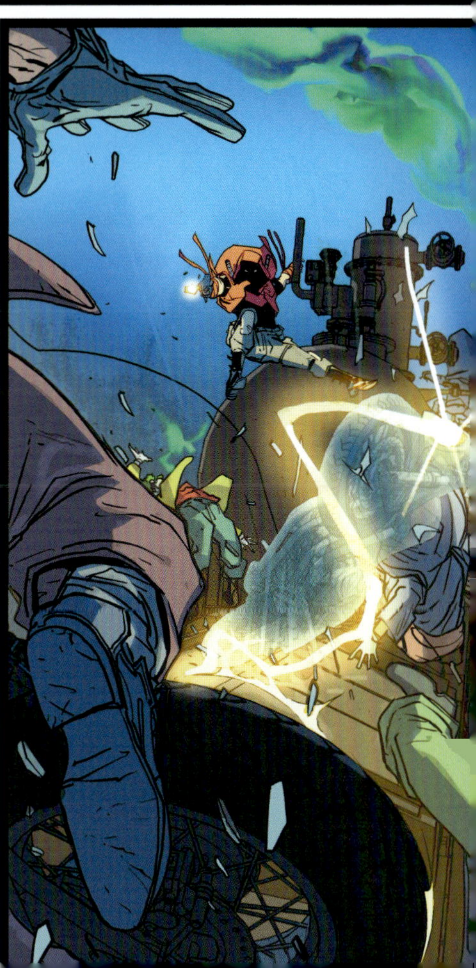

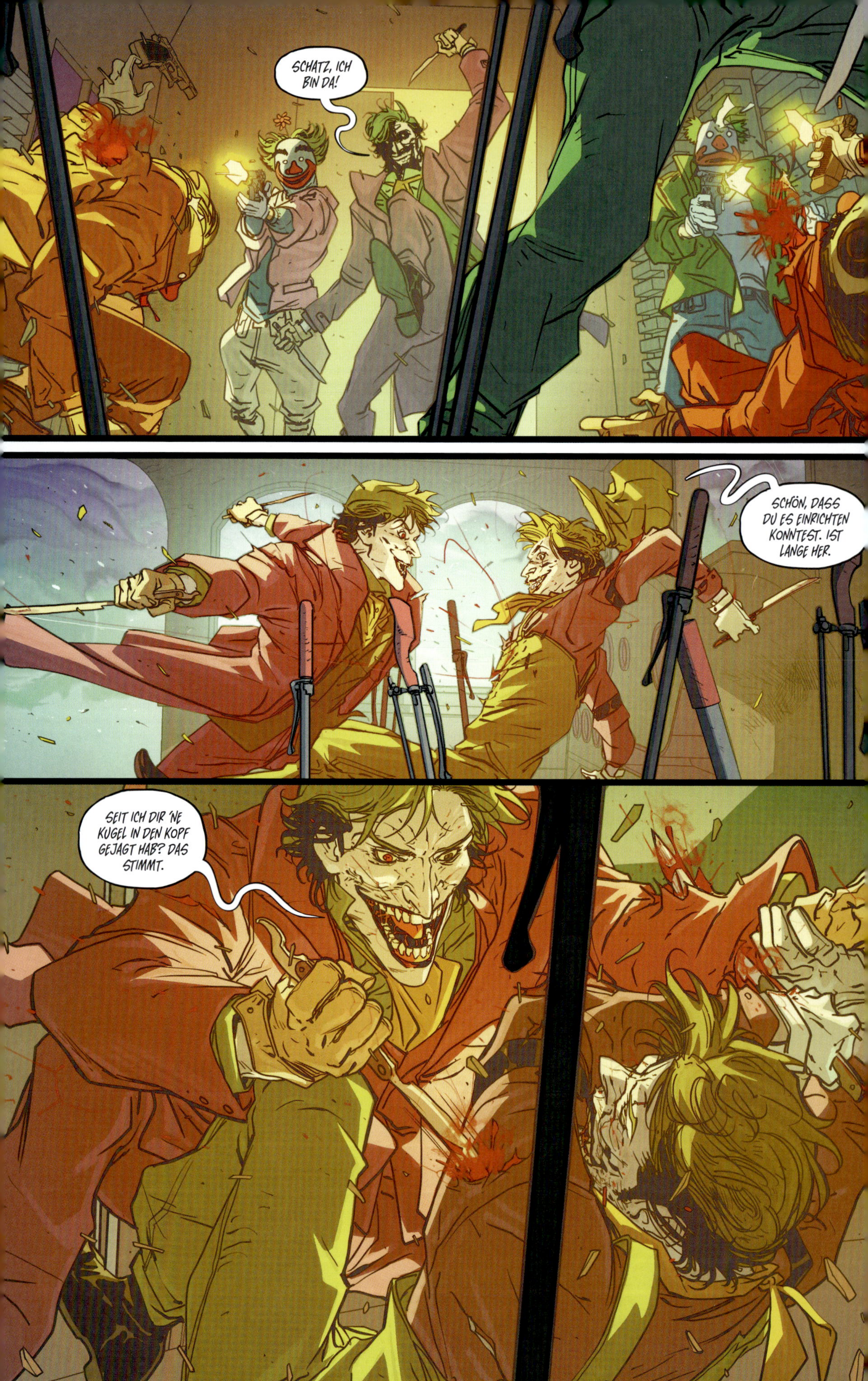
SCHATZ, ICH BIN DA!
SCHÖN, DASS DU ES EINRICHTEN KONNTEST. IST LANGE HER.
SEIT ICH DIR 'NE KUGEL IN DEN KOPF GEJAGT HAB? DAS STIMMT.

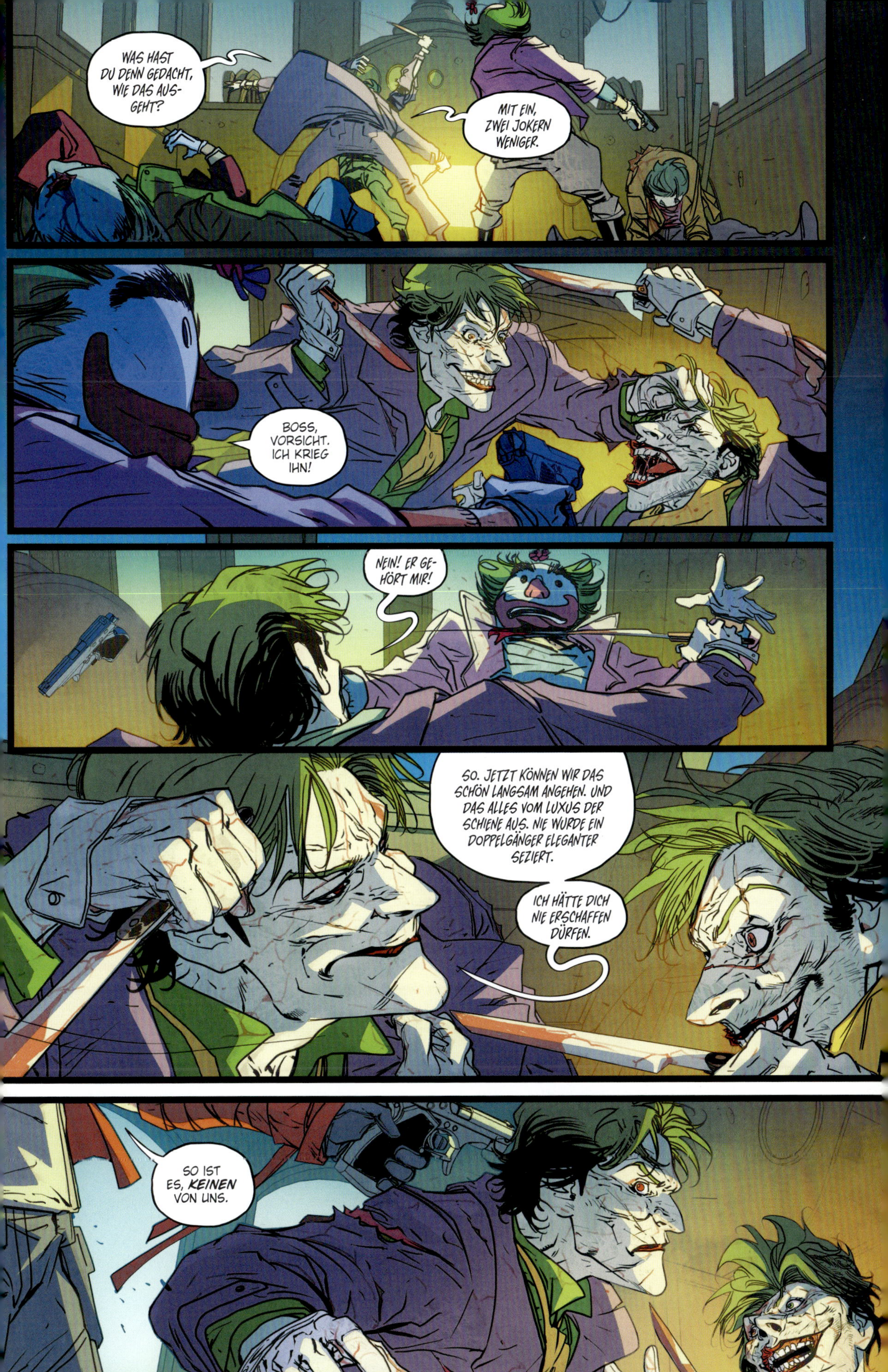

WAS HAST DU DENN GEDACHT, WIE DAS AUSGEHT?
MIT EIN, ZWEI JOKERN WENIGER.
BOSS, VORSICHT. ICH KRIEG IHN!
NEIN! ER GEHÖRT MIR!
SO. JETZT KÖNNEN WIR DAS SCHÖN LANGSAM ANGEHEN. UND DAS ALLES VOM LUXUS DER SCHIENE AUS. NIE WURDE EIN DOPPELGÄNGER ELEGANTER SEZIERT.
ICH HÄTTE DICH NIE ERSCHAFFEN DÜRFEN.
SO IST ES, *KEINEN* VON UNS.

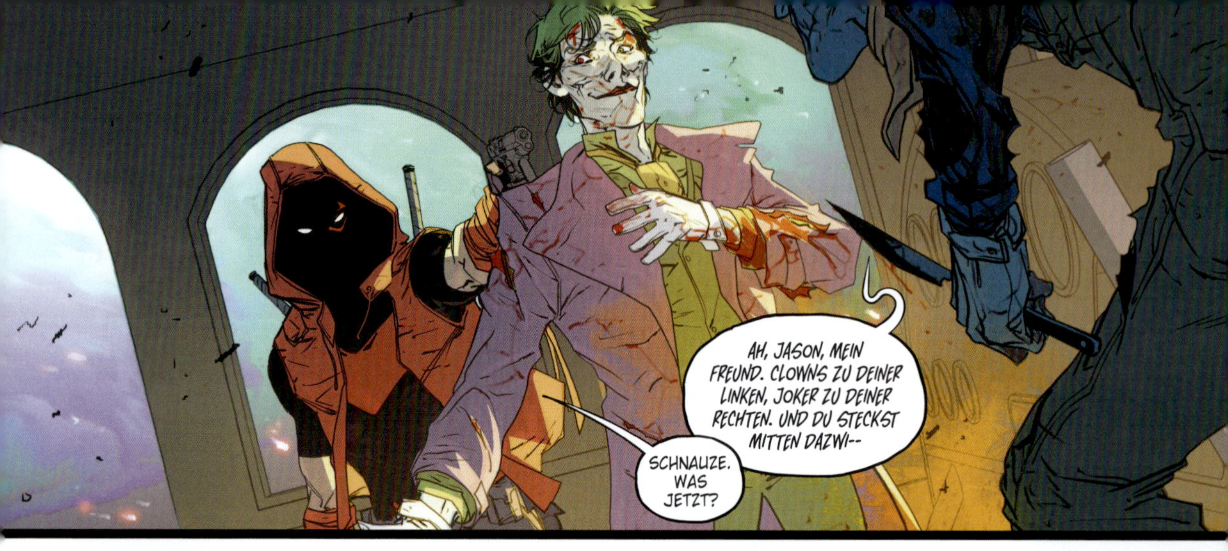
AH, JASON, MEIN FREUND. CLOWNS ZU DEINER LINKEN, JOKER ZU DEINER RECHTEN. UND DU STECKST MITTEN DAZWI--
SCHNAUZE. WAS JETZT?

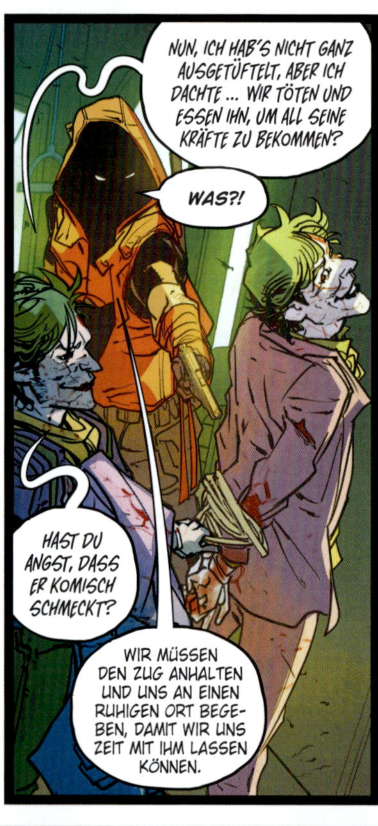
NUN, ICH HAB'S NICHT GANZ AUSGETÜFTELT, ABER ICH DACHTE ... WIR TÖTEN UND ESSEN IHN, UM ALL SEINE KRÄFTE ZU BEKOMMEN?
WAS?!
HAST DU ANGST, DASS ER KOMISCH SCHMECKT?
WIR MÜSSEN DEN ZUG ANHALTEN UND UNS AN EINEN RUHIGEN ORT BEGEBEN, DAMIT WIR UNS ZEIT MIT IHM LASSEN KÖNNEN.

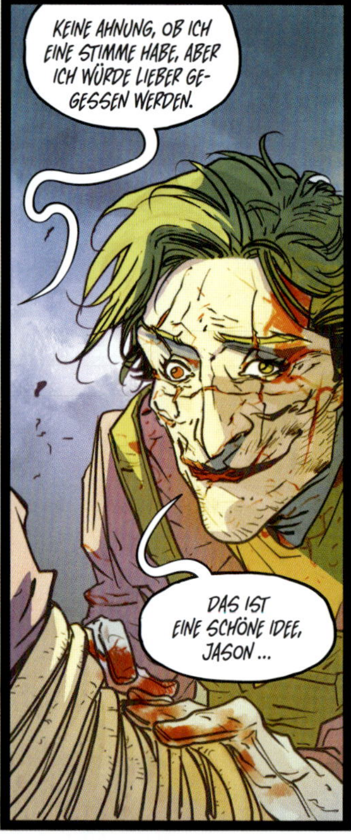
KEINE AHNUNG, OB ICH EINE STIMME HABE, ABER ICH WÜRDE LIEBER GEGESSEN WERDEN.
DAS IST EINE SCHÖNE IDEE, JASON ...

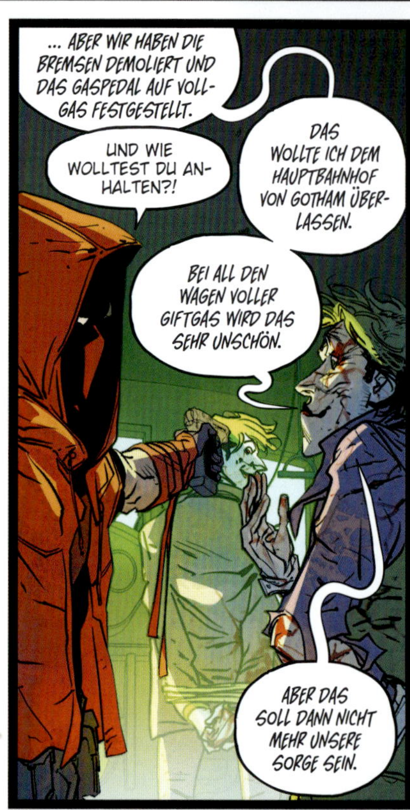
... ABER WIR HABEN DIE BREMSEN DEMOLIERT UND DAS GASPEDAL AUF VOLLGAS FESTGESTELLT.
UND WIE WOLLTEST DU ANHALTEN?!
DAS WOLLTE ICH DEM HAUPTBAHNHOF VON GOTHAM ÜBERLASSEN.
BEI ALL DEN WAGEN VOLLER GIFTGAS WIRD DAS SEHR UNSCHÖN.
ABER DAS SOLL DANN NICHT MEHR UNSERE SORGE SEIN.

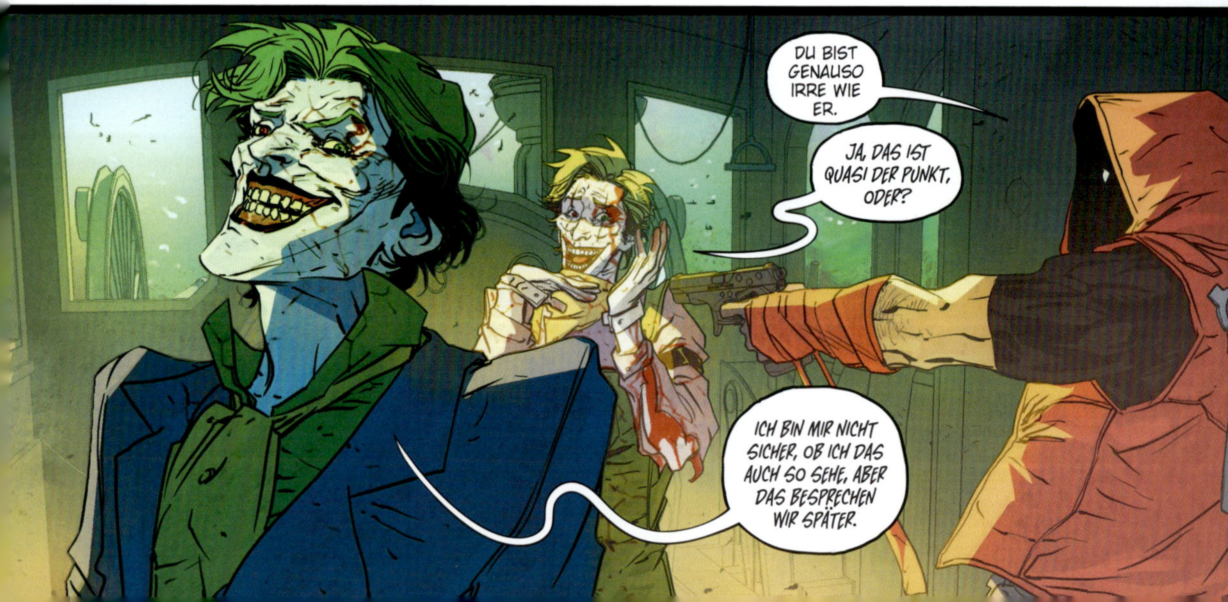
DU BIST GENAUSO IRRE WIE ER.
JA, DAS IST QUASI DER PUNKT, ODER?
ICH BIN MIR NICHT SICHER, OB ICH DAS AUCH SO SEHE, ABER DAS BESPRECHEN WIR SPÄTER.

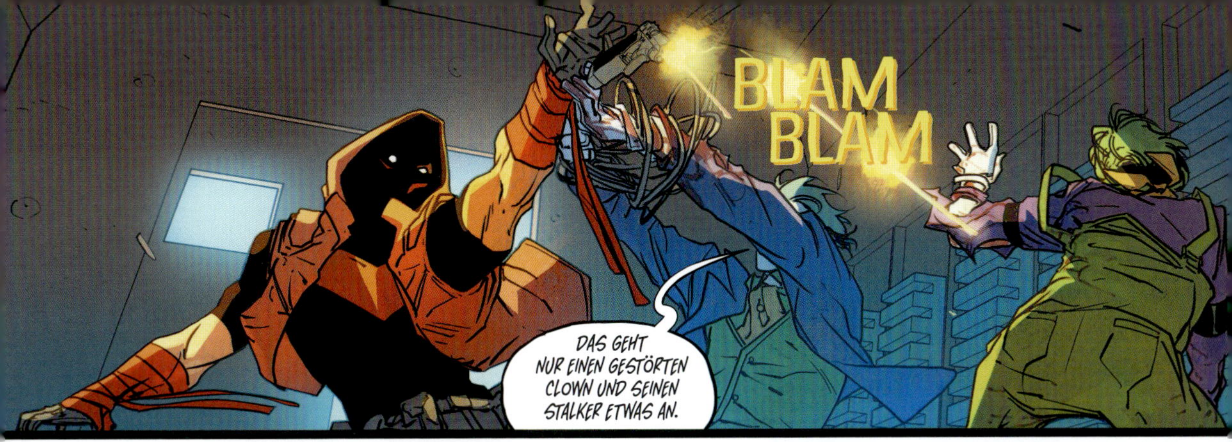
BLAM
BLAM
DAS GEHT NUR EINEN GESTÖRTEN CLOWN UND SEINEN STALKER ETWAS AN.

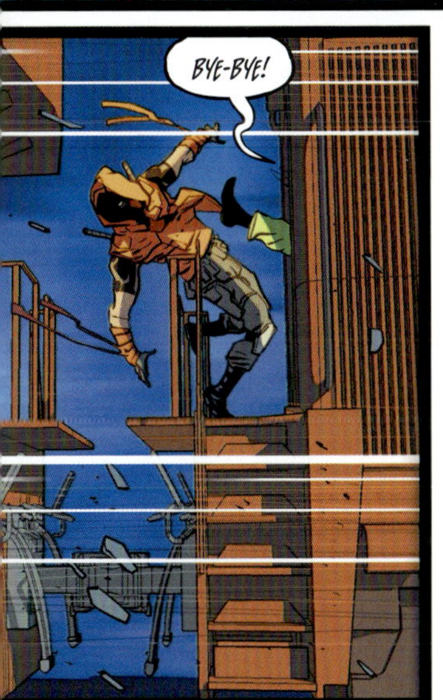
BYE-BYE!

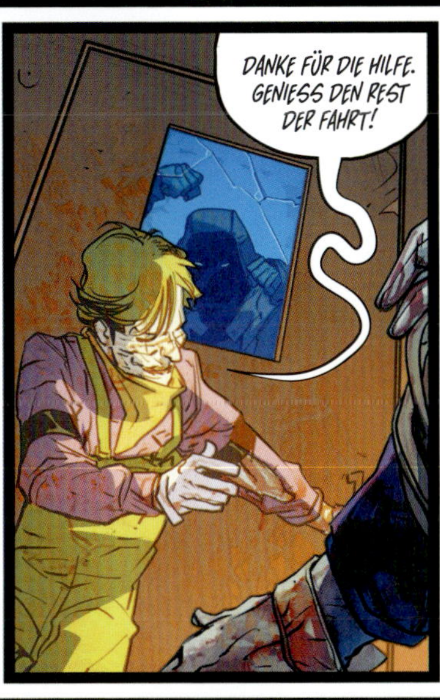
DANKE FÜR DIE HILFE. GENIESS DEN REST DER FAHRT!

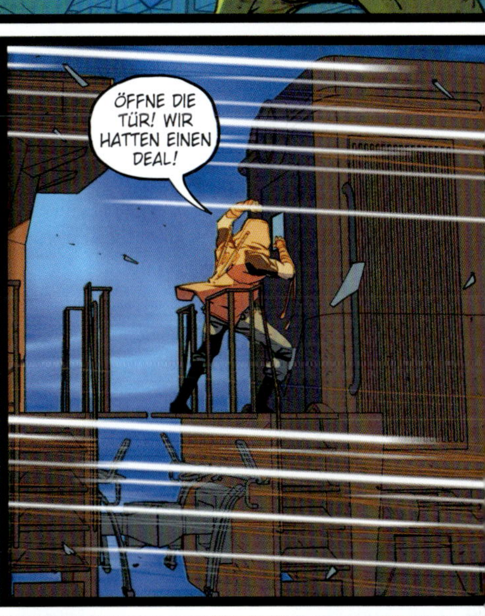
ÖFFNE DIE TÜR! WIR HATTEN EINEN DEAL!

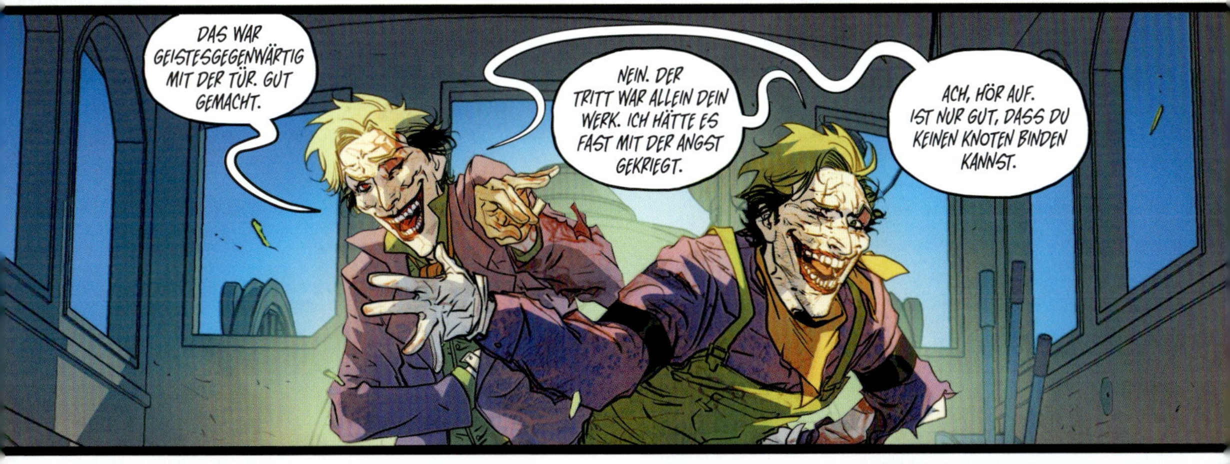
DAS WAR GEISTESGEGENWÄRTIG MIT DER TÜR. GUT GEMACHT.
NEIN. DER TRITT WAR ALLEIN DEIN WERK. ICH HÄTTE ES FAST MIT DER ANGST GEKRIEGT.
ACH, HÖR AUF. IST NUR GUT, DASS DU KEINEN KNOTEN BINDEN KANNST.

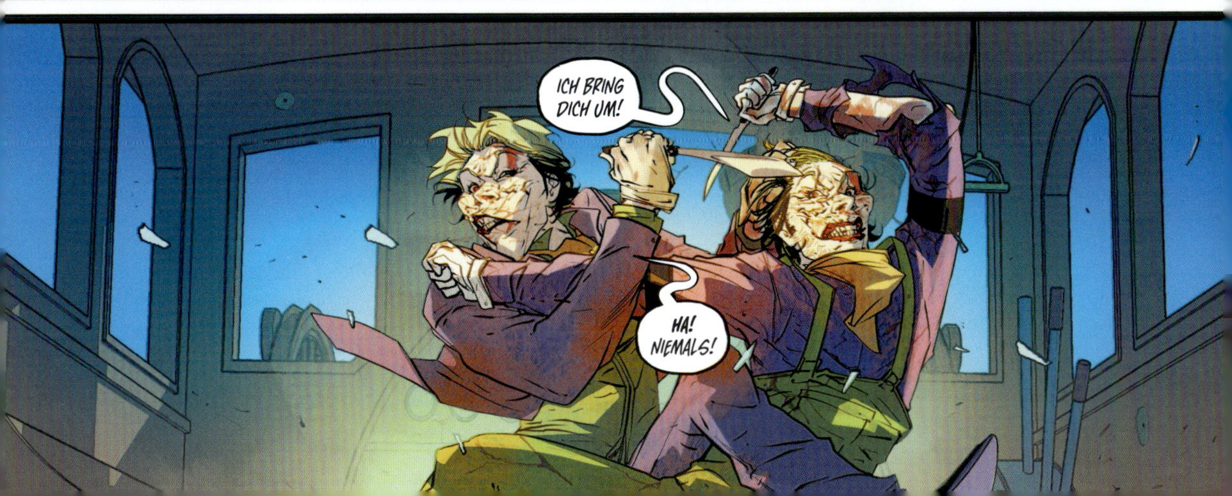
ICH BRING DICH UM!
HA! NIEMALS!

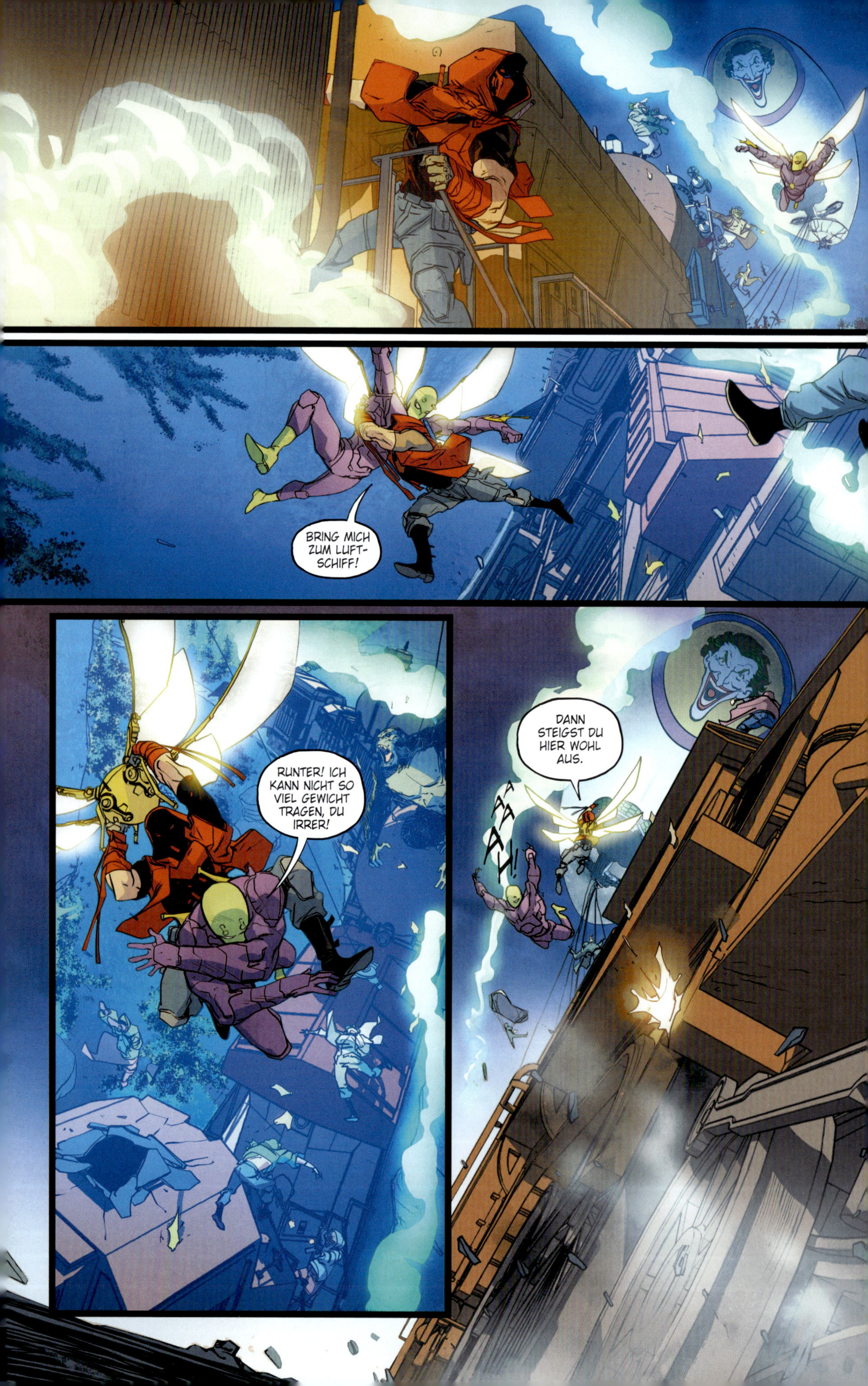
BRING MICH ZUM LUFT-SCHIFF!
RUNTER! ICH KANN NICHT SO VIEL GEWICHT TRAGEN, DU IRRER!
DANN STEIGST DU HIER WOHL AUS.
AAAH!

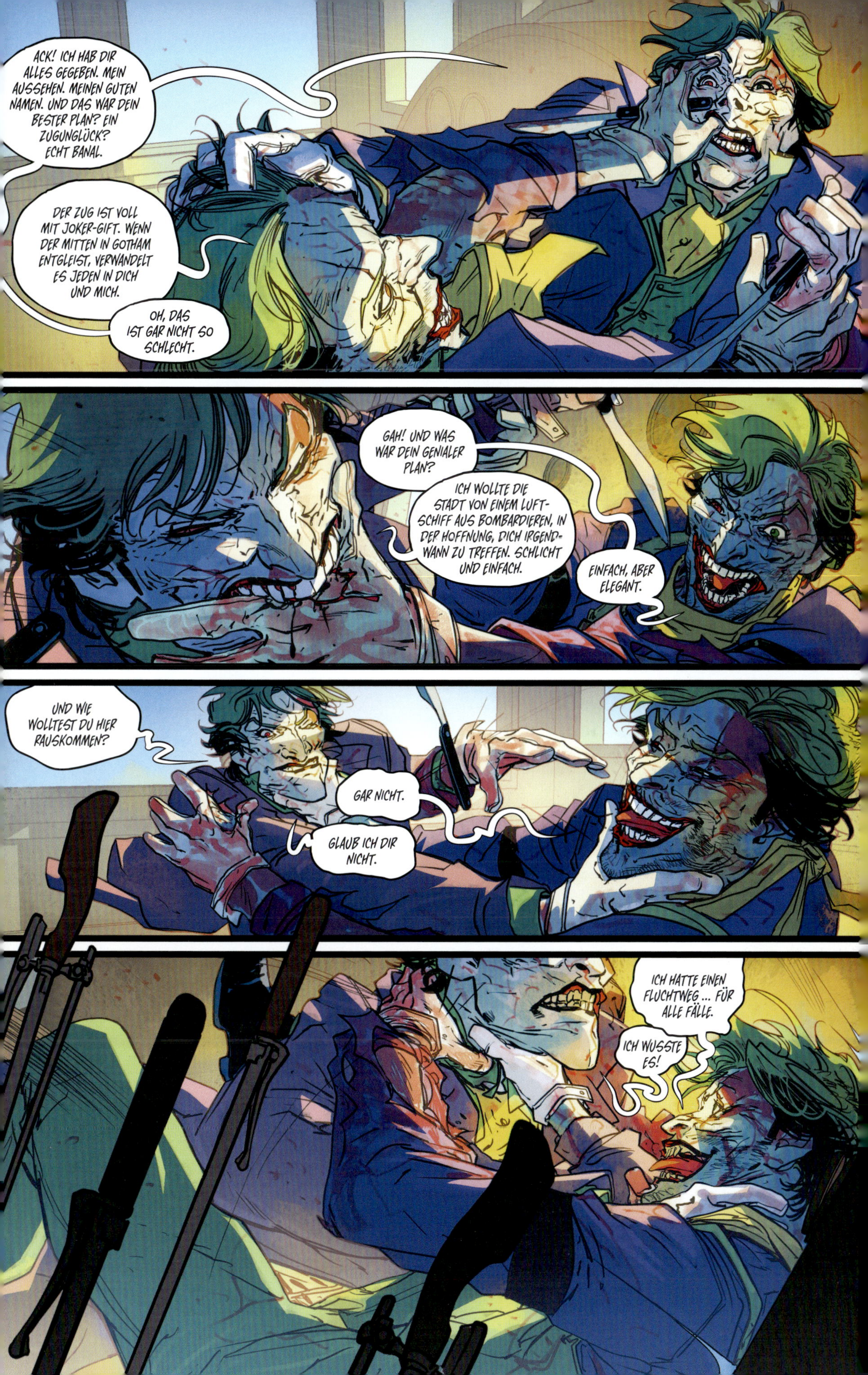
ACK! ICH HAB DIR ALLES GEGEBEN. MEIN AUSSEHEN. MEINEN GUTEN NAMEN. UND DAS WAR DEIN BESTER PLAN? EIN ZUGUNGLÜCK? ECHT BANAL.
DER ZUG IST VOLL MIT JOKER-GIFT. WENN DER MITTEN IN GOTHAM ENTGLEIST, VERWANDELT ES JEDEN IN DICH UND MICH.
OH, DAS IST GAR NICHT SO SCHLECHT.
GAH! UND WAS WAR DEIN GENIALER PLAN?
ICH WOLLTE DIE STADT VON EINEM LUFTSCHIFF AUS BOMBARDIEREN, IN DER HOFFNUNG, DICH IRGENDWANN ZU TREFFEN. SCHLICHT UND EINFACH.
EINFACH, ABER ELEGANT.
UND WIE WOLLTEST DU HIER RAUSKOMMEN?
GAR NICHT.
GLAUB ICH DIR NICHT.
ICH HATTE EINEN FLUCHTWEG ... FÜR ALLE FÄLLE.
ICH WUSSTE ES!

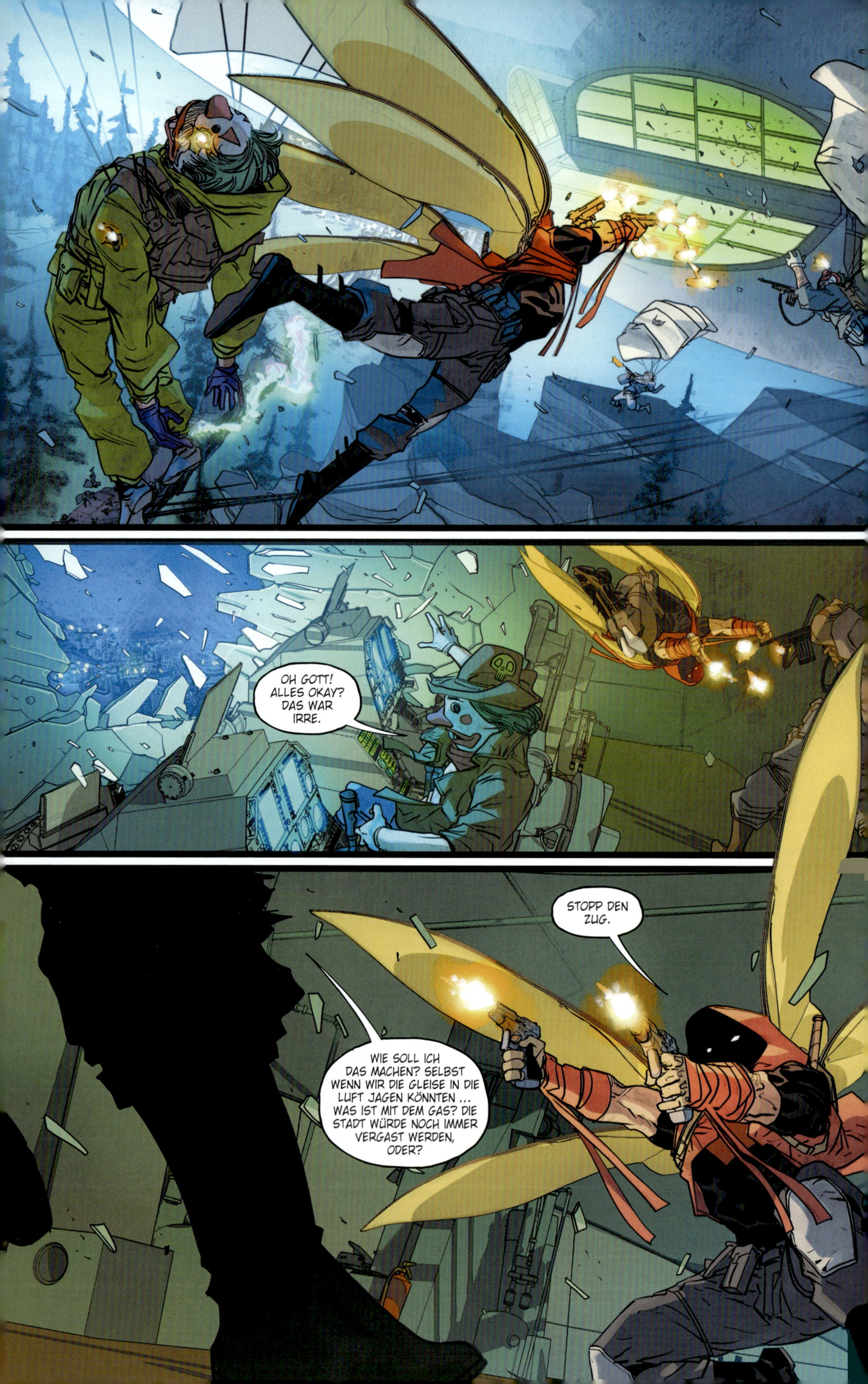
OH GOTT! ALLES OKAY? DAS WAR IRRE.
STOPP DEN ZUG.
WIE SOLL ICH DAS MACHEN? SELBST WENN WIR DIE GLEISE IN DIE LUFT JAGEN KÖNNTEN ... WAS IST MIT DEM GAS? DIE STADT WÜRDE NOCH IMMER VERGAST WERDEN, ODER?

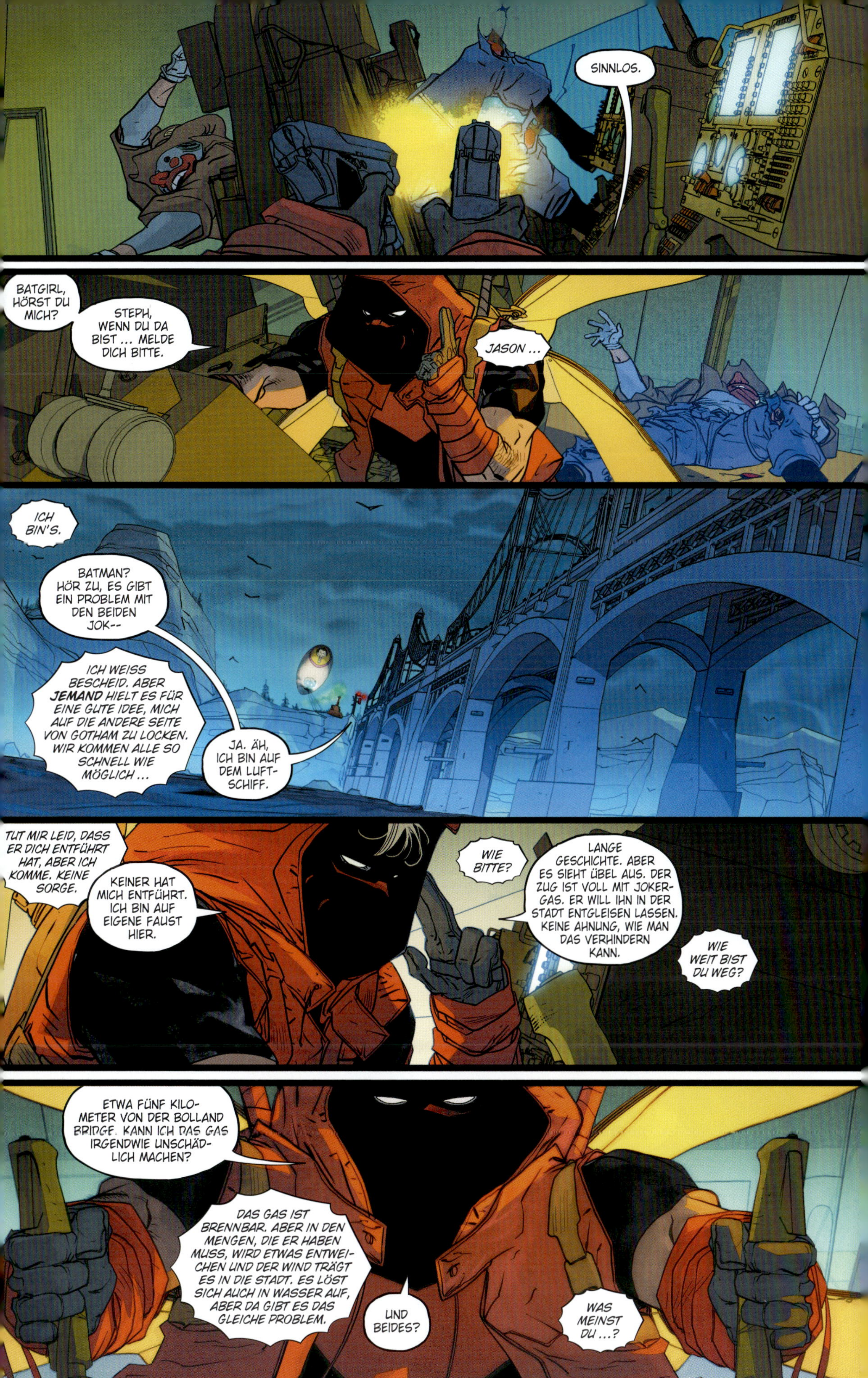
SINNLOS.
BATGIRL, HÖRST DU MICH?
STEPH, WENN DU DA BIST ... MELDE DICH BITTE.
JASON ...
ICH BIN'S.
BATMAN? HÖR ZU, ES GIBT EIN PROBLEM MIT DEN BEIDEN JOK--
ICH WEISS BESCHEID. ABER **JEMAND** HIELT ES FÜR EINE GUTE IDEE, MICH AUF DIE ANDERE SEITE VON GOTHAM ZU LOCKEN. WIR KOMMEN ALLE SO SCHNELL WIE MÖGLICH ...
JA. ÄH, ICH BIN AUF DEM LUFT-SCHIFF.
TUT MIR LEID, DASS ER DICH ENTFÜHRT HAT, ABER ICH KOMME. KEINE SORGE.
KEINER HAT MICH ENTFÜHRT. ICH BIN AUF EIGENE FAUST HIER.
WIE BITTE?
LANGE GESCHICHTE. ABER ES SIEHT ÜBEL AUS. DER ZUG IST VOLL MIT JOKER-GAS. ER WILL IHN IN DER STADT ENTGLEISEN LASSEN. KEINE AHNUNG, WIE MAN DAS VERHINDERN KANN.
WIE WEIT BIST DU WEG?
ETWA FÜNF KILO-METER VON DER BOLLAND BRIDGE. KANN ICH DAS GAS IRGENDWIE UNSCHÄD-LICH MACHEN?
DAS GAS IST BRENNBAR. ABER IN DEN MENGEN, DIE ER HABEN MUSS, WIRD ETWAS ENTWEI-CHEN UND DER WIND TRÄGT ES IN DIE STADT. ES LÖST SICH AUCH IN WASSER AUF, ABER DA GIBT ES DAS GLEICHE PROBLEM.
UND BEIDES?
WAS MEINST DU ...?

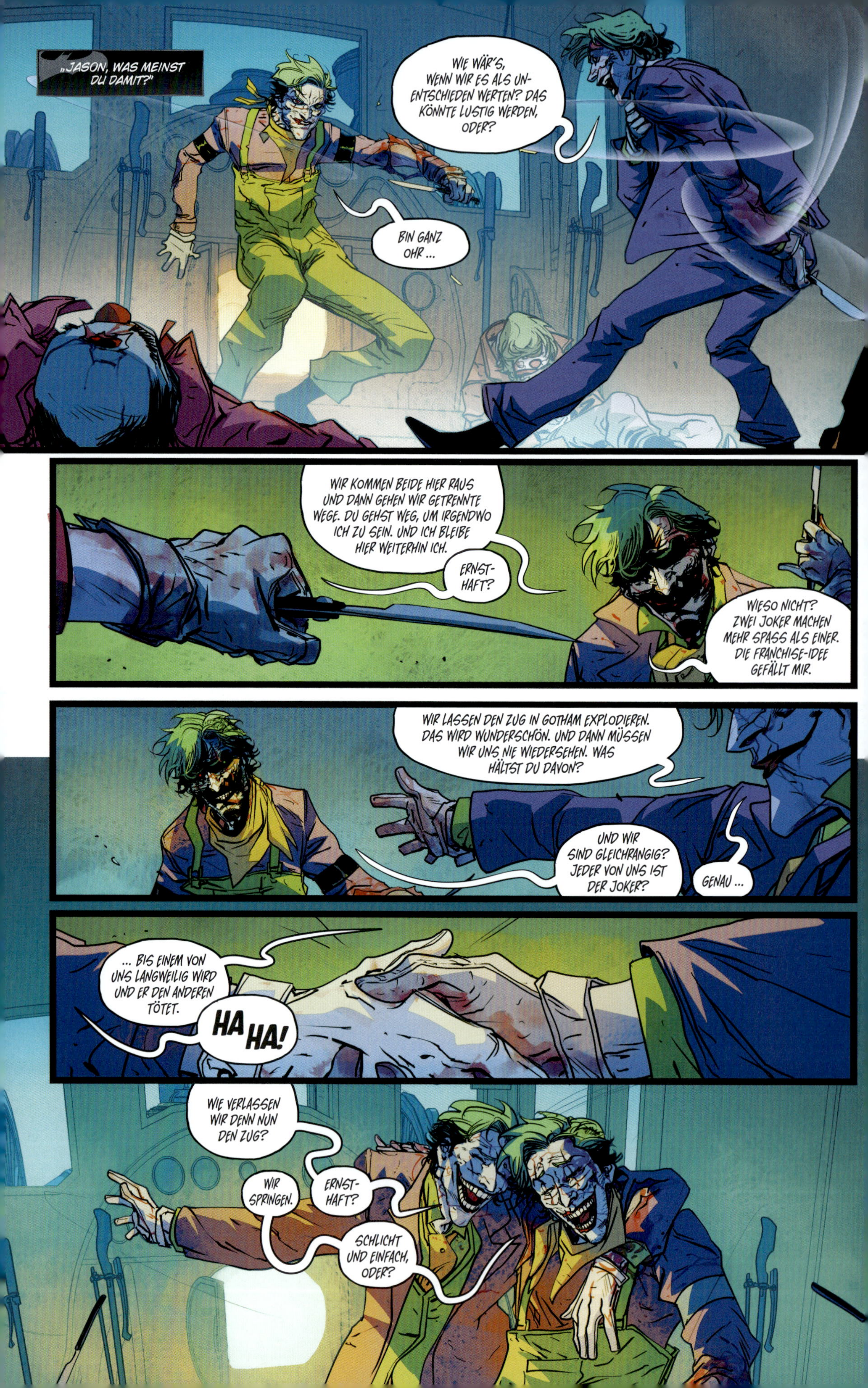

„JASON, WAS MEINST DU DAMIT?"
WIE WÄR'S, WENN WIR ES ALS UNENTSCHIEDEN WERTEN? DAS KÖNNTE LUSTIG WERDEN, ODER?
BIN GANZ OHR ...
WIR KOMMEN BEIDE HIER RAUS UND DANN GEHEN WIR GETRENNTE WEGE. DU GEHST WEG, UM IRGENDWO ICH ZU SEIN. UND ICH BLEIBE HIER WEITERHIN ICH.
ERNST-HAFT?
WIESO NICHT? ZWEI JOKER MACHEN MEHR SPASS ALS EINER. DIE FRANCHISE-IDEE GEFÄLLT MIR.
WIR LASSEN DEN ZUG IN GOTHAM EXPLODIEREN. DAS WIRD WUNDERSCHÖN. UND DANN MÜSSEN WIR UNS NIE WIEDERSEHEN. WAS HÄLTST DU DAVON?
UND WIR SIND GLEICHRANGIG? JEDER VON UNS IST DER JOKER?
GENAU ...
... BIS EINEM VON UNS LANGWEILIG WIRD UND ER DEN ANDEREN TÖTET.
HA HA!
WIE VERLASSEN WIR DENN NUN DEN ZUG?
WIR SPRINGEN.
ERNST-HAFT?
SCHLICHT UND EINFACH, ODER?

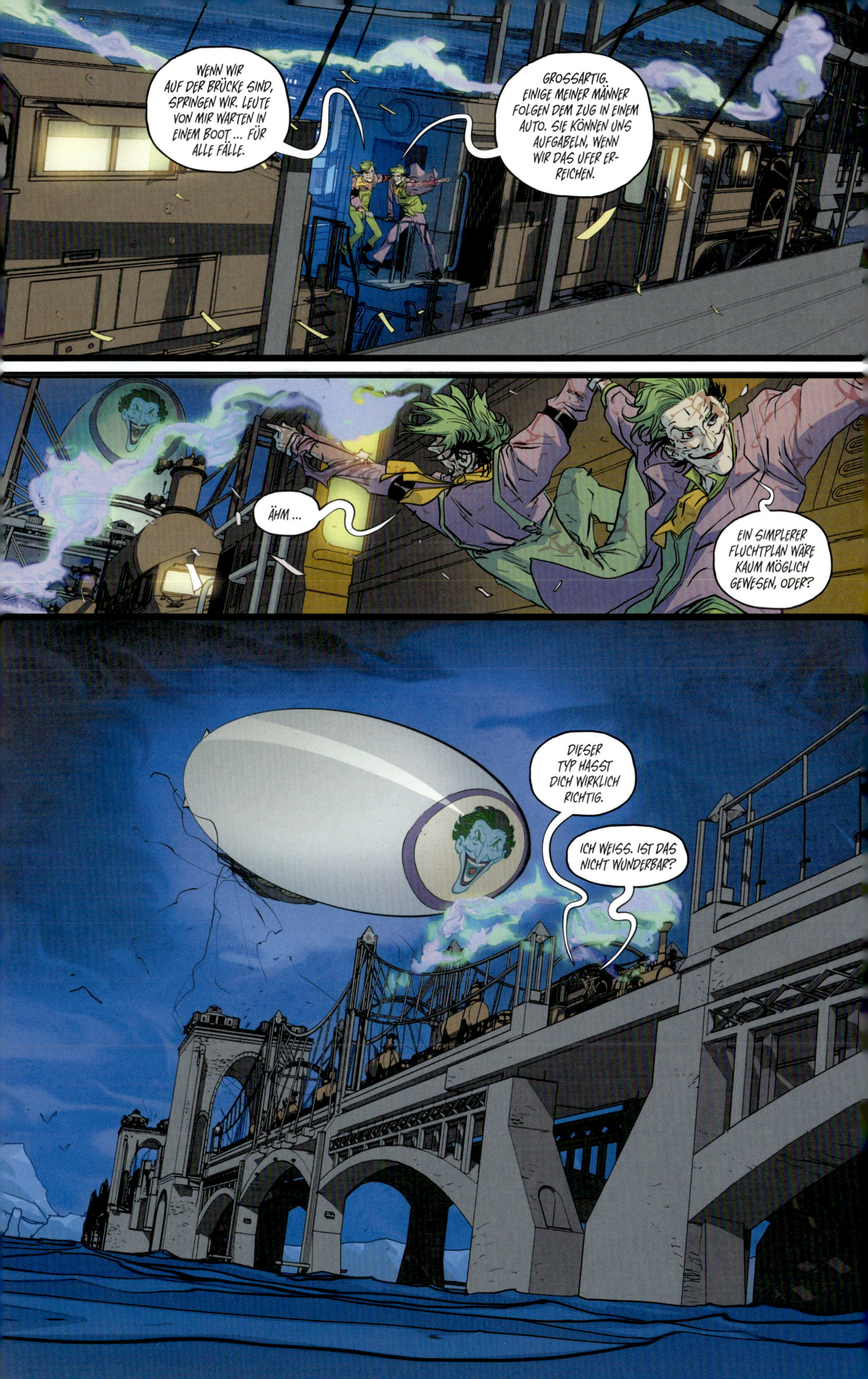
WENN WIR AUF DER BRÜCKE SIND, SPRINGEN WIR. LEUTE VON MIR WARTEN IN EINEM BOOT ... FÜR ALLE FÄLLE.
GROSSARTIG. EINIGE MEINER MÄNNER FOLGEN DEM ZUG IN EINEM AUTO. SIE KÖNNEN UNS AUFGABELN, WENN WIR DAS UFER ERREICHEN.
ÄHM ...
EIN SIMPLERER FLUCHTPLAN WÄRE KAUM MÖGLICH GEWESEN, ODER?
DIESER TYP HASST DICH WIRKLICH RICHTIG.
ICH WEISS. IST DAS NICHT WUNDERBAR?

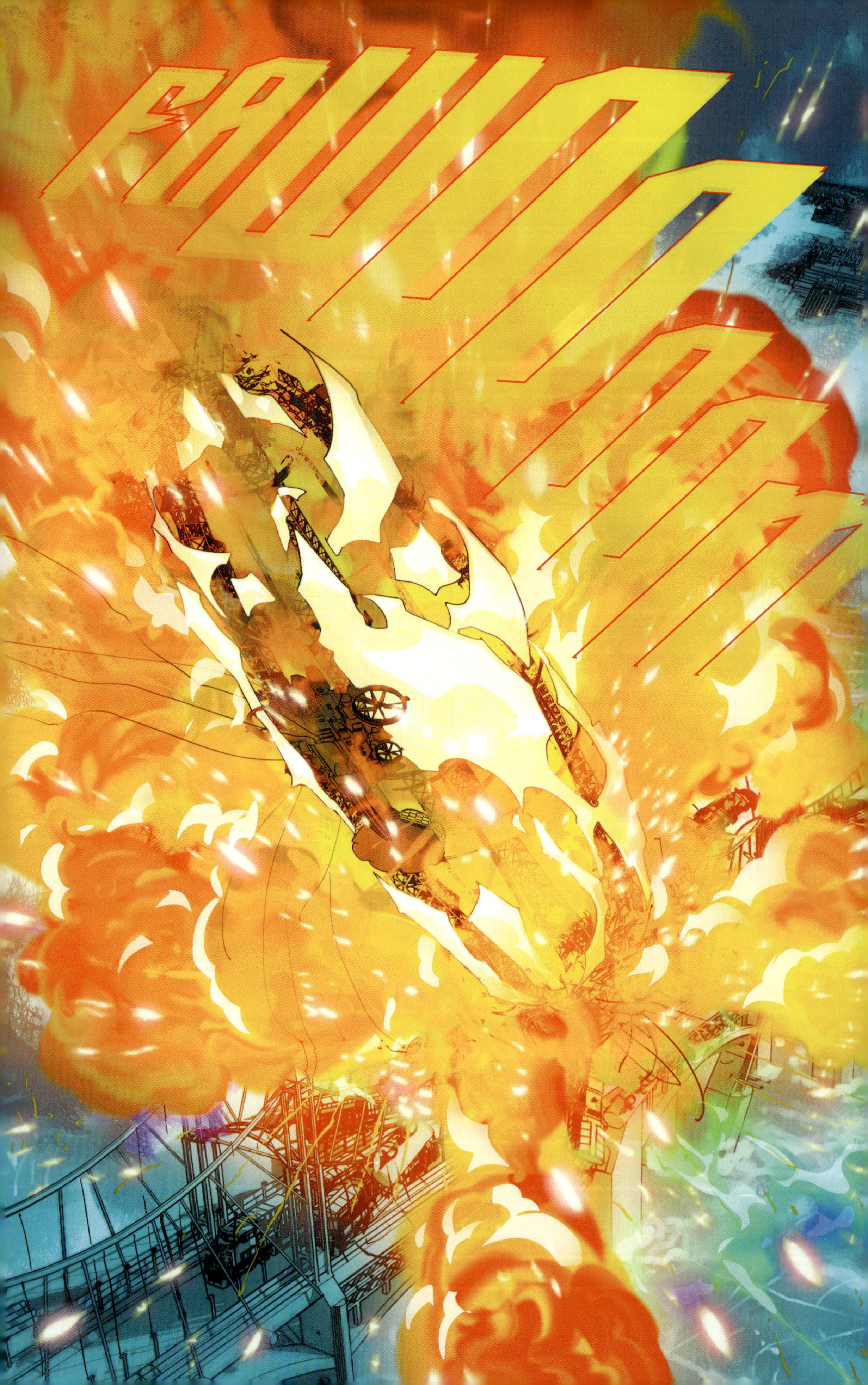

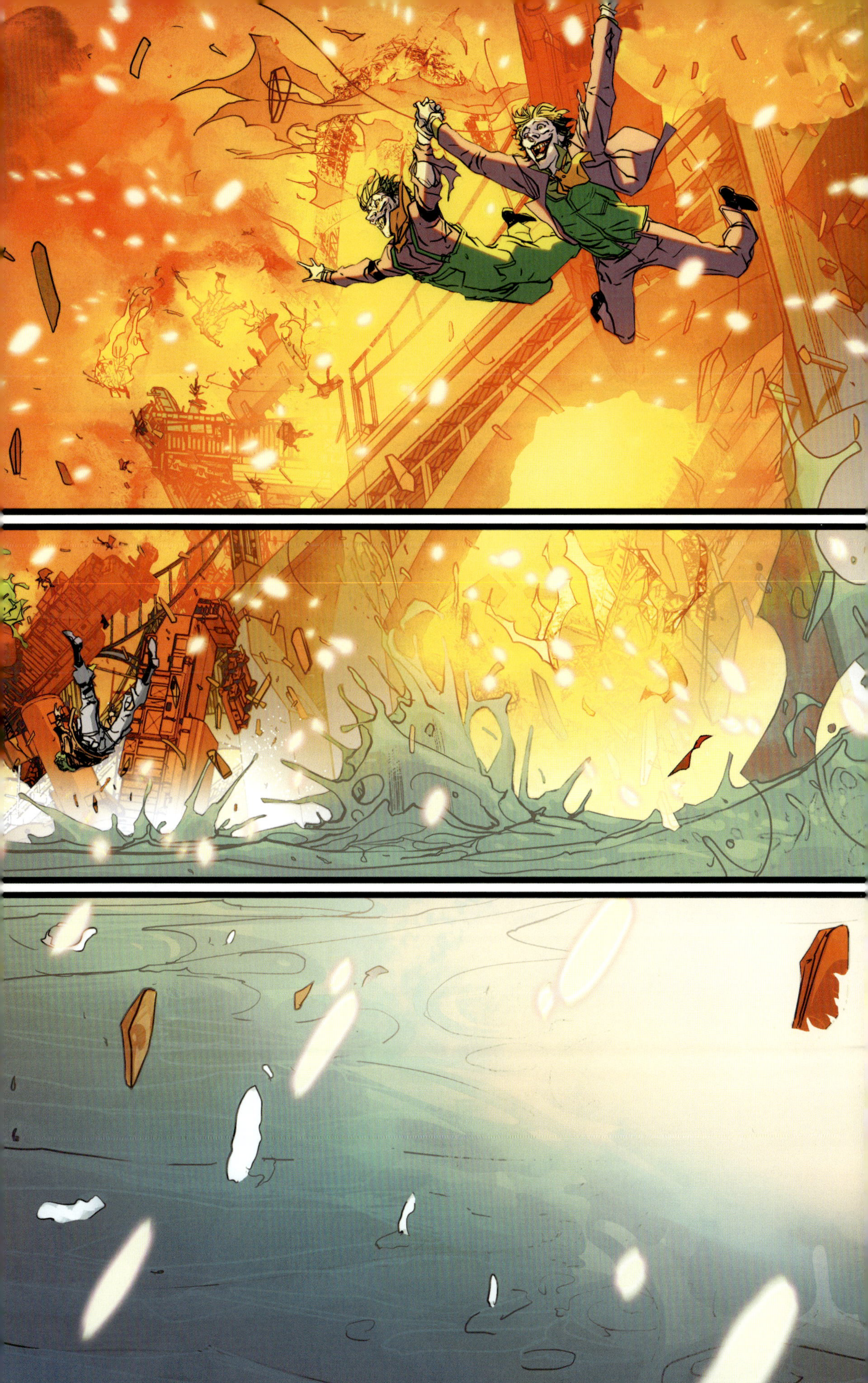

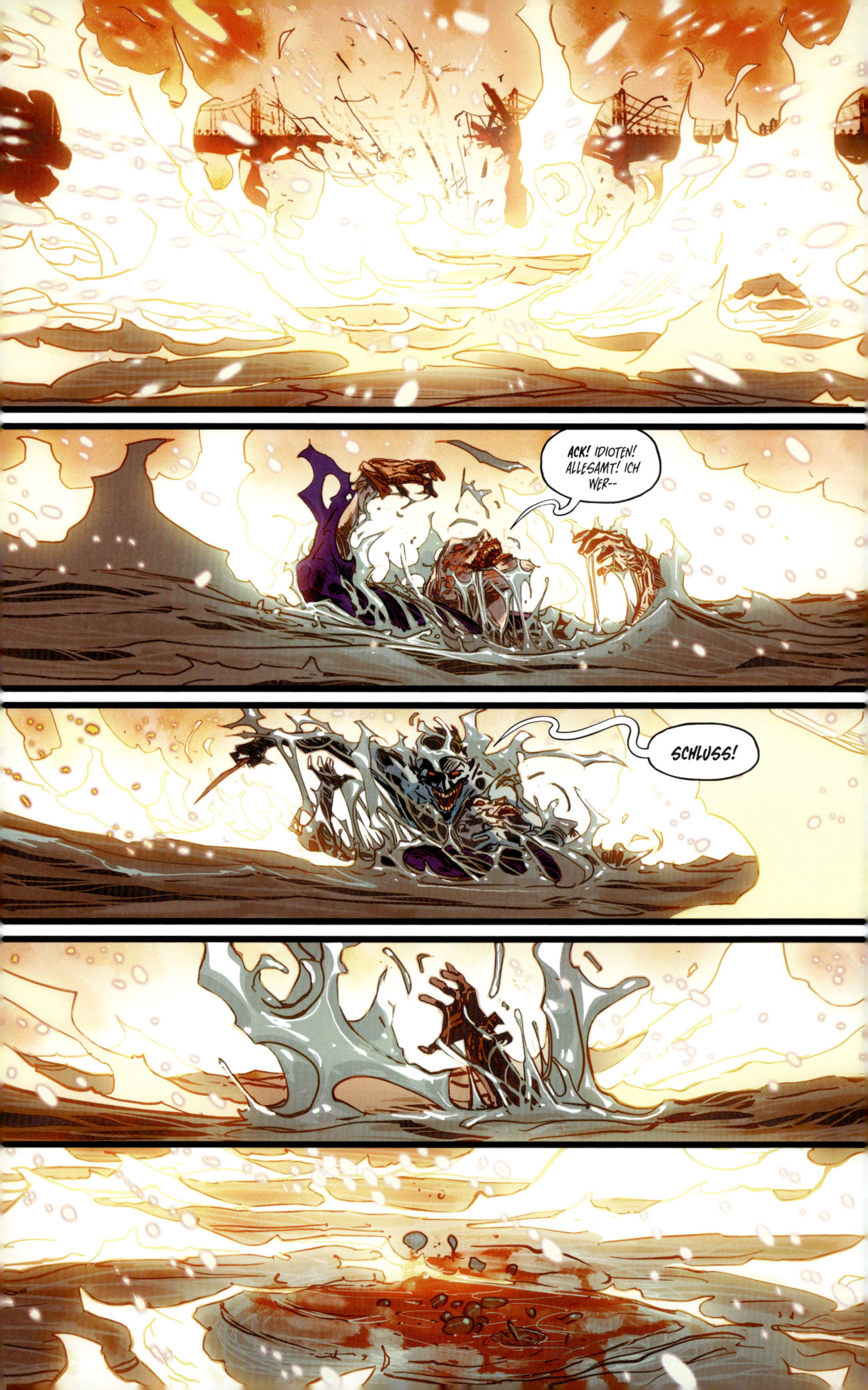
ACK! IDIOTEN! ALLESAMT! ICH WER--
SCHLUSS!

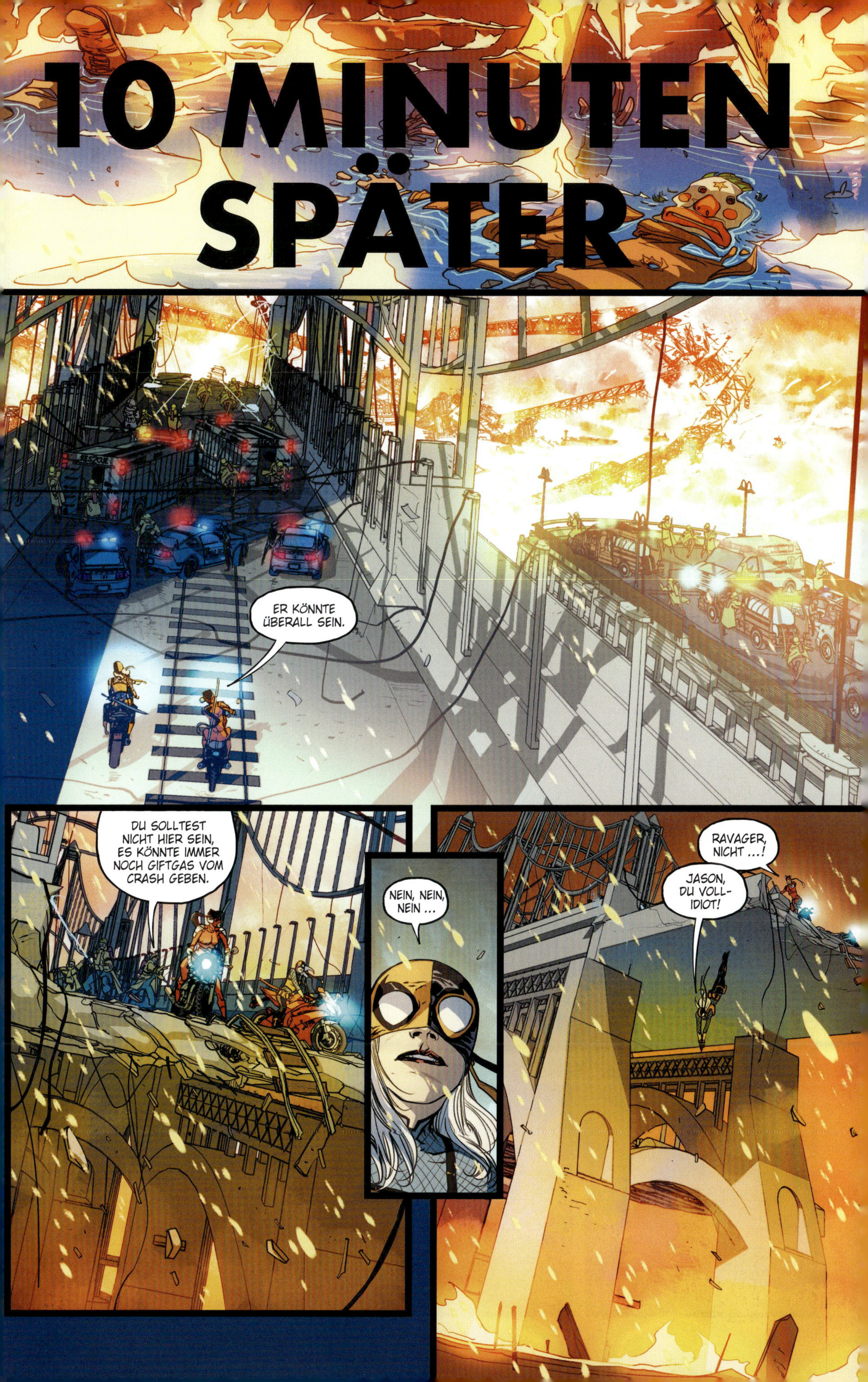

10 MINUTEN SPÄTER

ER KÖNNTE ÜBERALL SEIN.

DU SOLLTEST NICHT HIER SEIN, ES KÖNNTE IMMER NOCH GIFTGAS VOM CRASH GEBEN.

NEIN, NEIN, NEIN ...

RAVAGER, NICHT ...!

JASON, DU VOLL-IDIOT!

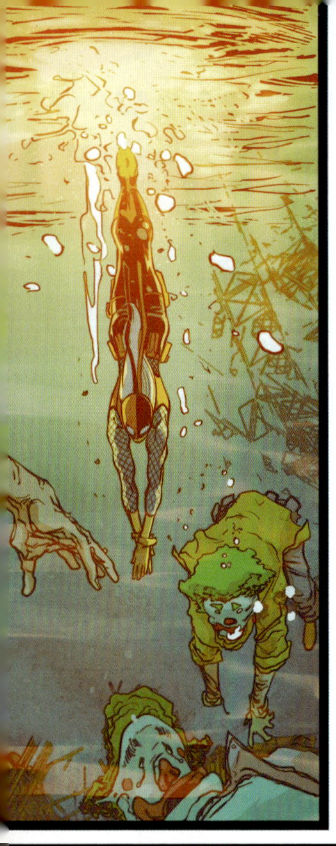
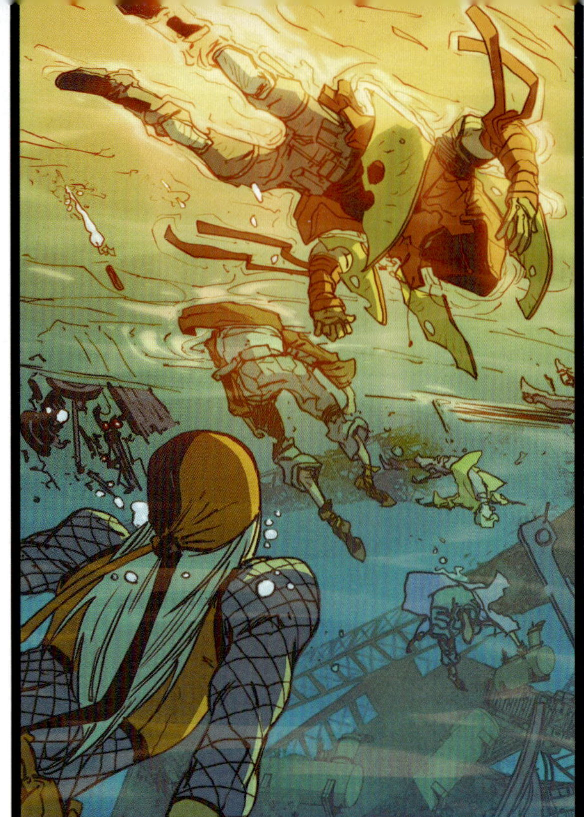
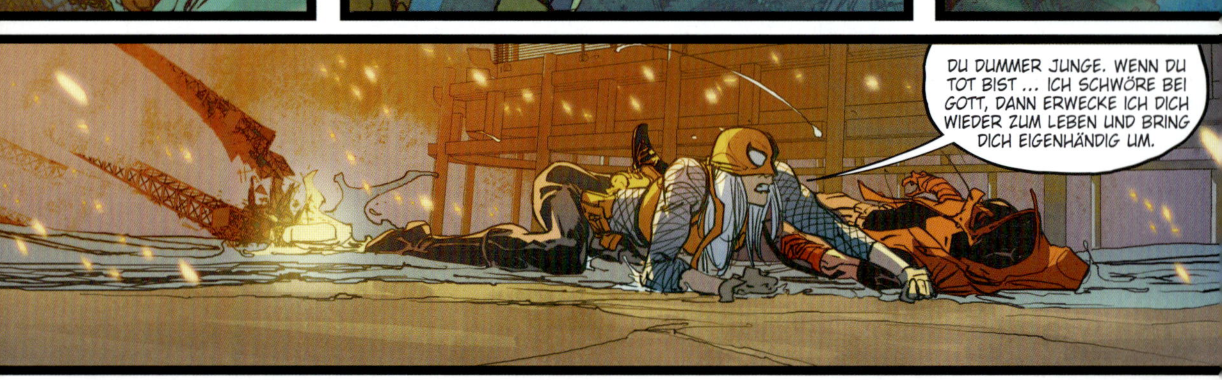
DU DUMMER JUNGE. WENN DU TOT BIST ... ICH SCHWÖRE BEI GOTT, DANN ERWECKE ICH DICH WIEDER ZUM LEBEN UND BRING DICH EIGENHÄNDIG UM.
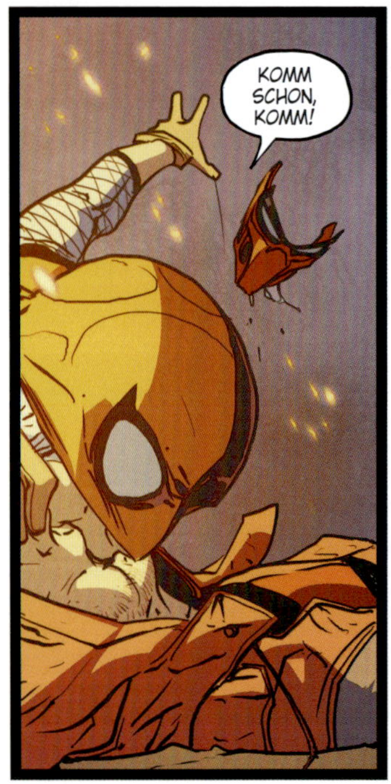
KOMM SCHON, KOMM!
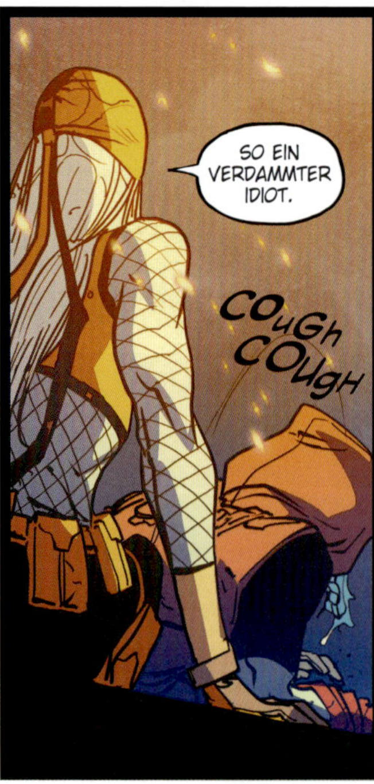
SO EIN VERDAMMTER IDIOT.
COUGH COUGH
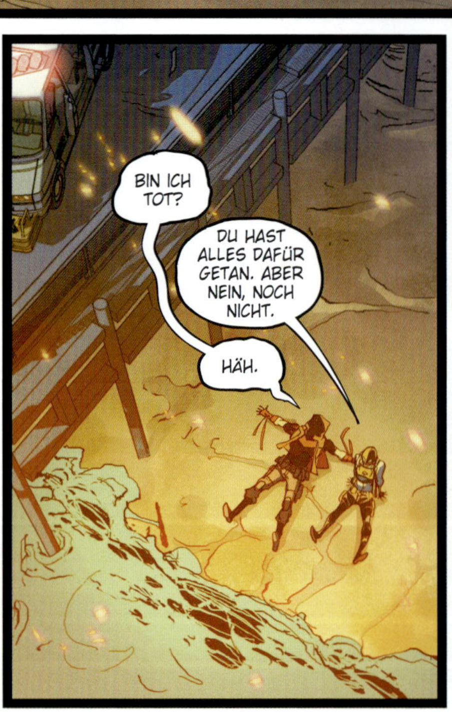
BIN ICH TOT?
DU HAST ALLES DAFÜR GETAN. ABER NEIN, NOCH NICHT.
HÄH.

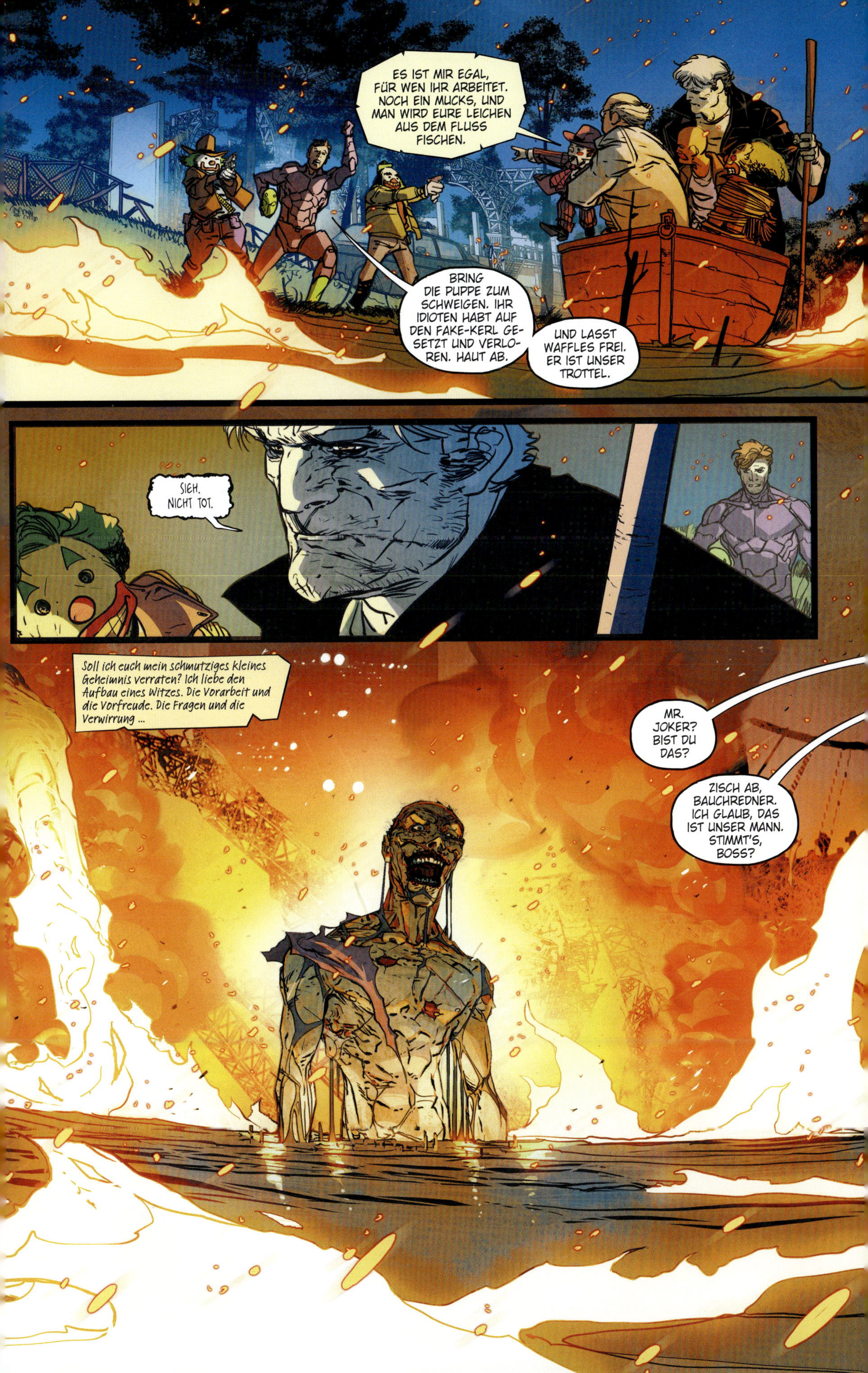
ES IST MIR EGAL, FÜR WEN IHR ARBEITET. NOCH EIN MUCKS, UND MAN WIRD EURE LEICHEN AUS DEM FLUSS FISCHEN.
BRING DIE PUPPE ZUM SCHWEIGEN. IHR IDIOTEN HABT AUF DEN FAKE-KERL GESETZT UND VERLOREN. HAUT AB.
UND LASST WAFFLES FREI. ER IST UNSER TROTTEL.
SIEH. NICHT TOT.
Soll ich euch mein schmutziges kleines Geheimnis verraten? Ich liebe den Aufbau eines Witzes. Die Vorarbeit und die Vorfreude. Die Fragen und die Verwirrung ...
MR. JOKER? BIST DU DAS?
ZISCH AB, BAUCHREDNER. ICH GLAUB, DAS IST UNSER MANN. STIMMT'S, BOSS?

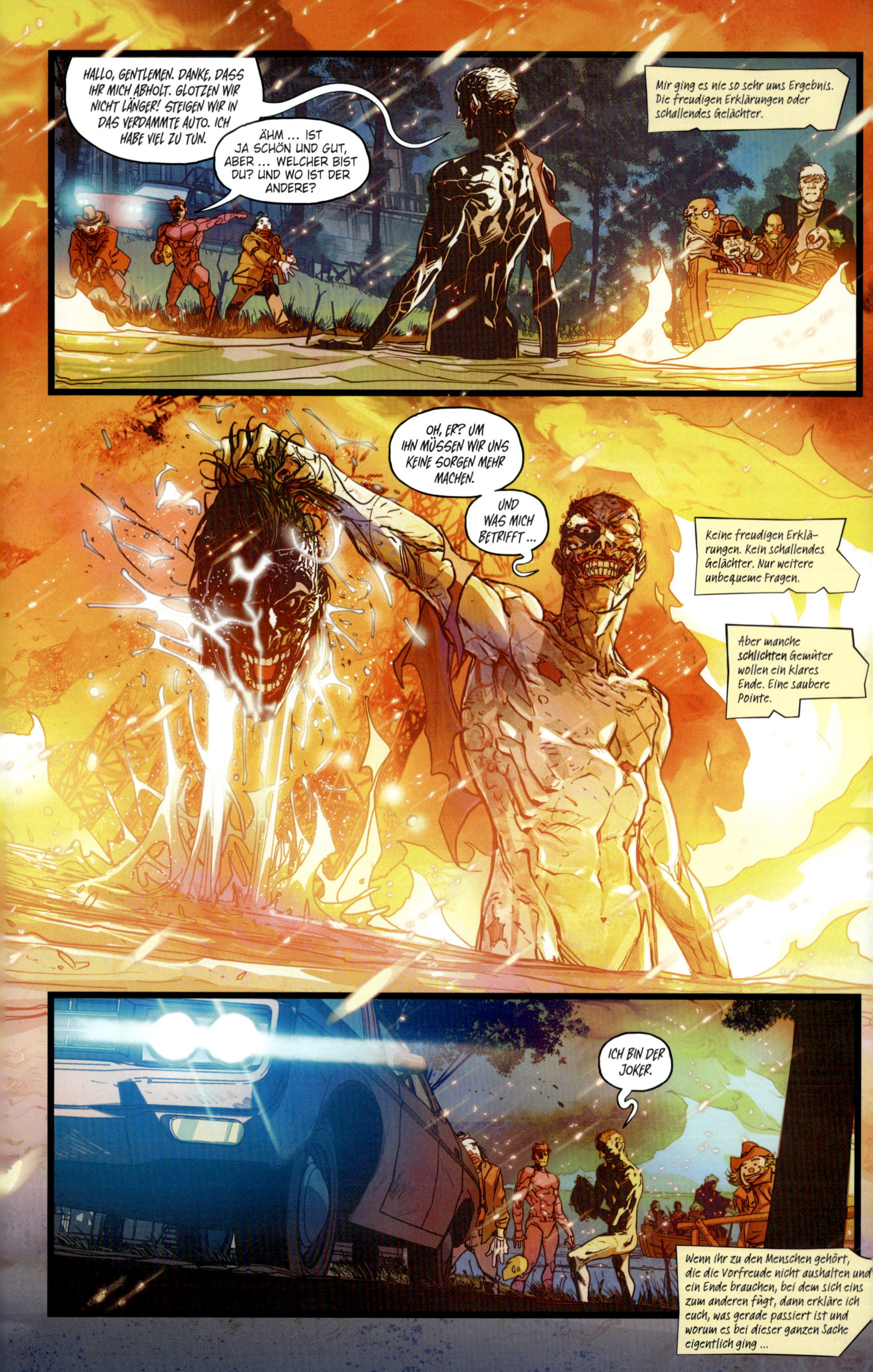
HALLO, GENTLEMEN. DANKE, DASS IHR MICH ABHOLT. GLOTZEN WIR NICHT LÄNGER! STEIGEN WIR IN DAS VERDAMMTE AUTO. ICH HABE VIEL ZU TUN.
ÄHM ... IST JA SCHÖN UND GUT, ABER ... WELCHER BIST DU? UND WO IST DER ANDERE?
Mir ging es nie so sehr ums Ergebnis. Die freudigen Erklärungen oder schallendes Gelächter.
OH, ER? UM IHN MÜSSEN WIR UNS KEINE SORGEN MEHR MACHEN.
UND WAS MICH BETRIFFT ...
Keine freudigen Erklärungen. Kein schallendes Gelächter. Nur weitere unbequeme Fragen.
Aber manche schlichten Gemüter wollen ein klares Ende. Eine saubere Pointe.
ICH BIN DER JOKER.
Wenn ihr zu den Menschen gehört, die die Vorfreude nicht aushalten und ein Ende brauchen, bei dem sich eins zum anderen fügt, dann erkläre ich euch, was gerade passiert ist und worum es bei dieser ganzen Sache eigentlich ging ...

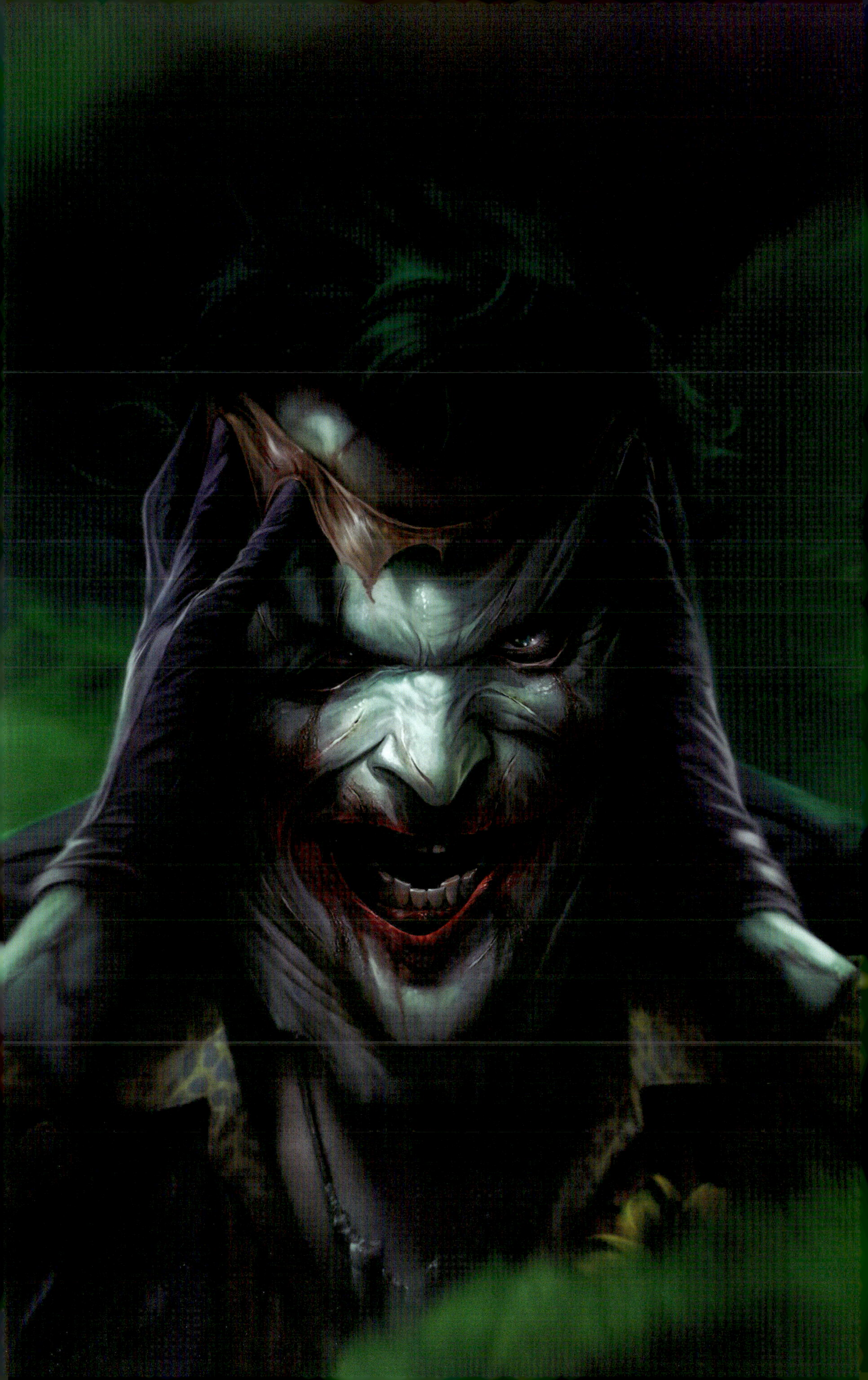

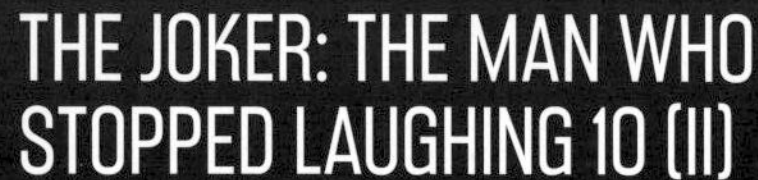

THE JOKER: THE MAN WHO STOPPED LAUGHING 10 (II)

STERBEN IST EASY, COMEDY IST HART!

MATTHEW ROSENBERG
Story

FRANCESCO FRANCAVILLA
Zeichnungen, Tusche & Farben

FRANCESCO MATTINA
Variant-Cover

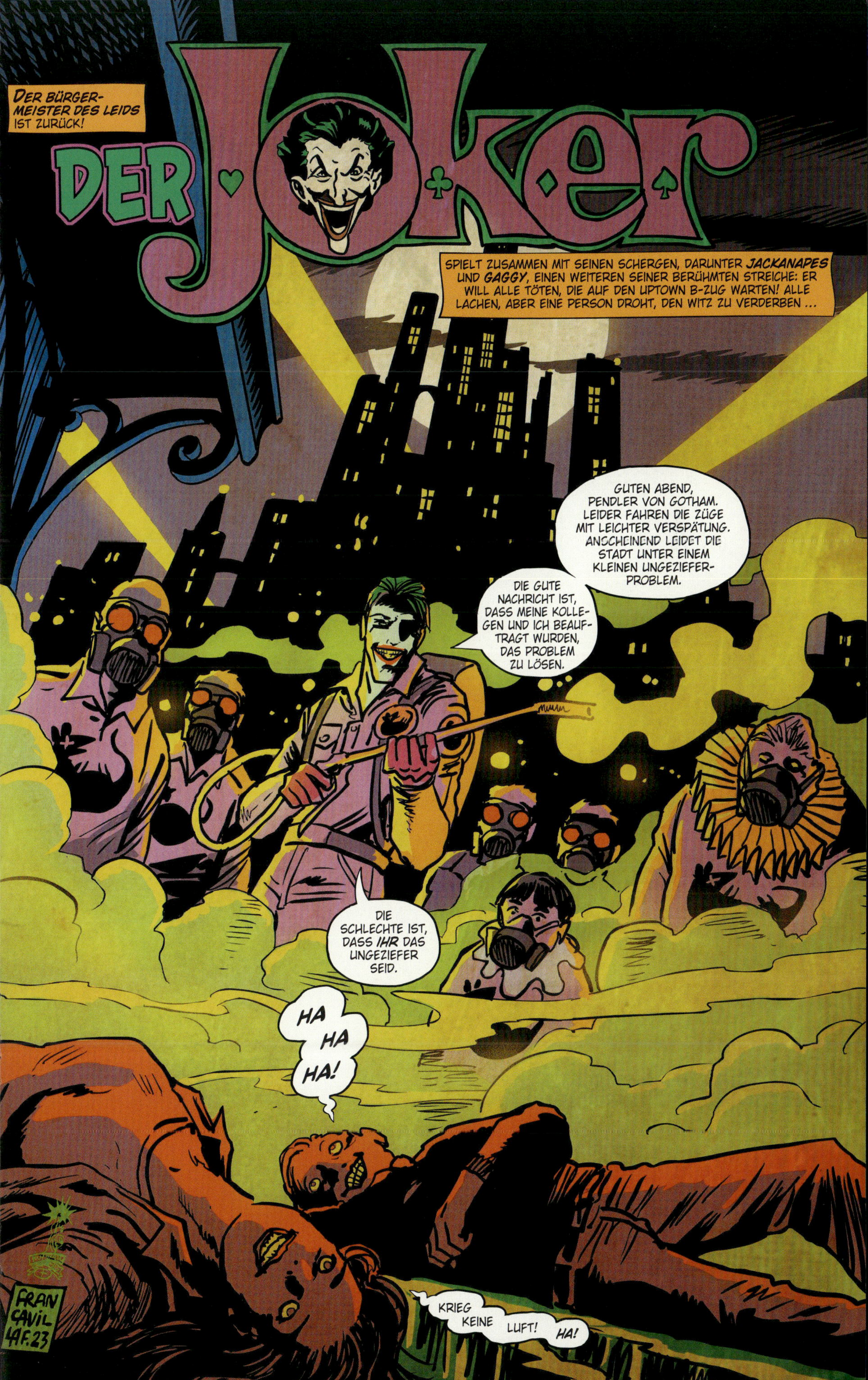

DER BÜRGER-MEISTER DES LEIDS IST ZURÜCK!
DER JOKER
SPIELT ZUSAMMEN MIT SEINEN SCHERGEN, DARUNTER JACKANAPES UND GAGGY, EINEN WEITEREN SEINER BERÜHMTEN STREICHE: ER WILL ALLE TÖTEN, DIE AUF DEN UPTOWN B-ZUG WARTEN! ALLE LACHEN, ABER EINE PERSON DROHT, DEN WITZ ZU VERDERBEN …
GUTEN ABEND, PENDLER VON GOTHAM. LEIDER FAHREN DIE ZÜGE MIT LEICHTER VERSPÄTUNG. ANSCHEINEND LEIDET DIE STADT UNTER EINEM KLEINEN UNGEZIEFER-PROBLEM.
DIE GUTE NACHRICHT IST, DASS MEINE KOLLE-GEN UND ICH BEAUF-TRAGT WURDEN, DAS PROBLEM ZU LÖSEN.
DIE SCHLECHTE IST, DASS IHR DAS UNGEZIEFER SEID.
HA HA HA!
KRIEG KEINE LUFT! HA!
FRANCAVILLA F.23

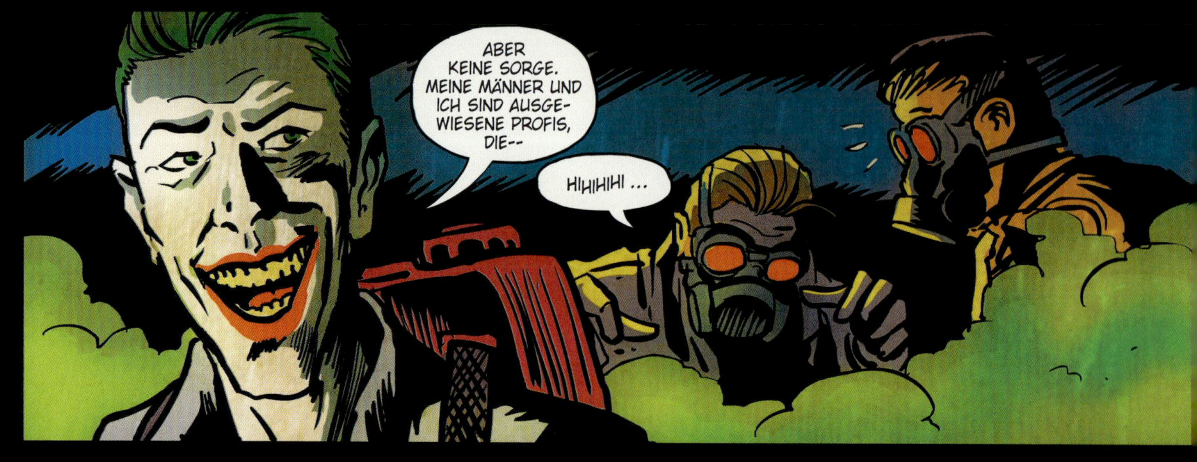
ABER KEINE SORGE. MEINE MÄNNER UND ICH SIND AUSGE-WIESENE PROFIS, DIE--
HIHIHIHI ...

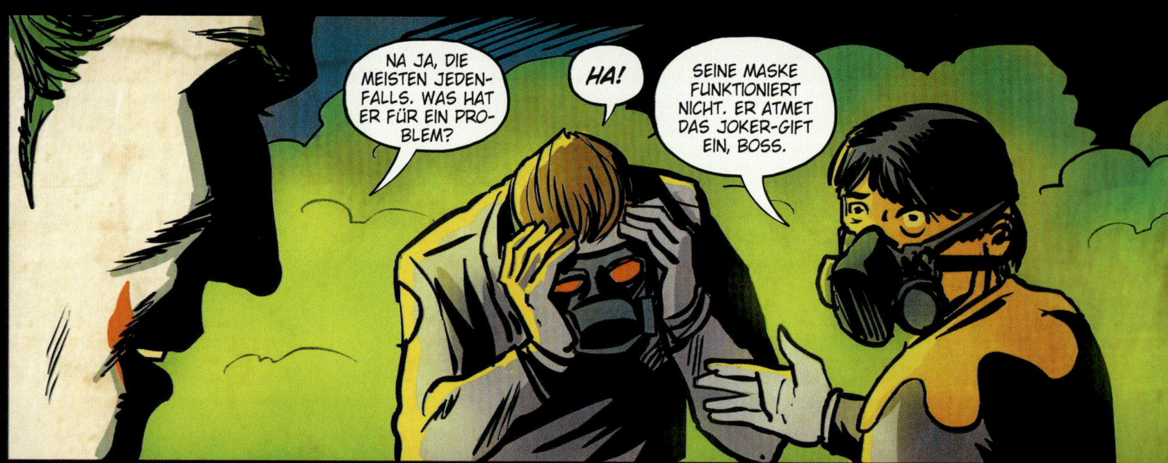
NA JA, DIE MEISTEN JEDEN-FALLS. WAS HAT ER FÜR EIN PRO-BLEM?
HA!
SEINE MASKE FUNKTIONIERT NICHT. ER ATMET DAS JOKER-GIFT EIN, BOSS.

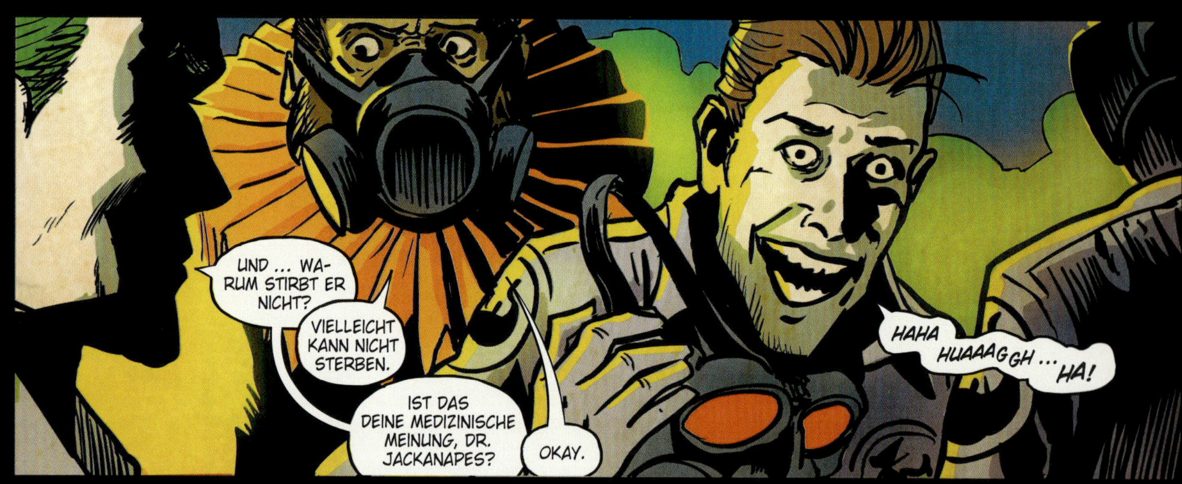
UND ... WA-RUM STIRBT ER NICHT?
VIELLEICHT KANN NICHT STERBEN.
IST DAS DEINE MEDIZINISCHE MEINUNG, DR. JACKANAPES?
OKAY.
HAHA HUAAAGGH ... HA!

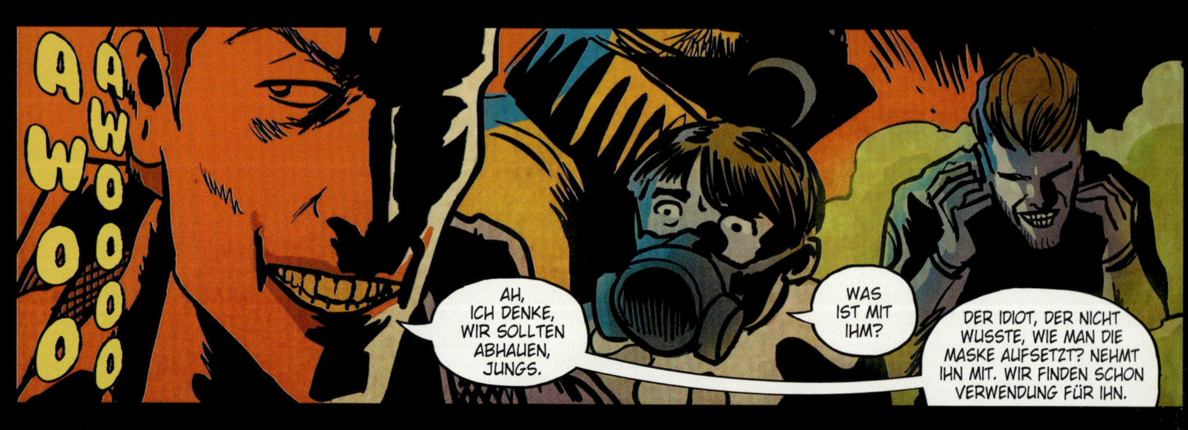
AAWOOOO
AWOOOOO
AH, ICH DENKE, WIR SOLLTEN ABHAUEN, JUNGS.
WAS IST MIT IHM?
DER IDIOT, DER NICHT WUSSTE, WIE MAN DIE MASKE AUFSETZT? NEHMT IHN MIT. WIR FINDEN SCHON VERWENDUNG FÜR IHN.

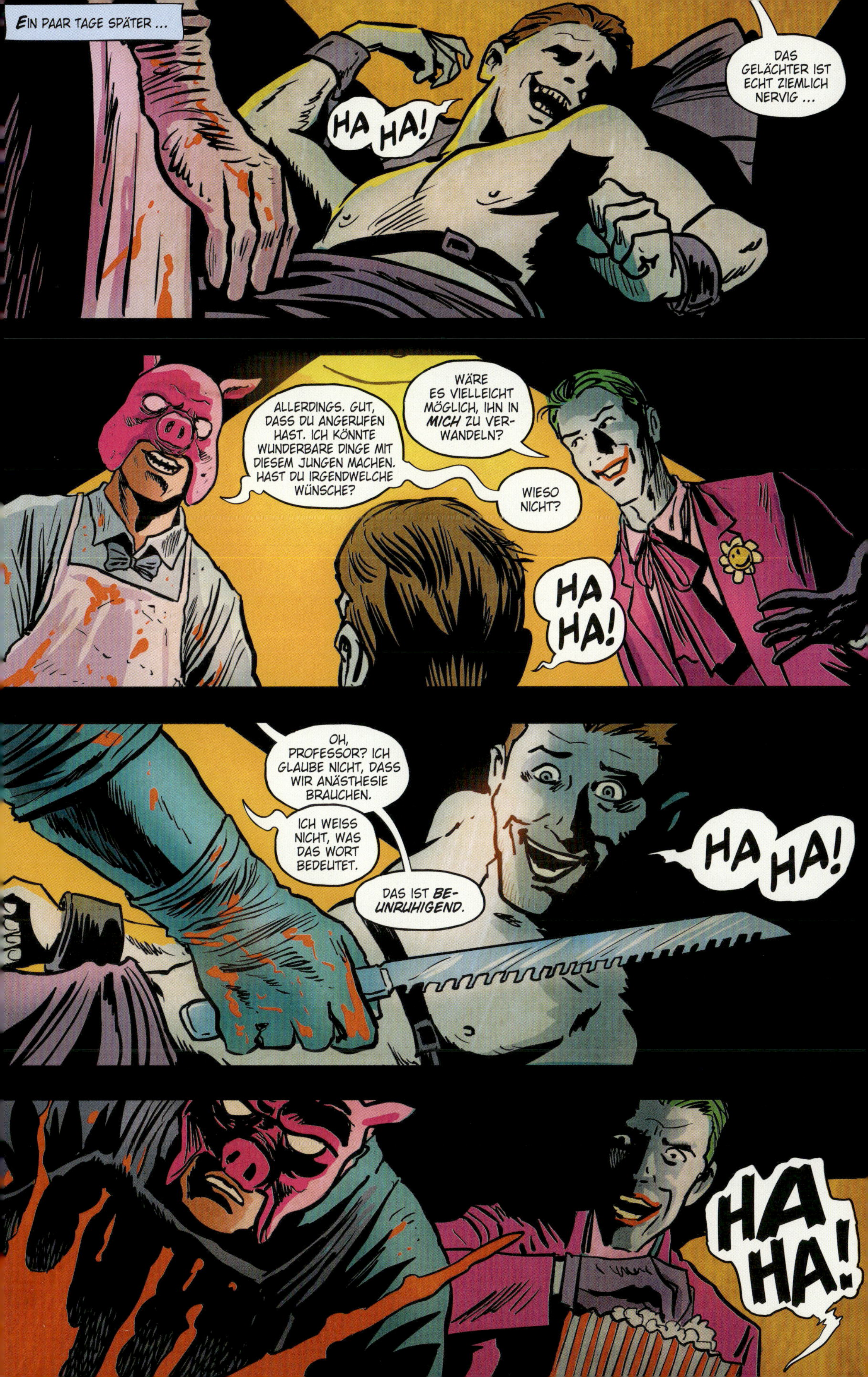
EIN PAAR TAGE SPÄTER ...
HA HA!
DAS GELÄCHTER IST ECHT ZIEMLICH NERVIG ...
ALLERDINGS. GUT, DASS DU ANGERUFEN HAST. ICH KÖNNTE WUNDERBARE DINGE MIT DIESEM JUNGEN MACHEN. HAST DU IRGENDWELCHE WÜNSCHE?
WÄRE ES VIELLEICHT MÖGLICH, IHN IN MICH ZU VERWANDELN?
WIESO NICHT?
HA HA!
OH, PROFESSOR? ICH GLAUBE NICHT, DASS WIR ANÄSTHESIE BRAUCHEN.
ICH WEISS NICHT, WAS DAS WORT BEDEUTET.
DAS IST BEUNRUHIGEND.
HA HA!
HA HA!

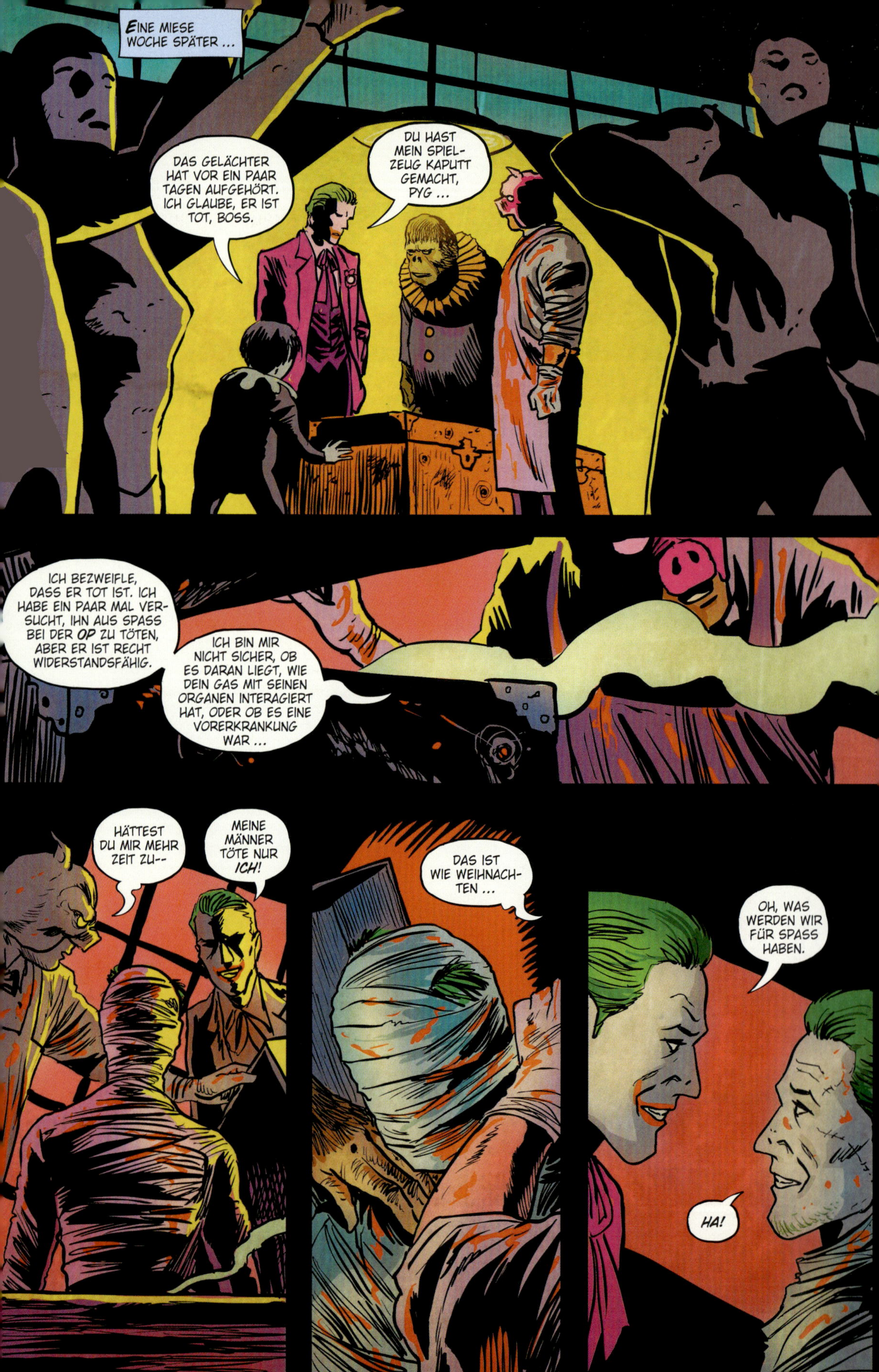
EINE MIESE WOCHE SPÄTER ...
DAS GELÄCHTER HAT VOR EIN PAAR TAGEN AUFGEHÖRT. ICH GLAUBE, ER IST TOT, BOSS.
DU HAST MEIN SPIELZEUG KAPUTT GEMACHT, PYG ...
ICH BEZWEIFLE, DASS ER TOT IST. ICH HABE EIN PAAR MAL VERSUCHT, IHN AUS SPASS BEI DER OP ZU TÖTEN, ABER ER IST RECHT WIDERSTANDSFÄHIG.
ICH BIN MIR NICHT SICHER, OB ES DARAN LIEGT, WIE DEIN GAS MIT SEINEN ORGANEN INTERAGIERT HAT, ODER OB ES EINE VORERKRANKUNG WAR ...
HÄTTEST DU MIR MEHR ZEIT ZU--
MEINE MÄNNER TÖTE NUR ICH!
DAS IST WIE WEIHNACHTEN ...
OH, WAS WERDEN WIR FÜR SPASS HABEN.
HA!

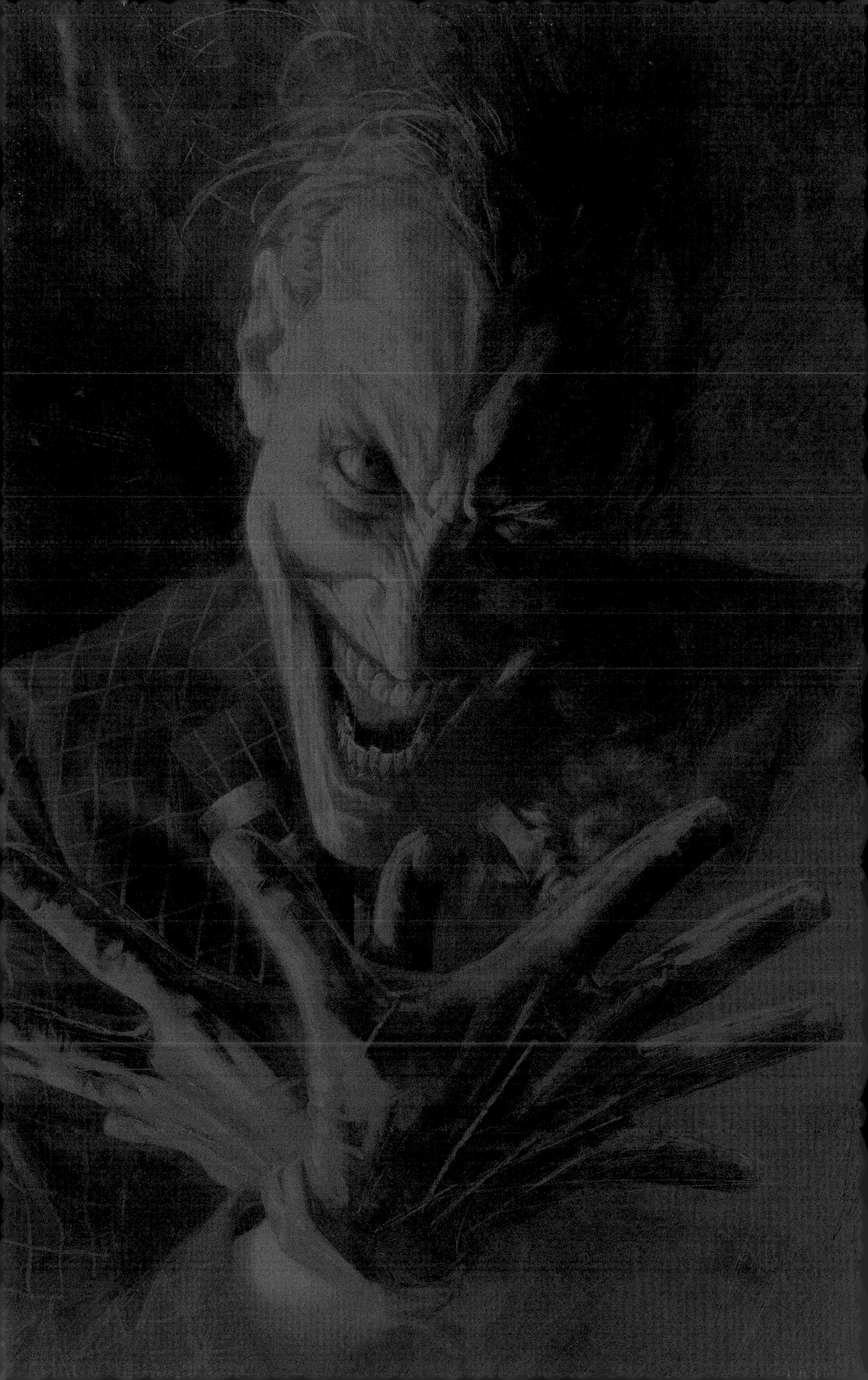

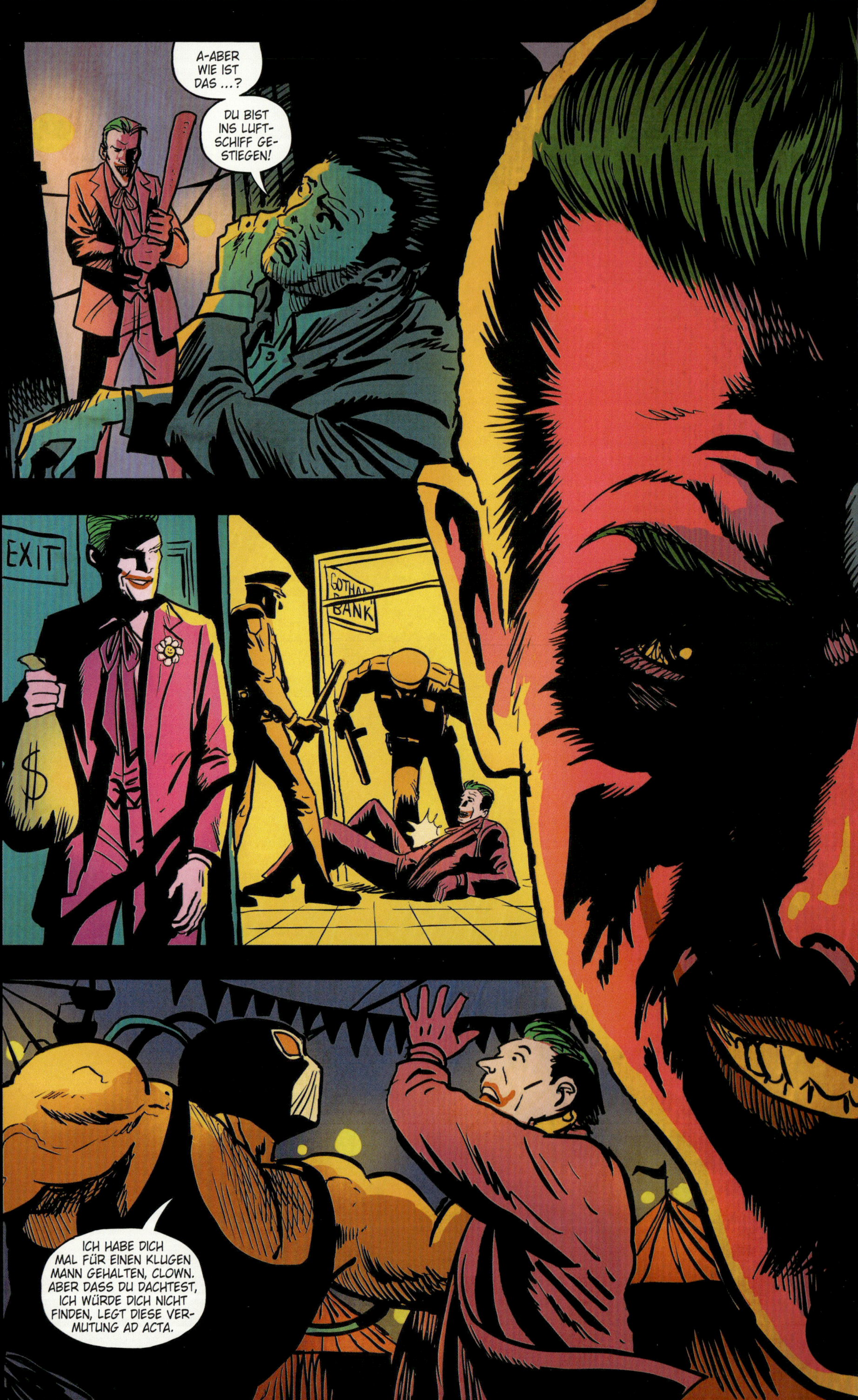
A-ABER WIE IST DAS ...?
DU BIST INS LUFT-SCHIFF GE-STIEGEN!
EXIT
GOTHAM BANK
ICH HABE DICH MAL FÜR EINEN KLUGEN MANN GEHALTEN, CLOWN. ABER DASS DU DACHTEST, ICH WÜRDE DICH NICHT FINDEN, LEGT DIESE VER-MUTUNG AD ACTA.

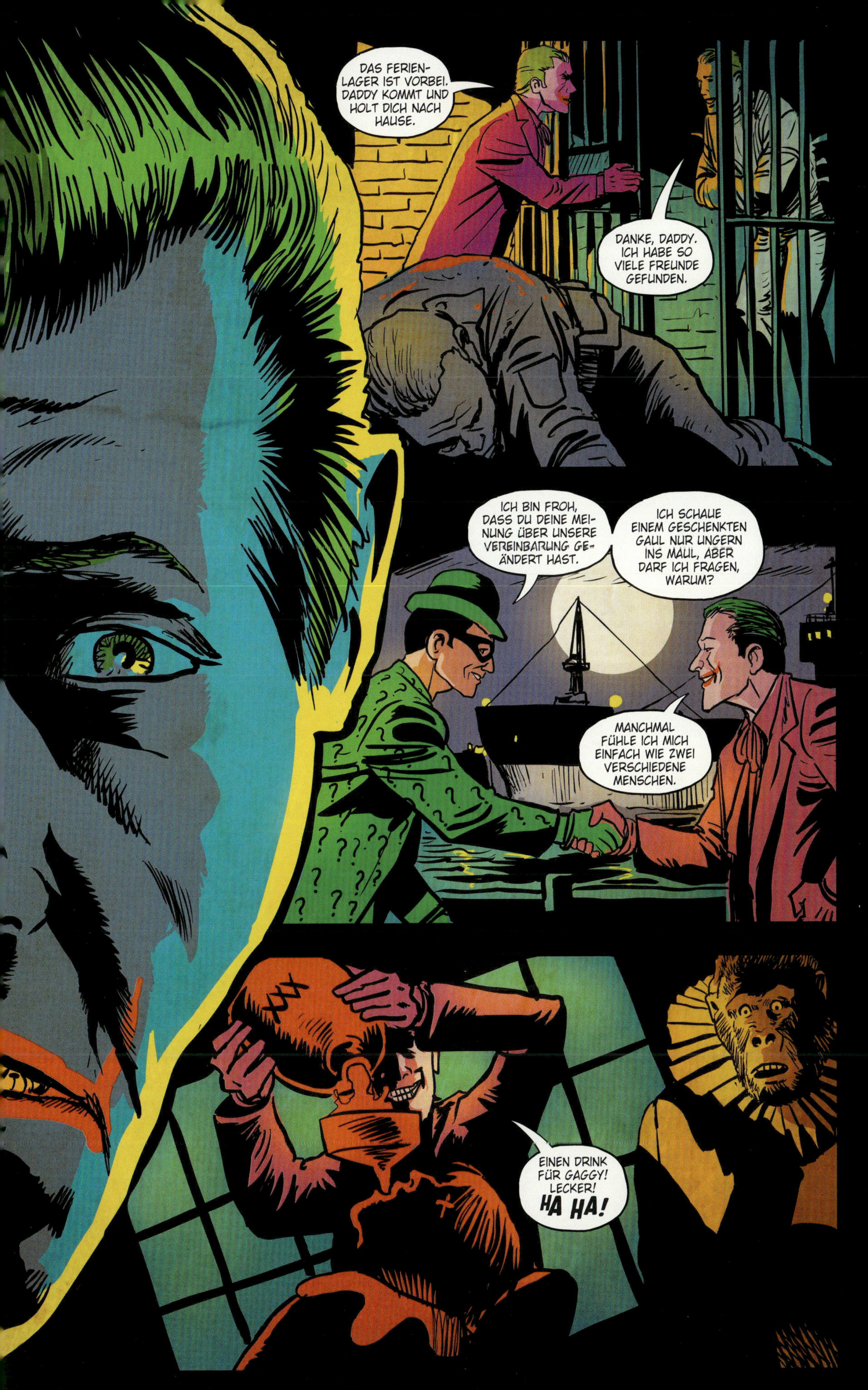
DAS FERIEN-
LAGER IST VORBEI.
DADDY KOMMT UND
HOLT DICH NACH
HAUSE.
DANKE, DADDY.
ICH HABE SO
VIELE FREUNDE
GEFUNDEN.
ICH BIN FROH,
DASS DU DEINE MEI-
NUNG ÜBER UNSERE
VEREINBARUNG GE-
ÄNDERT HAST.
ICH SCHAUE
EINEM GESCHENKTEN
GAUL NUR UNGERN
INS MAUL, ABER
DARF ICH FRAGEN,
WARUM?
MANCHMAL
FÜHLE ICH MICH
EINFACH WIE ZWEI
VERSCHIEDENE
MENSCHEN.
EINEN DRINK
FÜR GAGGY!
LECKER!
HA HA!

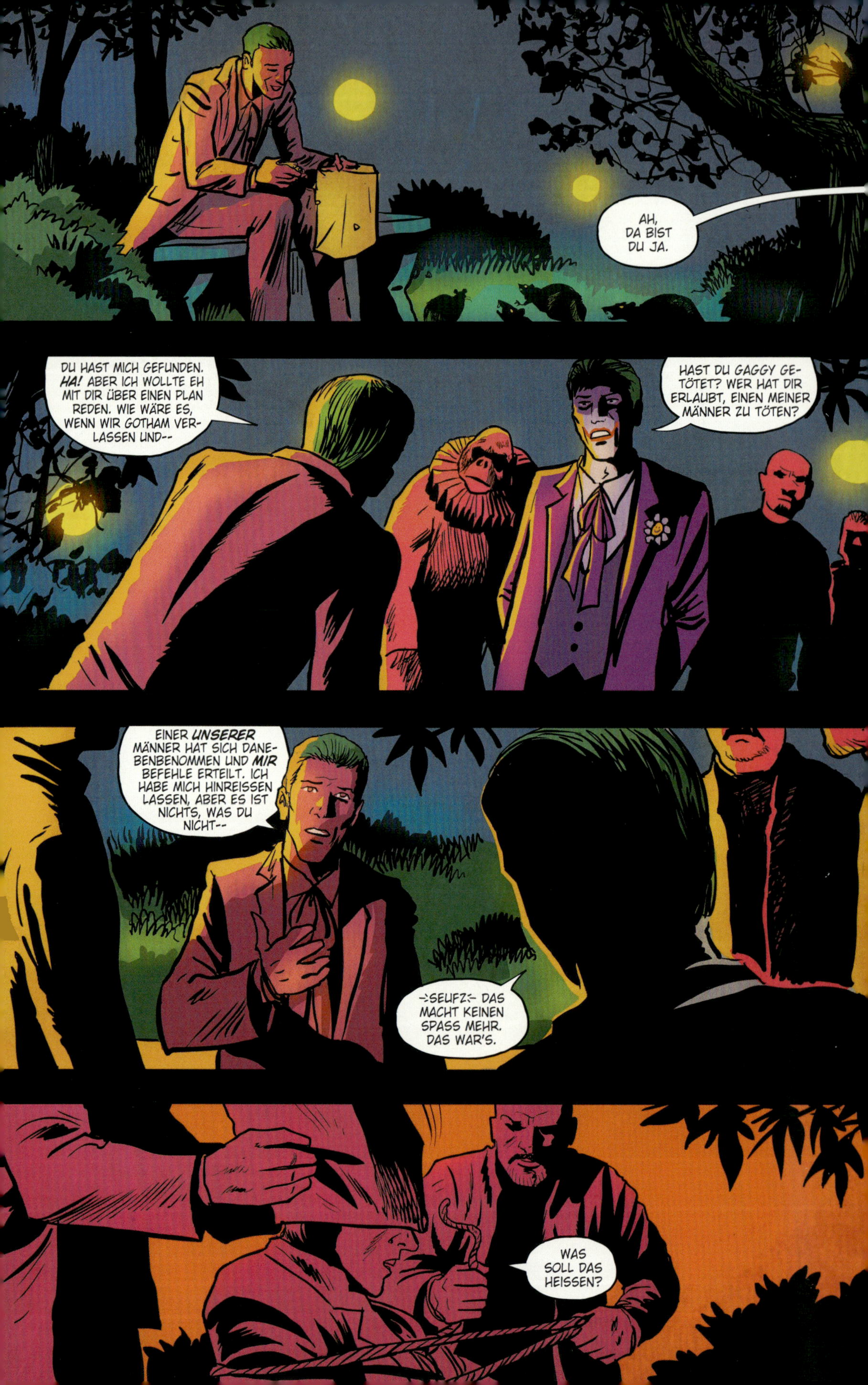
AH, DA BIST DU JA.
DU HAST MICH GEFUNDEN. HA! ABER ICH WOLLTE EH MIT DIR ÜBER EINEN PLAN REDEN. WIE WÄRE ES, WENN WIR GOTHAM VERLASSEN UND--
HAST DU GAGGY GETÖTET? WER HAT DIR ERLAUBT, EINEN MEINER MÄNNER ZU TÖTEN?
EINER UNSERER MÄNNER HAT SICH DANEBENBENOMMEN UND MIR BEFEHLE ERTEILT. ICH HABE MICH HINREISSEN LASSEN, ABER ES IST NICHTS, WAS DU NICHT--
-SEUFZ- DAS MACHT KEINEN SPASS MEHR. DAS WAR'S.
WAS SOLL DAS HEISSEN?

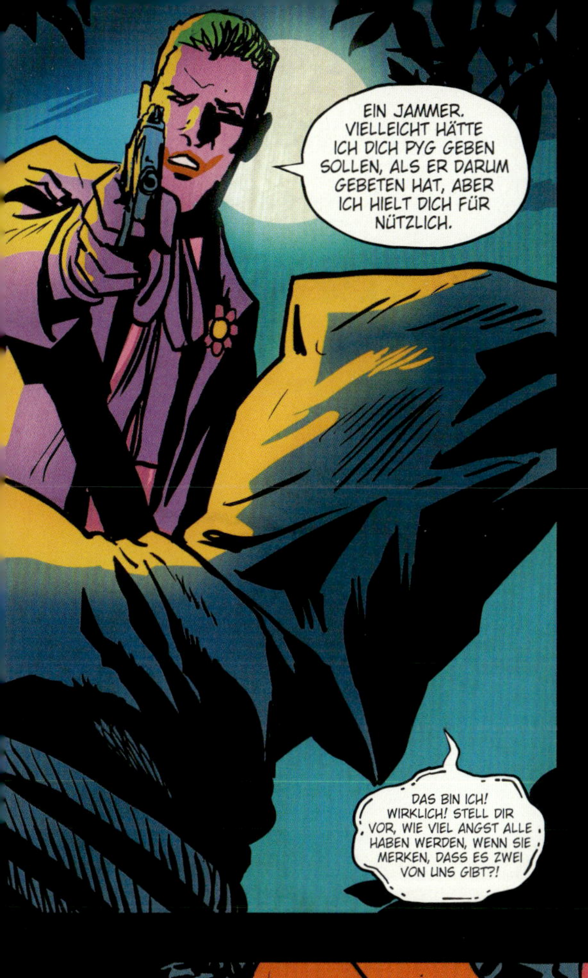
EIN JAMMER. VIELLEICHT HÄTTE ICH DICH PYG GEBEN SOLLEN, ALS ER DARUM GEBETEN HAT, ABER ICH HIELT DICH FÜR NÜTZLICH.
DAS BIN ICH! WIRKLICH! STELL DIR VOR, WIE VIEL ANGST ALLE HABEN WERDEN, WENN SIE MERKEN, DASS ES ZWEI VON UNS GIBT?!

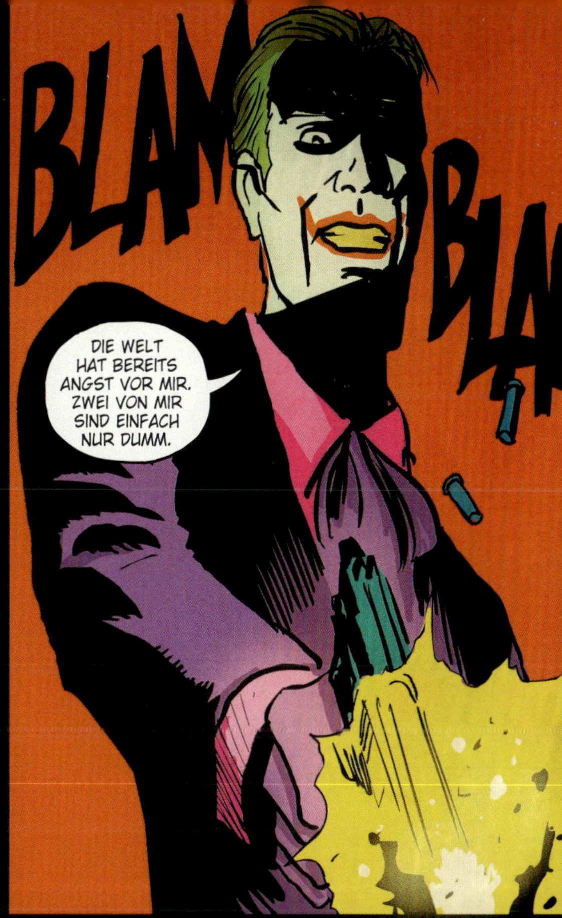
BLAM
DIE WELT HAT BEREITS ANGST VOR MIR. ZWEI VON MIR SIND EINFACH NUR DUMM.
BLAM

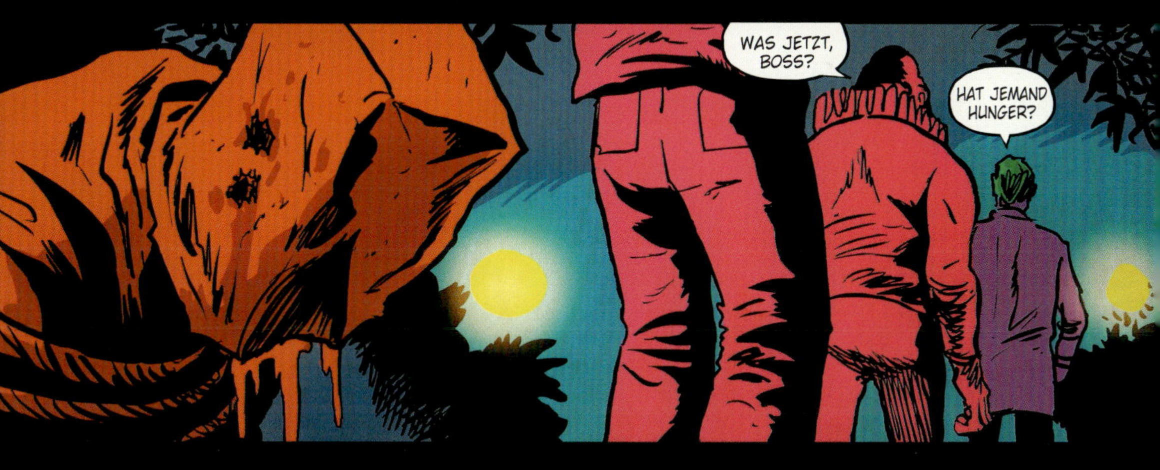
WAS JETZT, BOSS?
HAT JEMAND HUNGER?

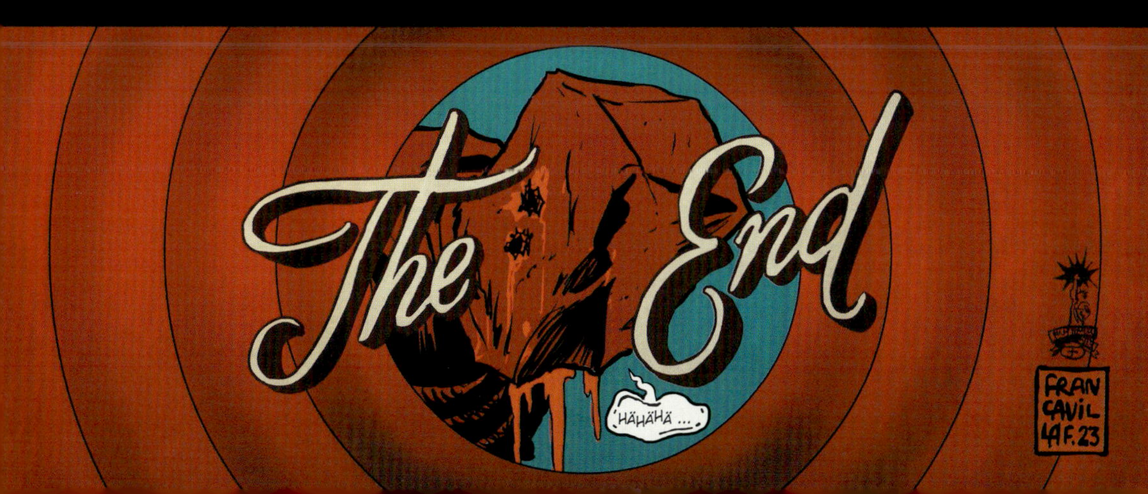
The End
HÄHÄHÄ ...
FRAN CAVIL LA F. 23

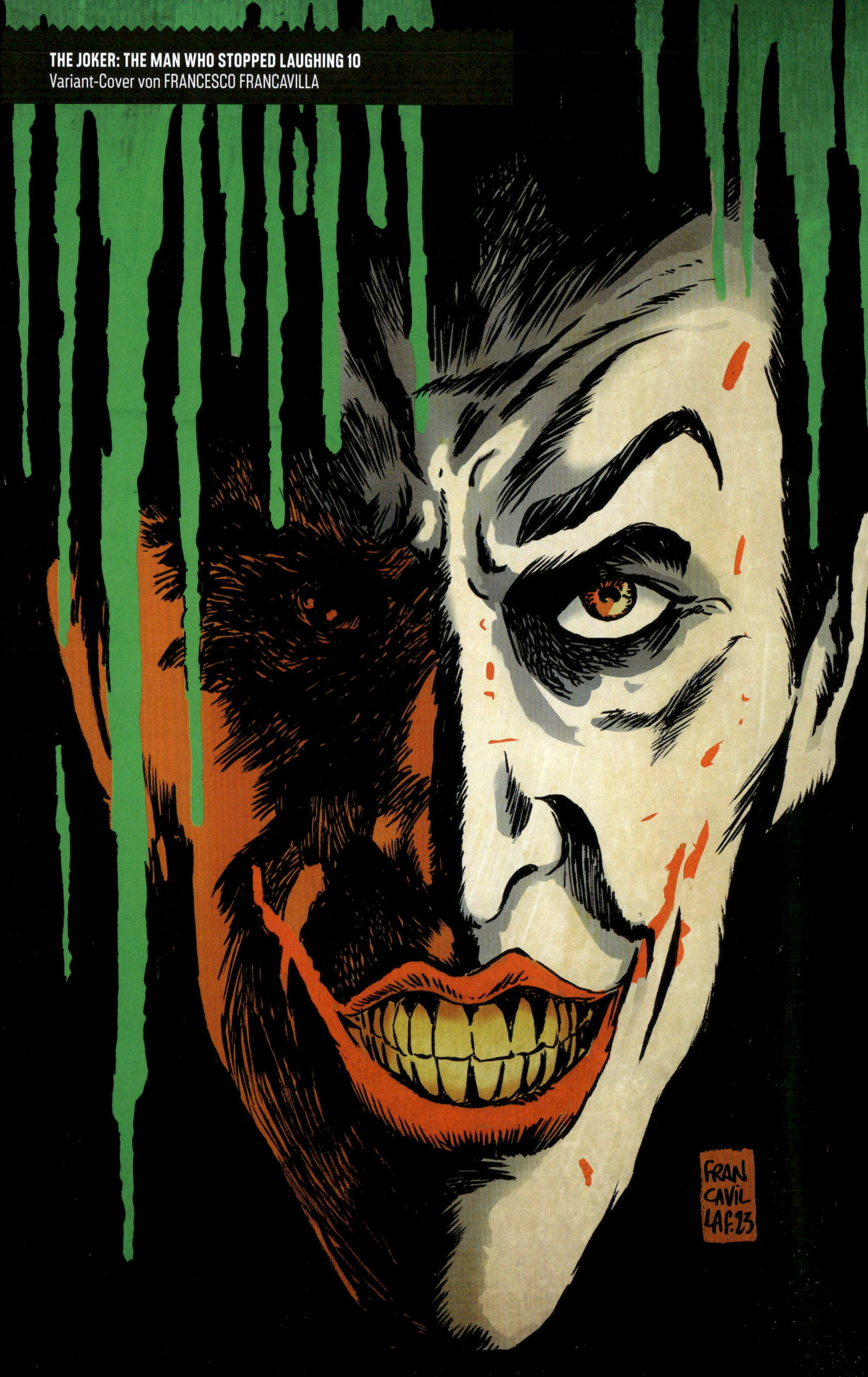

THE JOKER: THE MAN WHO STOPPED LAUGHING 10
Variant-Cover von FRANCESCO FRANCAVILLA

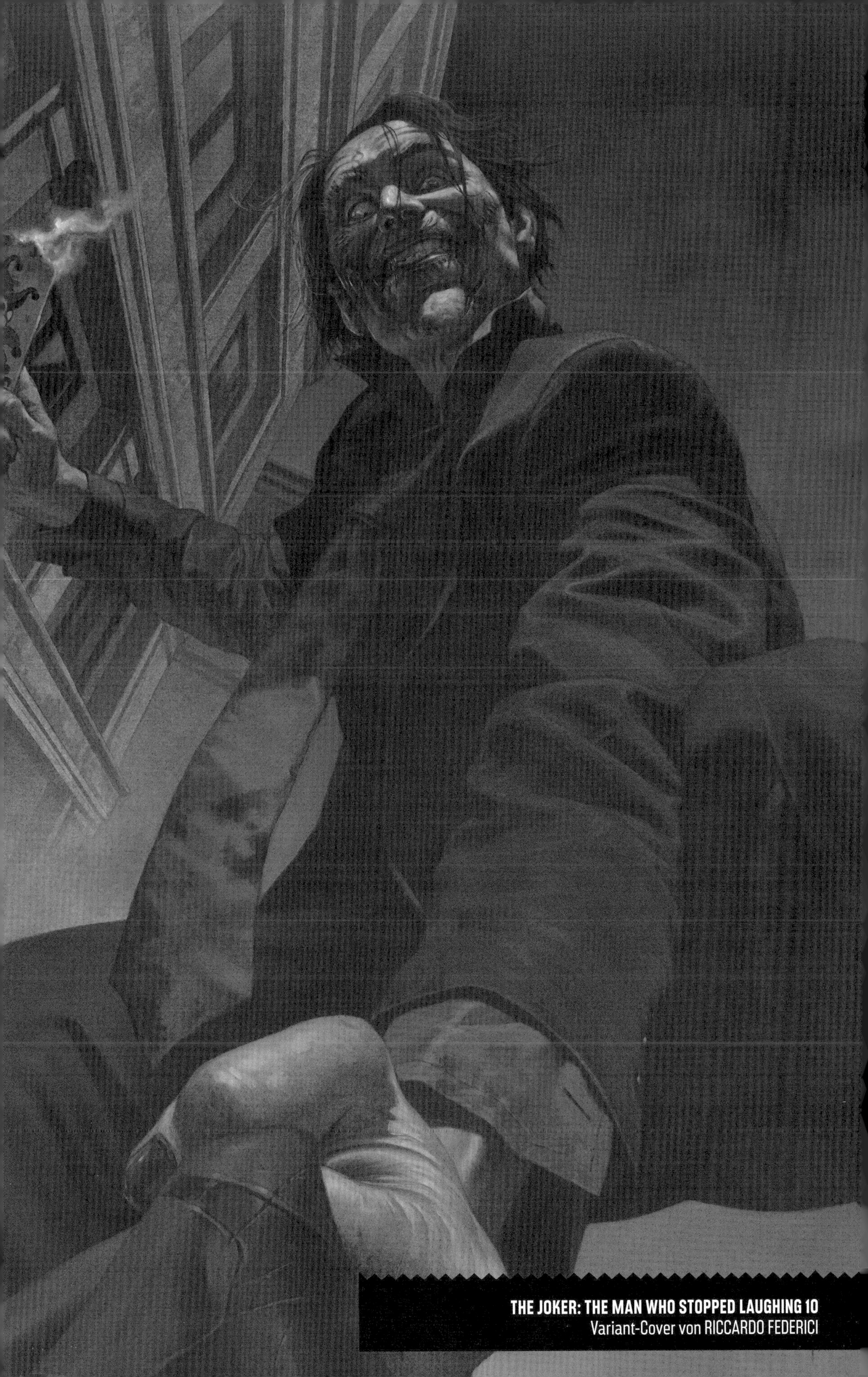

THE JOKER: THE MAN WHO STOPPED LAUGHING 10
Variant-Cover von RICCARDO FEDERICI

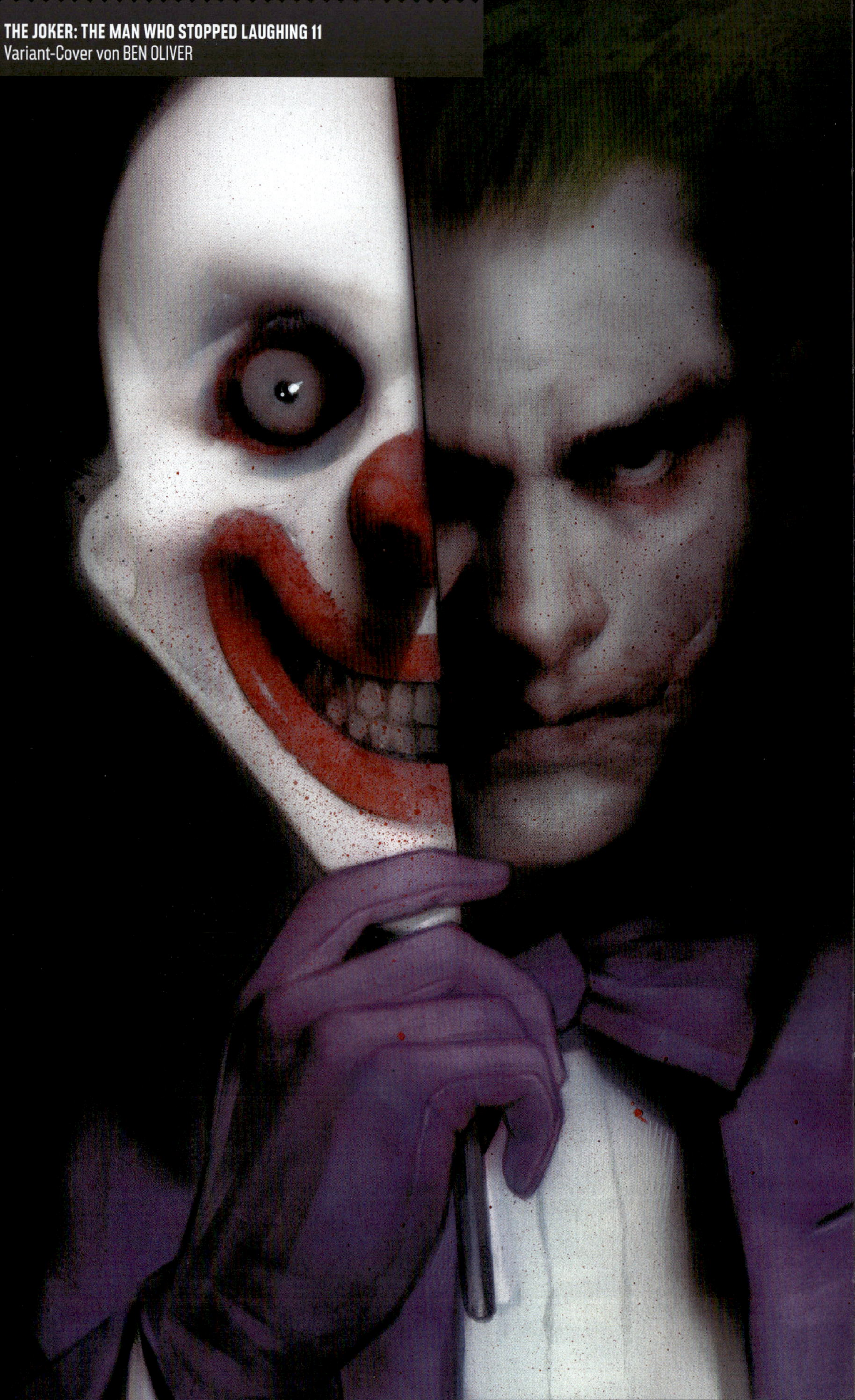
THE JOKER: THE MAN WHO STOPPED LAUGHING 11
Variant-Cover von BEN OLIVER

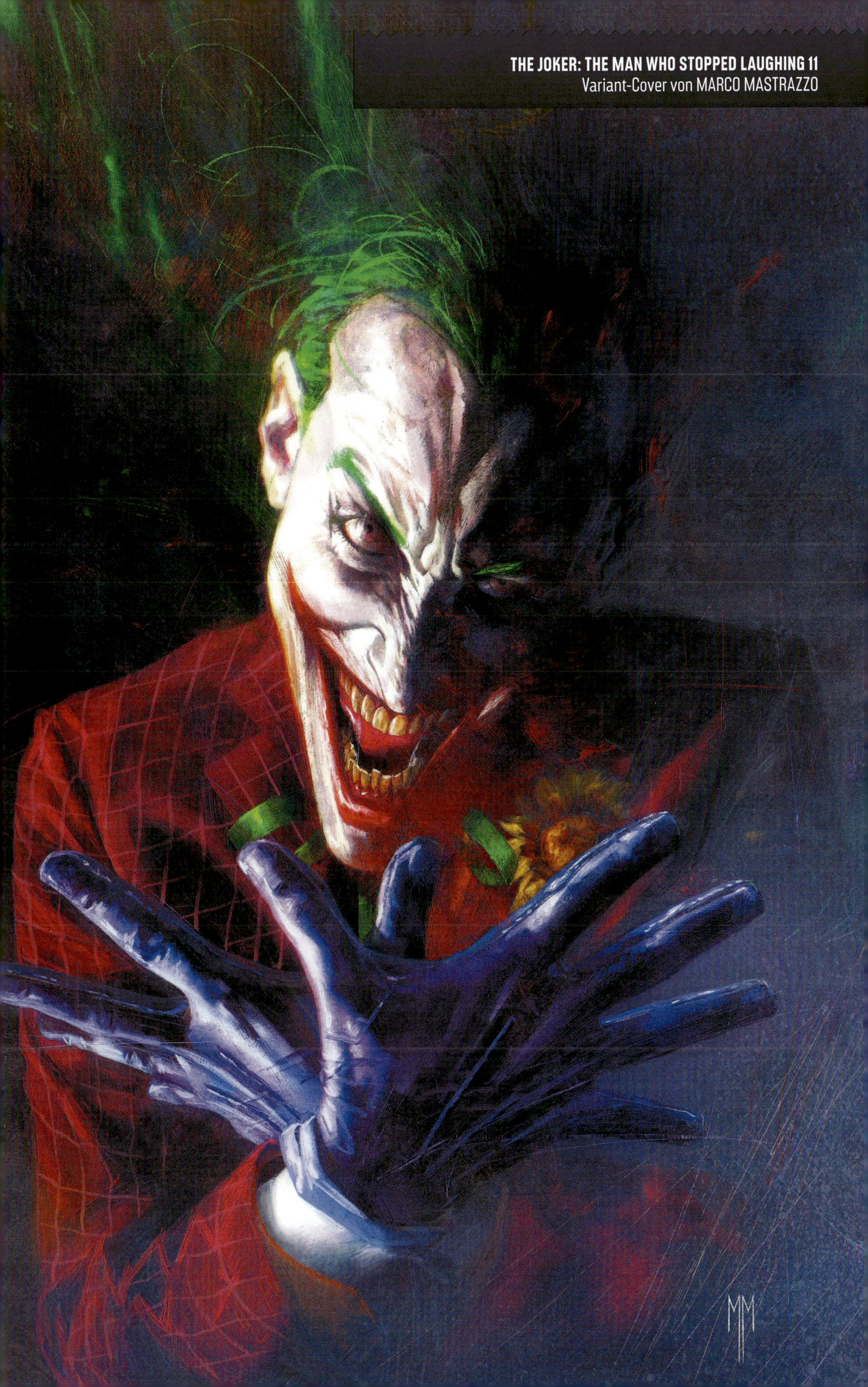
THE JOKER: THE MAN WHO STOPPED LAUGHING 11
Variant-Cover von MARCO MASTRAZZO
MM

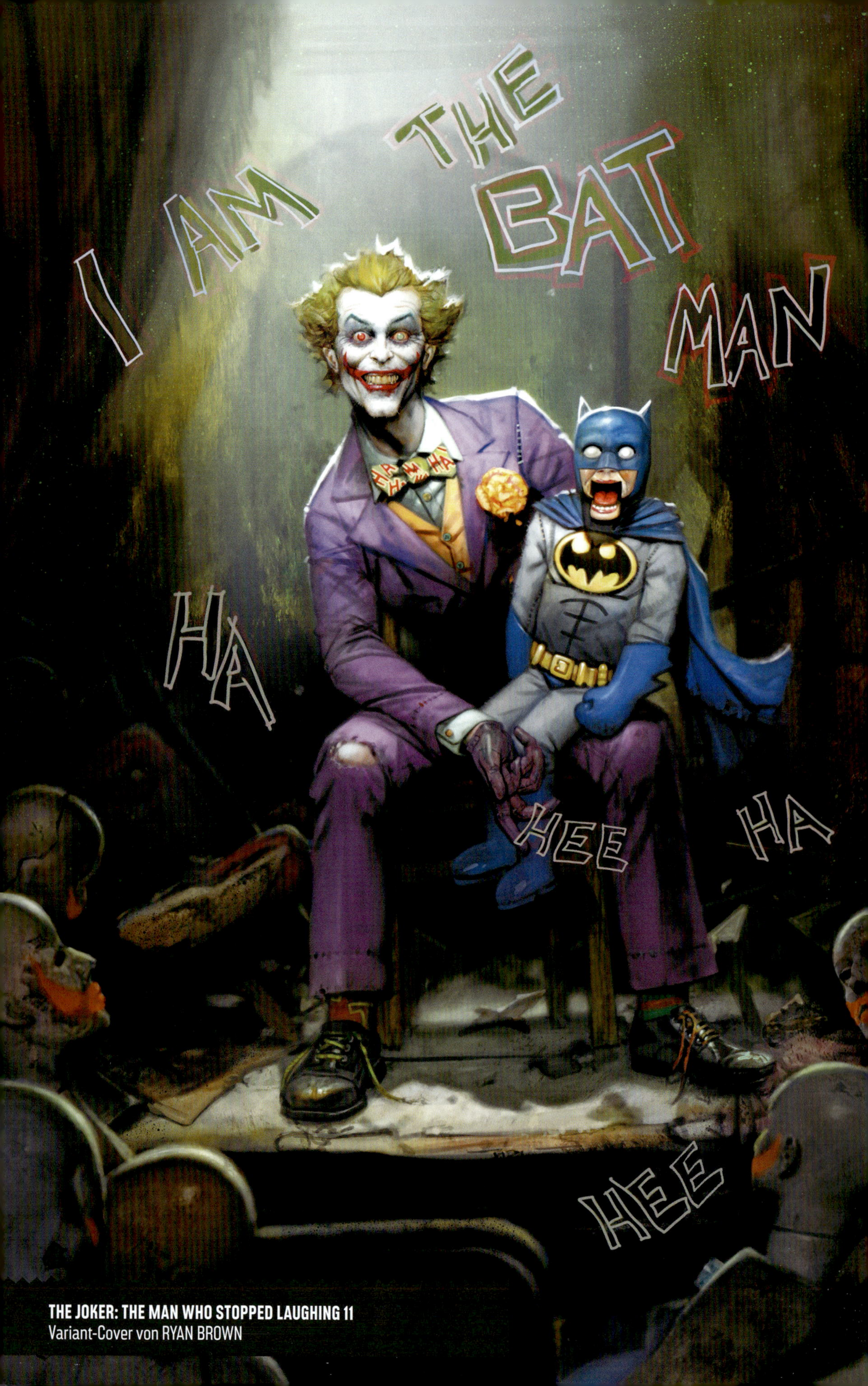

THE JOKER: THE MAN WHO STOPPED LAUGHING 11
Variant-Cover von RYAN BROWN

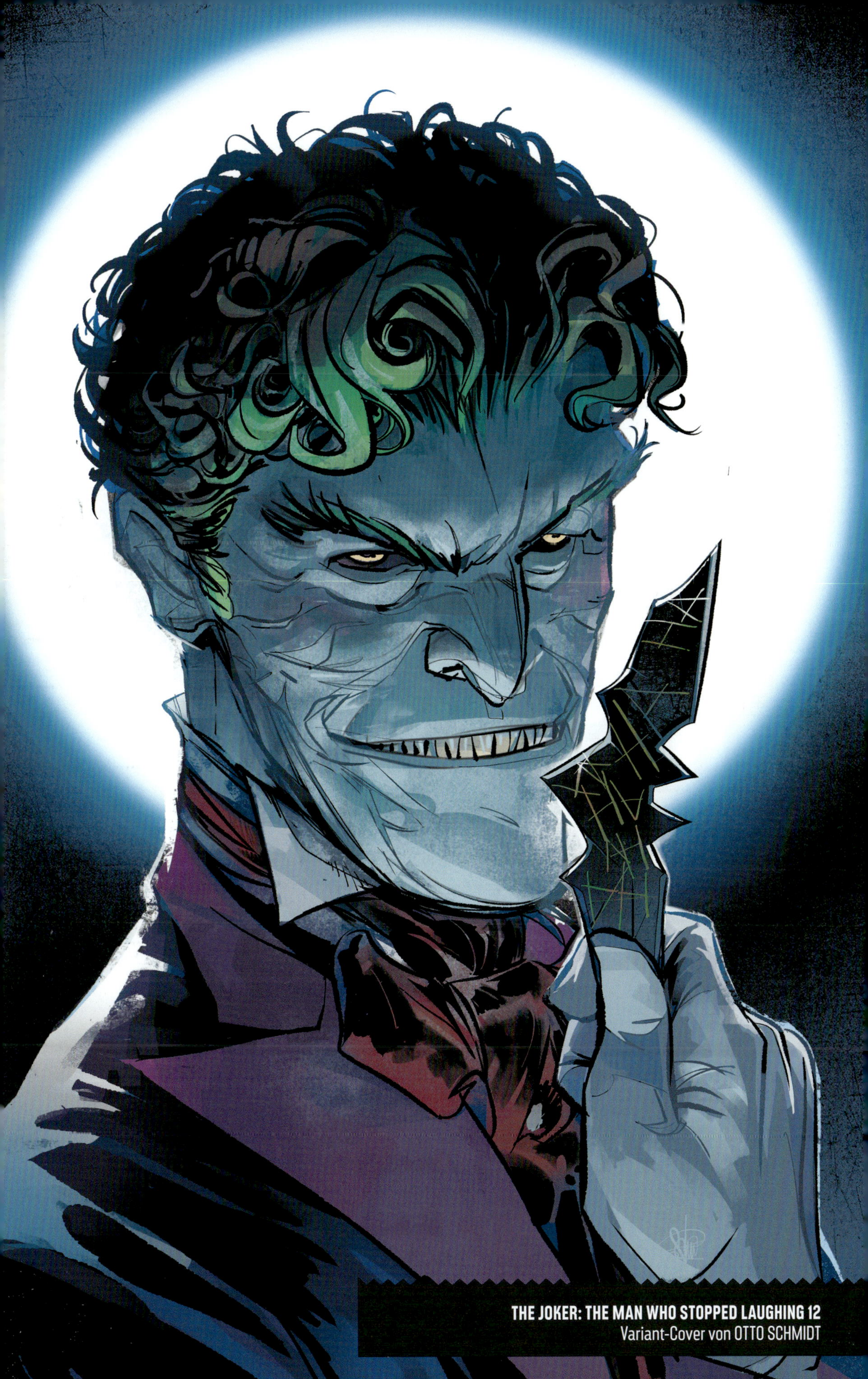

THE JOKER: THE MAN WHO STOPPED LAUGHING 12
Variant-Cover von OTTO SCHMIDT

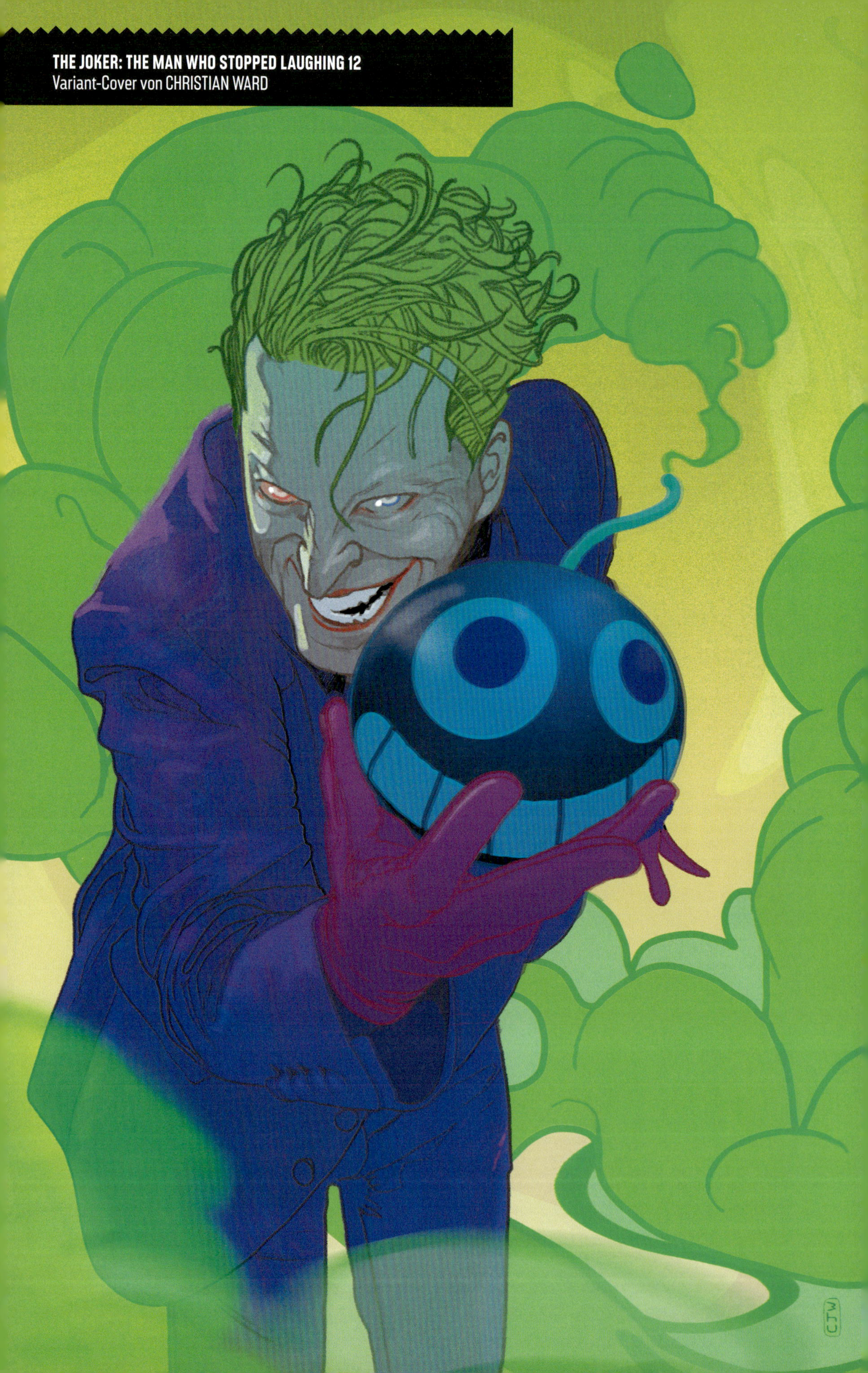

THE JOKER: THE MAN WHO STOPPED LAUGHING 12
Variant-Cover von CHRISTIAN WARD

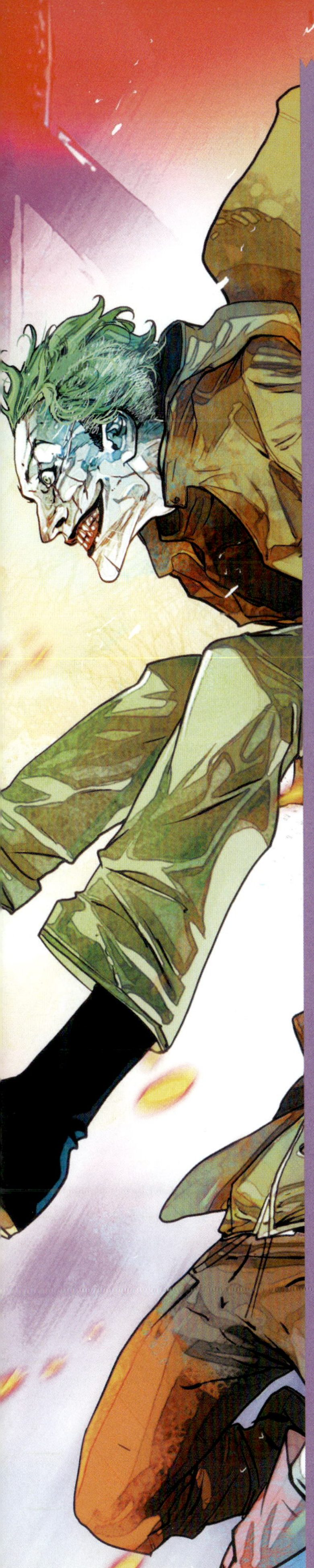

TÖDLICHE SCHERZE

von **Bernd Kronsbein**

RED HOOD

Jason Todd war der zweite **Robin** an **Batmans** Seite, nachdem **Dick Grayson** zu alt für den Job als ewiger Sidekick geworden war und fortan als eigenständiger Held **Nightwing** agierte. Durch seine eigensinnige Art hatte Jason es schwer, es dem **Dunklen Ritter** recht zu machen. Ihre Zusammenarbeit endete dann tragisch in der berühmten Story *Batman: Ein Todesfall in der Familie*, in der Jason vom **Joker** getötet wurde. Jahre später konnte er durch die Macht der **Lazarusgruben** wieder zum Leben erweckt werden, doch der gewaltsame Tod hatte Spuren in ihm hinterlassen. Nicht zuletzt den unbändigen Wunsch, sich am Joker zu rächen. Jason schlüpfte ins Kostüm von **Red Hood** und wurde einer von Batmans Widersachern, bevor er sich allmählich wenigstens die Bezeichnung „Antiheld" verdiente. Im Batman/**Catwoman**-Crossover *Gotham War*, das parallel zu *Der Joker: Der Mann, der nicht mehr lacht* entstanden ist, stellte sich Red Hood früh auf **Selinas** Seite, weshalb Batman ihm etwas injizierte (siehe *Batman* Heft 86), das Jason von weiterem Eingreifen abhält – immer dann, wenn Jasons Adrenalinspiegel steigt, bekommt er es mit der Angst zu tun. Gut zu sehen im letzten Kapitel des vorliegenden Bandes.

MANHUNTER

Kate Spencer ist nicht die erste Heldin im DC-Universum, die **Manhunter** genannt wird, vielleicht aber die coolste. Seit 2004 kämpft sie im Kostüm gegen das Verbrechen, denn als Staatsanwältin musste sie zu oft erleben, dass Kriminelle ungestraft blieben. Dabei schreckt sie auch nicht davor zurück, Verbrecher zu töten, auch wenn es ihr moralisch an die Nieren geht. Sie hat keine Superkräfte, verfügt aber über ein Arsenal von Waffen und Gadgets, das dem von Batman in kaum etwas nachsteht.

RAVAGER

Rose Wilson ist die Tochter von **Slade Wilson** alias **Deathstroke**. Sie ist als Söldnerin aktiv und hat die Gabe, unendlich viele Daten gleichzeitig aufzunehmen und daraus Wahrscheinlichkeiten hochzurechnen, die an Hellseherei grenzen. Außerdem ist sie erheblich stärker, schneller und ausdauernder als normale Menschen. Als Tochter des besten Killers der Welt, hatte sie es nie leicht, und manchmal ist nicht klar, auf welcher Seite sie eigentlich steht.

JOHN KEYSER

John Keysers seltsamer Nachname ist definitiv kein Zufall, sondern dem Film *Die üblichen Verdächtigen* aus dem Jahr 1995 entliehen, in dem ein gewisser **Keyser Söze** im Mittelpunkt steht. Wer Spaß an der komplexen, verschachtelten Struktur von *Der Joker: Der Mann, der nicht mehr lacht* hatte, sollte auch seine helle Freude an diesem Film haben, dem **Matthew Rosenberg** hier seine Referenz erweist.

DAS KREATIV-TEAM

MATTHEW ROSENBERG wurde in New York geboren, wo er auch aufwuchs. Er besaß ein Label für Punkrock und schrieb 2014 gemeinsam mit Ghostface Killah von der legendären Hip-Hop-Truppe Wu-Tang Clan das Multimedia-Projekt *36 Seasons*. 2015 machte er sich einen Namen in der US-Comic-Landschaft mit den Szenarios für die Miniserien *We Can Never Go Home* und *4 Kids Walk into a Bank*, die beim Kleinverlag Black Mask erschienen. Marvel griff sich das Talent sofort und engagierte Rosenberg ab 2017 für u. a. *Uncanny X-Men*, *Punisher*, *Rocket Raccoon: Sackgasse Erde*, *Marvel Knights: Vergessene Helden*, *New Mutants: Die toten Seelen* und *Spider-Man*. Seit 2021 arbeitet er vor allem für DC Comics, wo er u. a. *Der Joker*, *Der Joker: Die geheimnisvolle Rätselbox*, *DC-Horror: Angriff der Vampire – Special: Blut-Kommando* sowie die Zombie-Superhelden-Serie *Task Force Z* verfasste.

CARMINE DI GIANDOMENICO wurde 1973 in Italien geboren und arbeitet seit Mitte der 1990er in der Comic-Branche. Seit den 2000ern ist er vor allem für amerikanische Verlage tätig. Für DC Comics entstanden u. a. Strecken für *Flash* (mit Joshua Williamson) und *Batman: The Knight* (mit Chip Zdarsky). Für Marvel illustrierte er Abenteuer mit Spider-Man Noir und Daredevil.

FRANCESCO FRANCAVILLA ist ein italienischer Zeichner, der für seinen Pulp-Retro-Stil bekannt ist. Gemeinsam mit Autor Scott Snyder fertigte er u. a. *Batman: Der schwarze Spiegel* für DC an. Weitere große Arbeiten sind *Zorro* (mit Matt Wagner), *Black Panther* (mit David Liss) und *Afterlife with Archie* (mit Roberto Aguirre-Sacasa). Als Autor und Zeichner in Personalunion schuf er die Serie *The Black Beetle* und ein neues Abenteuer mit dem Spirit, Will Eisners berühmtem Detektiv. Zuletzt sorgte er für Aufsehen mit zwei Serien, die vom legendären Batman-Autor Scott Snyder verfasst wurden: *Night of the Ghoul* und *White Boat*. Francavilla wurde u. a. mit dem Eagle und dem Eisner Award ausgezeichnet.

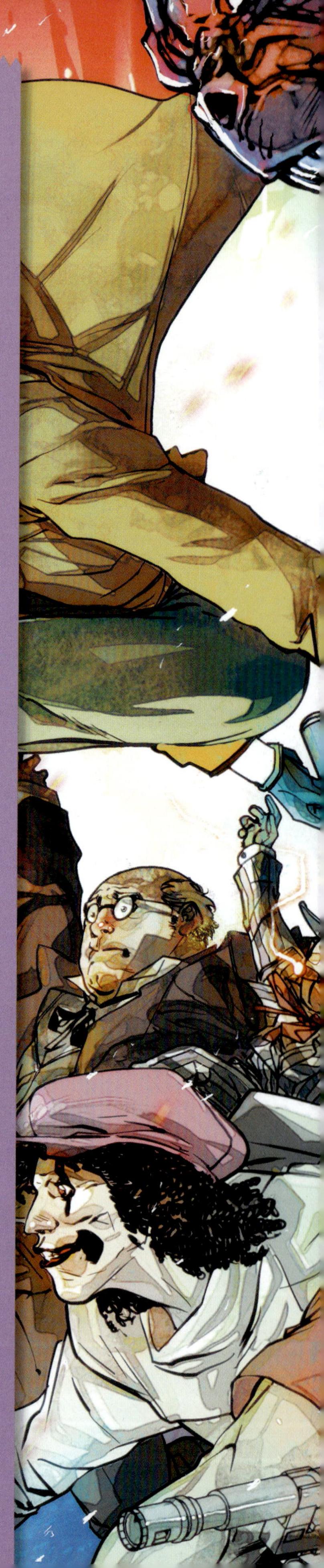